SE DESCIFRA EL CÓDIGO JUDÍO

Se descifra el CÓDIGO JUDÍO

Perry Stone

CASA
CREACIÓN
A STRANG COMPANY

La mayoría de los productos de Casa Creación están disponibles a un precio con descuento en cantidades de mayoreo para promociones de ventas, ofertas especiales, levantar fondos y atender necesidades educativas. Para más información, escriba a Casa Creación, 600 Rinehart Road, Lake Mary, Florida, 32746; o llame al teléfono (407) 333-7117 en Estados Unidos.

SE DESCIFRA EL CÓDIGO JUDÍO por Perry Stone Jr.
Publicado por Casa Creación
Una compañía de Strang Communications
600 Rinehart Road
Lake Mary, Florida 32746
www.casacreacion.com

No se autoriza la reproducción de este libro ni de partes del mismo en forma alguna, ni tampoco que sea archivado en un sistema o transmitido de manera alguna ni por ningún medio —electrónico, mecánico, fotocopia, grabación u otro— sin permiso previo escrito de la casa editora, con excepción de lo previsto por las leyes de derechos de autor en los Estados Unidos de América.

A menos que se indique lo contrario, todos los textos bíblicos han sido tomados de la *Santa Biblia*, versión Reina-Valera, revisión 1960. Usada con permiso.

Los textos bíblicos marcados como LBLA corresponde a *La Biblia de las Américas*. Copyright © 1986, 1995, 1997 por Lockman Foundation. Usada con permiso.

Los textos bíblicos marcados como NVI corresponde a la *Nueva Versión Internacional*. Copyright © 1999 por la Sociedad Bíblica Internacional. Usada con permiso.

Director de arte: Bill Johnson
Diseño de portada: Amanda Potter
Traducción: Pica y 6 puntos

Copyright © 2009 por Casa Creación
Todos los derechos reservados.

Originally published in the U.S.A. under the title: *Breaking the Jewish Code* by Charisma House, A Strang Company, Lake Mary, Florida, USA.
Copyright © 2009 by Perry Stone Jr.
All rights reserved

ISBN 978-1-59979-441-9
Library of Congress Control Number: 2009921566

Impreso en los Estados Unidos de América
09 10 11 12 13 — 7 6 5 4 3

DEDICATORIA

E N 1985 EXPERIMENTÉ MI PRIMERA VISITA DE estudio a Israel, donde conocí al guía de turistas, Gideon Shor, quien fungió como mi guía principal durante mis treinta y un viajes a Tierra Santa. Gideon es un excelente maestro para explicar la historia, las costumbres y la cultura judía, y para mezclarla con su entendimiento superior de la Biblia. Sus enseñanzas *in situ* hicieron surgir en mí un hambre espiritual por comprender las raíces hebreas de la fe cristiana.

Desde 1985 he invertido literalmente miles de horas nadando en el profundo río de la comprensión hebrea para tender un puente entre el conocimiento judío de Dios y de la Torá, con el entendimiento cristiano del Nuevo Testamento. Aprendí que las raíces del cristianismo corren en lo profundo del terreno hebreo. Este libro, *Se descifra el código judío*, es fruto de esos muchos años de investigación con respecto a asombrosas revelaciones espirituales, prácticas y transformadoras del Código de la Torá. Estos códigos han sido seguidos por los judíos practicantes quienes los han preservado a lo largo de siglos de tribulación, trayéndolos de vuelta a Israel después de mil novecientos años de dispersión. Los gentiles creyentes ahora pueden comprender como estos códigos no se aplican solamente a los judíos, sino que son parte de nuestras propias raíces y desarrollo espiritual.

CONTENIDO

Introducción

LOS QUE ESTUDIABAN PROFECÍA BÍBLICA A FINALES de la década de 1930 creían que malvados poderes de las tinieblas habían sido desencadenados en Europa. Un carismático dictador y tirano alemán llamado Adolfo Hitler, como un demonio con una misión, estaba dando inicio a su "solución" a los problemas del mundo, por medio de planear lo que los historiadores más tarde identificarían como el Holocausto. Para los judíos, especialmente para los que residen en Europa, la palabra *nazi* les trae una imagen atormentadora de los trenes de la muerte en los que las familias judías hicieron su último viaje antes de entrar a la eternidad. Otros visualizan imágenes fantasmales de campos de concentración en los que los cuerpos de los judíos hambrientos parecían esqueletos cubiertos de una delgada capa de piel mientras temblaban en literas frías llenas de astillas. Como ovejas yendo al matadero, muchos eran conducidos a las cámaras de gas elaboradas para parecer inocentes duchas comunales. Para Hitler, todos los *problemas* del mundo eran causados por los judíos. Los estadounidenses no creyeron en esta mentira según el periódico *Miami Daily News*. Que publicó un mordaz mensaje a los nazis en su diario:

> Un nazi con sífilis no debe permitir que lo curen con Salvarsan, porque es el descubrimiento del judío Ehrlich. Ni siquiera debe tomar los pasos necesarios para descubrir si padece sífilis, por que la reacción Wasserman utilizada para tal efecto es descubrimiento de un judío [...] Un nazi que padezca alguna cardiopatía no debe tomar Digitalis, cuya utilización en las cardiopatías fue desarrollado por un judío: Ludwig Trabo [...] No se debería tratar el tifo, porque tendría que beneficiarse de los descubrimientos de los judíos Widall y Weill. Si tiene diabetes, no debe administrarse insulina, porque es el trabajo de investigación del judío Minkowsky. Si tiene dolor de cabeza, debe evitar el Ovarmidón y la antipirina descubiertos por Spiro y Eiloge. Los antisemitas que tengan

convulsiones se las tendrán que aguantar porque fue al judío Oscar Leibreach que se le ocurrió utilizar hidrato de cloral [...][1]

Cuando llegó el año 1948, al mundo le faltaban seis millones de judíos, incluyendo 1.5 millones de niños inocentes que perecieron durante la "Solución Final" nazi. La mayoría de los sobrevivientes al Holocausto se quedaron sin residencia permanente, no poseían casi nada y habían presenciado como los saqueadores impíos de Hitler se apoderaron de sus pinturas, sus antigüedades, sus joyas de oro y plata y su dinero. Los sobrevivientes tenían una llama de esperanza encendida en el vacío de su espíritu: una patria en Palestina. El 14 de mayo de 1948, a medianoche, el Mandato Británico sobre Palestina terminó y una nación judía con el nombre de *Israel* resucitó de la tumba de la historia.

Hay una historia famosa en la que el kaiser alemán le pregunta a Bismarck: "¿Puede probar la existencia de Dios?".

Bismarck respondió: "Los judíos, su majestad, los judíos".[2]

Los judíos comprenden menos del 1% de la población mundial; no obstante, 176 ganadores del premio Nobel han sido judíos.[3] Veinticinco por ciento de las organizaciones que han recibido el premio Nobel fueron fundadas o cofundadas por judíos.[4] Mientras que 67% de los graduados de la enseñanza media-superior en EE. UU. van a la universidad,[5] 80% de los judíos graduados de la enseñanza media-superior van a la universidad[6], y 23% de ellos asisten a las escuelas de elite.[7] Los estudios han mostrado que los judíos azkenazi (del norte de Europa) son altamente inteligentes con un IQ verbal de 117 a 125[8] y obtienen puntajes 12 a 15 puntos más altos que los grupos gentiles, lo cual se le ha adjudicado a dos mil años de enfatizar la escolaridad verbal.[9] Los judíos estadounidenses son el pequeño grupo clasificado como el más productivo económicamente, ya que es "siete veces más probable que tengan la mayor concentración de los sueldos más grandes y el menor índice de dependencia de la asistencia pública".[10]

Algunos llaman a este fenómeno el *factor genio*, y otros el *factor de éxito*, como si existiera un elemento misterioso que corriendo en las venas de la cultura judía fomenta tales logros. Desde una perspectiva espiritual, en la antigüedad, el pastor hebreo Moisés nos dio la Torá y profetas hebreos inspirados escribieron las Escrituras del Antiguo Testamento. La mayoría de los escritores del Nuevo Testamento, junto con el fundador del cristianismo, fueron criados e instruidos en familias judías. Históricamente, el pueblo judío ha sido el grupo más exitoso y al mismo tiempo el más perseguido de cualquier otro grupo étnico sobre la tierra. Su destreza en los negocios los ha levantado a las posiciones más altas en la comunidad empresarial global, produciendo los mejores abogados, hábiles doctores y cirujanos, y líderes civiles exitosos.

Son el único pueblo que después de estar 1,939 años sin territorio, idioma común o sin capital, hoy han regresado a su tierra original (Israel), hablan su idioma original (hebreo) y oran en su capital original (Jerusalén). Yo le llamo a esta habilidad única: el ADN judío del éxito y la supervivencia; y todo comenzó con un hombre: Abraham.

Abraham "el hebreo" (Génesis 14:13) dejó la ciudad de Ur (en Mesopotamia) con su esposa Sara, y varios siervos, estableciéndose en una tierra grande, desolada y desértica llamada Canaán. Excavó pozos, desarrolló una cantidad enorme de ganado, acumuló bienes en oro y plata y finalmente transformó el yermo en un desierto floreciente. Hizo las paces con las tribus de los alrededores, quienes lo honraron como un hombre de Dios (Génesis 20). Más de seiscientos años después, los descendientes Abraham habían producido seiscientos mil hombres de guerra (Éxodo 12:37) quienes salieron de Egipto para reclamar la tierra llamada Israel, que Dios le prometió a los hijos de Abraham que poseerían (Génesis 15:18).

Este pedazo de tierra en el Medio Oriente fue llamado "Israel" en reconocimiento al nuevo nombre que Dios le dio al nieto de Abraham, Jacob (Génesis 32:28). Después de que los israelitas salieron de Egipto, llegaron a la Tierra Prometida, y la dividieron entre nueve tribus y media que se establecieron en la tierra dejando a dos tribus y media (Rubén, Gad y la mitad de Manasés [Josué 22:9]) al oriente del río Jordán. Los israelitas fueron marcados como el pueblo del pacto de Dios, y su guía diaria para vivir era la Torá (*Torah*), los primeros cinco libros de nuestra Biblia, que fueron escritos durante los cuarenta años que estuvo Moisés en el desierto. Esta revelación divina se convirtió en el *Código divino* para las leyes y requisitos sociales, morales, ceremoniales, de sacrificios y civiles que forjarían los estándares de vida hebreos y moldearían su ética moral. Por medio de seguir este *reglamento del cielo*, la nación hebrea disfrutaría abundancia y éxito, y crecería en influencia sobre las tribus y naciones vecinas.

Los judíos religiosos devotos, a menudo llamados *judíos observadores de la Torá*, han seguido del Código de la Torá de Dios durante treinta y cinco siglos, enriqueciendo su vida personal, sus familias, su salud, y en muchos casos, sus finanzas. Durante siglos, los cristianos gentiles han ignorado, o simplemente no han estudiado, las muchas aplicaciones prácticas importantes del Código de la Torá. Muchas de sus verdades son realmente importantes para nuestro tiempo, tales como el valor del reposo físico un día a la semana, la relevancia de comer el tipo de comida apropiada, la bendición de estándares morales y los ciclos de vida para criar hijos. Necesitamos examinar estos códigos para comprender por qué los judíos devotos muchas veces construyen familias fuertes, viven muchos años y celebran la vida.

Se han escrito libros acerca de las riquezas de los judíos y las razones por las que los judíos han sido exitosos, pero muchos libros seculares dejan fuera la importancia de la *Torá y el pacto* como el manantial de donde brotan todas las bendiciones judías. El propósito de *Se descifra el código judío* es descubrir los secretos escondidos codificados en la Torá, el pacto abrahámico y las revelaciones divinas del Antiguo Testamento que han moldeado la idiosincrasia y el estilo de vida de los judíos, haciendo de ellos un pueblo invencible, un grupo étnico bendecido y una nación que sobrevive a pesar de todo.

Los judíos religiosos devotos comprenden las leyes de Dios, y los cristianos entienden la gracia de Dios. Ambos tienen conocimiento del libro del pacto del Altísimo: la Biblia. Los rabinos tienen un conocimiento asombroso de la Torá y los profetas, a los que los cristianos llamamos el *Antiguo Testamento* y los judíos llaman el *Tanach*.[11] Los cristianos entienden los veintisiete libros identificados como el *Nuevo Testamento*. A través de combinar ambas fuentes de sabiduría y tender un puente de comprensión, los cristianos podrán entender los misterios de la Torá, y los judíos el pacto redentor establecido por Cristo, que se experimenta y enseña en la fe cristiana.

Es mi deseo que descifrar estos doce códigos judíos revele una perspectiva fresca y traiga una iluminación práctica que enriquezca el entendimiento de los creyentes gentiles sobre las revelaciones que Dios le dio al pueblo judío. Muchos aspectos del Código de la Torá pueden brindar enseñanzas importantes para la vida práctica cotidiana, incluyendo claves para la riqueza, la salud, celebrar los ciclos de la vida y criar niños exitosos y talentosos. Descifremos el código.

—PERRY STONE JR.

Nota a los lectores:

A lo largo del libro se utilizan los términos *judío* y *hebreo*. El término *judío* lo utilizo en un sentido contemporáneo, refiriéndome con él a los descendientes naturales de Abraham a partir de una familia judía o a una persona cuya madre sea judía. El término *hebreo* lo utilizo para referirme a los primeros patriarcas de la fe judía, y con relación a las costumbres, tradiciones y cultura de los israelitas y los primeros judíos. El *judaísmo* es identificado como la religión y la cultura del pueblo judío.

No seguiré la costumbre judía de escribir el nombre de Dios como "D-s", ya que esto muchas veces le es confuso a los lectores gentiles. También he utilizado a. C. para identificar las fechas antes de Cristo y a. D. (*anno Domini*; voz latina que significa "en el año del Señor") para las fechas después del nacimiento de Cristo. Este es el sistema de fechas con la que la mayoría de los lectores estarían más familiarizados. Los judíos generalmente utilizan aec, que significa "antes de la era común", y ec, que significa "de la era común".

Capítulo 1

VIVIR SIGUIENDO EL REGLAMENTO DEL CIELO

CÓDIGO 1:
Los judíos devotos han conocido y vivido por el Código de Dios en la Torá.

Llamó Moisés a todo Israel y les dijo: Oye, Israel, los estatutos y decretos que yo pronuncio hoy en vuestros oídos; aprendedlos, y guardadlos, para ponerlos por obra. Jehová nuestro Dios hizo pacto con nosotros en Horeb. [...] Cara a cara habló Jehová con vosotros en el monte de en medio del fuego.

DEUTERONOMIO 5:1–4

DURANTE VEINTICINCO SIGLOS, LOS MENSAJES DEL CIELO eran escasos. Entre el momento en que Dios creó a Adán hasta la revelación de la Torá (los primeros cinco libros de la Biblia) pasaron un poco más de dos mil quinientos años. Después de que Adán fue expulsado de Edén, la comunicación íntima cara a cara entre Dios y el hombre cesó. Ocasionalmente, Dios revelaba un plan o su voluntad por medio de una visión o un sueño. La primera referencia de una visión en la Escritura es Génesis 15:1: "Después de estas cosas vino la palabra de Jehová a Abram en visión". Luego, Dios le habló a los descendientes de Abraham en sueños y visitaciones angelicales ocasionales (Génesis 31:10; 37:5). Desde Adán hasta Moisés, los hombres no poseían revelación escrita de Dios excepto un incidente registrado por el historiador judío Flavio Josefo. Este escritor antiguo registra una revelación profética que recibió Adán, y que se la pasó a su hijo Set. Hablando de los hijos de Set, Josefo escribió:

> También fueron los inventores de ese peculiar tipo de sabiduría que tiene que ver con los cuerpos celestes y su orden. Y para que sus inventos no se perdieran antes de que fueran lo suficientemente conocidos, a causa de la predicción de Adán de que el mundo sería destruido en una ocasión por la fuerza del fuego y en otra ocasión por la violencia y cantidad de agua, erigieron dos columnas, una de ladrillo y la otra de piedra: grabaron sus descubrimientos en ambas, de modo que si la columna de ladrillo fuera destruida por el diluvio, la columna de piedra permaneciera, y les comunican a estos descubrimientos a la humanidad; y también les informarán que hubo otra columna de ladrillo erigida por ellos. Ahora, esto permanece en la tierra de Siriad hasta el día de hoy.[1]

Esta predicción de dos catástrofes globales es una de las primeras *profecías escritas*. Durante diez generaciones, de Adán a Noé, la información se pasó de una generación a otra oralmente. En tiempos previos al diluvio los hombres vivían vidas muy largas —entre 365 y 969 años (Génesis 5:23 y 27)— lo cual les daba la capacidad de pasar la información de una generación a otra. Diez generaciones más pasaron del hijo de Noé, Sem, a Abraham. Veinte generaciones después del fracaso de Adán, Dios seleccionó a Abraham para dar inicio a una nueva nación y convertirse en la *representante del pacto* de Dios sobre la Tierra. Los hijos de Abraham, identificados al principio como israelitas, llevarían el nombre de los *hijos de Israel*, y más tarde serían identificados globalmente como *judíos*.[2]

Abraham fue llamado por primera vez *hebreo* en Génesis 14:13. Es la palabra *ibri* que significa "el que viene del otro lado", haciendo referencia de que Dios trajo a Abraham desde Ur (al otro lado del río Eufrates) a la Tierra Prometida. Abraham, a la edad de cien años, y Sara, a los noventa años, tuvieron al único hijo de Sara: Isaac (Génesis 21:5). Isaac, cuyo nombre en hebreo *Yitzchak* significa "risa", se casó a los 40 años (Génesis 25:20). Él y su esposa Rebeca tuvieron gemelos: Esaú y Jacob (Génesis 25:25-26). Dios mismo, más tarde, le cambió el nombre a Jacob a Israel. Los doce hijos de Israel producirían descendientes, que crecerían hasta formar doce tribus, convirtiéndose así en la nación de *Israel*.

SACARLOS PARA HACERLOS ENTRAR

Para sobrevivir una hambruna generalizada, la familia de Jacob cargó con todas sus pertenencias y viajó a Egipto, y se estableció en una región de Egipto llamada Gosén (Génesis 45:10). Después de varios cientos de años, Israel se convirtió en una multitud, generando temor en el corazón de un nuevo gobernante egipcio que estaba preocupado de que los hebreos con el tiempo se apropiaran del imperio egipcio. El pueblo hebreo fue hecho esclavo para construir ciudades tesoro para los egipcios (Éxodo 1:11).

Vino el tiempo en que Dios los sacó de Egipto y los llevó a la Tierra Prometida. ¡Ahí aparece Moisés! Recién nacido, sobrevivió la amenaza de muerte que pendía sobre los primogénitos de los hebreos al ser escondido en una arquilla. La hija de faraón descubrió la arquilla entre los juncos del río Nilo. Decidió adoptar al bebé como propio, y durante cuarenta años Moisés fue criado en el palacio de Faraón e instruido en el arte egipcio y el servicio militar. Llevaba el uniforme egipcio pero tenía un corazón hebreo, tal y como lo demostró al matar a un egipcio por maltratar a un esclavo hebreo (Éxodo 2:11-12). Temiendo una revancha egipcia, Moisés huyó de Egipto al desierto de Madián. El bebé que sobrevivió en una arquilla se había convertido en un desastre.

Después de otros cuareta años cuidando los rebaños de su suegro, Moisés recibió una revelación en una zarza ardiente (Éxodo 3:2). Habiendo sido criado en Egipto, Moisés estaba familiarizado con el dios egipcio del sol Ra, con Apis el dios de la prosperidad en forma de becerro, Amun, Ptah, Khnum, Aten y muchos otros dioses y diosas egipcios.[3] Cuando el Todopoderoso le habló a Moisés desde la zarza, Moisés preguntó: "¿Quién eres?". Antes de que terminara el día, Moisés había tenido un encuentro con el Dios de Abraham, Isaac y Jacob. Las instrucciones eran claras: *Sacar a Israel de Egipto de vuelta a la Tierra Prometida.*

Al regresar a Egipto, Moisés y su hermano, Aarón, fueron testigos de diez plagas que cayeron como un ataque en contra de los diez dioses principales de Egipto. El 15 de Nisán (marzo y abril), Moisés dirigió a seiscientos mil hombres y aproximadamente 1.5 millones de personas, contando mujeres y niños, a través del Mar Rojo hacia el desierto. Con este éxodo Dios comenzó a preparar una nación y la revelación por vez primera de un mensaje escrito del cielo para que todos los hombres lo vieran y lo leyeran.

LA REVELACIÓN DEL CÓDIGO DE DIOS

Quince días después de salir de Egipto, Moisés ascendió a la cima del Sinaí en el desierto en el desierto de Arabia y regresó cuarenta días después con el mensaje más detallado de parte de Dios en la historia de la humanidad (Éxodo 24:16-18). Las palabras, grabadas en tablas de piedra, fueron dichas por Dios de la misma manera en que una secretaria registra letra por letra, palabra por palabra para su jefe. Más tarde, las instrucciones fueron escritas por escribas utilizando largos rollos de piel. Llamada la Torá (*Torah*) (que quiere decir "la enseñanza"), estas instrucciones fueron el *reglamento del cielo*, revelado al pueblo hebreo.

> Entonces Jehová dijo a Moisés: Sube a mí al monte, y espera allá, y te daré tablas de piedra, y la ley, y mandamientos que he escrito para enseñarles.
>
> —ÉXODO 24:12

La Torá (llamada el *Pentateuco* en griego) consiste en los primeros cinco libros de la Biblia, que fueron todos escritos por Moisés durante su viaje de cuarenta años en el desierto con los hijos de Israel. Cada rollo de la Torá escrito a mano contiene 79,847 palabras y 847,304,805 letras hebreas individuales.[4] Los temas de estos cinco libros van como sigue:

- **Génesis** es la historia de la creación al tiempo en el que los doce hijos de Jacob y sus familias descendieron a Egipto.

- **Éxodo** trata acerca del llamado de Moisés, la salida de Egipto y el establecimiento del sacerdocio y el tabernáculo.

- **Levítico** detalla las leyes ceremoniales, morales y de los sacrificios de Dios, así como las instrucciones para aplicarlas.

- **Números** da cuenta de un censo de las doce tribus de Israel y los fracasos de la nación para obedecer a Dios en el desierto.

- **Deuteronomio** incluye un resumen de los viajes de Israel, nuevos lineamiento y profecías acerca del futuro de Israel.

Aunque la Torá contiene historia, mucha de ella revela lineamientos específicos e instrucciones para la vida espiritual, social y moral, así como los procedimientos de los sacrificios y aplicaciones ceremoniales. Las instrucciones divinas de la Torá a menudo se dividen en cuatro categorías: la ley, los mandamientos, los estatutos y los juicios. Los estudiosos de la Biblia muchas veces combinan estas cuatro divisiones en un solo paquete llamado *la Ley de Moisés o la Ley de Dios*. Es la ley de Dios dada a Moisés, pero, sobre todo, es la revelación de la mente del Creador acerca de la manera en que su pueblo debería vivir, tratarse entre sí, comer y pensar, y cómo ser exitoso en el viaje de la vida. *Este era literalmente el Código de Dios.*

Una tribu de entre los hijos de Jacob, Leví, fue escogida para enseñar este código y pasarlo de generación en generación. El hijo de Jacob, Leví, cuyo nombre significa "unido", era el tercer hijo de Lea la esposa de Jacob (Génesis 29:34). Leví se convirtió en un "conector" que ayudaba a unir a los israelitas con Dios. Cuando se construyó el tabernáculo de Moisés, los levitas eran los ministros a tiempo completo, dirigidos por el sumo sacerdote Aarón y sus hijos, que también eran levitas. Esta tribu llevaba un *gen de Dios* único, como se ha probado en pruebas recientes de ADN. El ADN humano ha sido llamado el libro genético de la vida que codifica información detallada ligada con el desarrollo físico humano. Su apariencia, personalidad, puntos fuertes o debilidades y mucho más está codificado en su ADN. A varios judíos radicados en Israel se les aplicó una prueba genética especial para probar que eran del linaje del antiguo sacerdocio hebreo. La prueba genética fue desarrollada por un genetista estadounidense en 1997. Los genetitstas comenzaron a estudiar variaciones en el cromosoma Y de 306 hombres judíos, incluyendo a 106 que decían ser sacerdotes provenientes de Israel, Canadá e Inglaterra.[5]

La palabra hebrea para sacerdotes es *kohanim*. Si una persona judía se apellida Leví, Levee o Levin, indica que están relacionados con la tribu de Leví. Si sus apellidos judíos son Cohen, Kahn, Kane o una variante similar, el nombre indica una conexión con el antiguo sacerdote, aunque no todos los hombres que se apellidan así son descendientes de los *kohanim*. David Godstein reportó que de setenta *kohanim* a los que se les aplicó la prueba en Israel, trece dieron positivo con el *gen sacerdotal*.[6] Los investigadores también analizaron a tres mil judíos de una tribu en India y otro grupo en África. Varios hombres en cada grupo dieron positivo para este gen sacerdotal.

El asombroso éxito del pueblo judío ha sido un misterio sobre el que se ha meditado y estudiado durante muchas generaciones. De los muchos libros y artículos escritos, muchos ignoran u omiten el corazón de todo el judaísmo: leer, estudiar y seguir el Código de la Torá. La Torá revela información detallada que, al seguirla, puede ayudar a prolongar la vida, incrementar la salud, traer estabilidad emocional, desarrollar familias fuertes y brindar sabiduría para las oportunidades de riqueza.

¿QUÉ TANTO SABE?

No se puede seguir lo que no se ve, no se puede escuchar lo que nunca ha escuchado y no puede obedecer lo que no sabe. A los judíos ortodoxos y a los hijos de los judíos religiosos se les enseña a leer, aprender y guardar la Torá junto con el Talmud.[7] Desde chicos, los niños se familiarizan con las ceremonias, rituales y preceptos de este Código de la Torá. La comunidad cristiana gentil ha permanecido en su mayor parte ignorante con respecto a los muchos descubrimientos asombrosos y los principios para la vida práctica revelados en la Torá. Muchos creyentes que asisten a la iglesia escuchan mensajes de los cuatro Evangelios o de las Epístolas del Nuevo Testamento. Ocasionalmente, los ministros predican del Génesis o mencionan el Éxodo, pero pocas veces exponen las instrucciones morales y sociales de la vida diaria contenidas en Levítico, Números y Deuteronomio.

No obstante, los mismos documentos que constituyeron Estados Unidos, incluyendo la Declaración de Independencia, la Constitución y la Declaración de Derechos, son documentos que contienen principios morales fundados en la Torá. Los Padres Fundadores de Estados Unidos y sus líderes originales estaban sumamente al tanto de las consecuencias de desobedecer la Palabra de Dios. Por lo tanto, se ponía un énfasis especial en los mandamientos de Dios contenidos en los primeros cinco libros de la Biblia. Solamente porque los cristianos enseñen basándose en el Nuevo Testamento o en el *Nuevo Pacto* no indica que Dios haya cambiado sus mandamientos morales para darle gusto a los libre pensadores de las generaciones futuras. En otras palabras, Dios sigue exigiendo obediencia a sus mandamientos, aunque se hayan originado en el Antiguo Testamento.

Primero: "Toda la Escritura es inspirada por Dios" (2 Timoteo 3:16). Algunos cristianos no están al tanto de las numerosas ocasiones en que los escritores del Nuevo Testamento citaban directamente del Tanaj (*Tanach*), lo que los cristianos llaman el Antiguo Testamento. Cuando los Evangelios, el Libro de los Hechos y las Epístolas mencionan las "Escrituras" se están refiriendo a la Torá, los Profetas y los Escritos (literatura sapiencial) del Antiguo Testamento (consultar Lucas 24:27; Hechos 17:2; 2 Timoteo 3:15). Los veintisiete libros del Nuevo Testamento no fueron compilados en forma de libro sino hasta el siglo IV. En la actualidad, hay sesenta y seis libros en la traducción al español de la Biblia. Sin embargo, "toda la Escritura", tanto el *Tanaj* (Antiguo Testamento) como el Nuevo Testamento, es inspirada.

Algunos cristianos liberales rechazan por completo el Antiguo Testamento, especialmente la Torá, como un documento primitivo obsoleto. Parte de este malentendido surge de un versículo que dice: "No penséis que he venido para abrogar la ley o los profetas; no he venido para abrogar, sino para cumplir. Porque de cierto os digo que hasta que pasen el cielo y la tierra, ni una jota ni una tilde pasará de la ley, hasta que todo se haya cumplido" (Mateo 5:17-18). Jesús no destruyó la Ley, pero cumplió las predicciones sobre el Mesías profetizado y los tipos y sombras escondidos en la Ley. Él fue el "Cordero de Dios" (Juan 1:29) crucificado como muestra la Pascua, con lo cual cumplió con la imagen del cordero pascual ofrecida en Éxodo 12. Cristo colgó de una cruz entre el cielo y la tierra a semejanza de la serpiente de bronce sobre la vara en Números 21 (Juan 3:14). El sacrificio de la vaca alazana en Números

19 habla de madera, hisopo y escarlata, que eran usados durante este antiguo ritual. Los tres artículos fueron parte de la crucifixión de Cristo mil quinientos años después (consultar Juan 19:17 y 29; Mateo 27:28).

¿Entonces cómo es que una persona puede equiparar el cumplimiento neo testamentario de partes de la Torá con los mandamientos sociales y morales prácticos que debemos seguir guardando hoy? Comprender los tres códigos principales de la Torá nos ayuda a comprender que lo que fue cumplido por medio de Cristo permanece intacto.

El Código de la Torá se puede dividir en tres categorías principales:

1. El código de los sacrificios.
2. El código ceremonial.
3. El código moral-judicial.

EL CÓDIGO DE LOS SACRIFICIOS

Los sacrificios de animales fueron instaurados después de la caída de Adán. Dios tomó las pieles de dos animales para cubrir la desnudez de Adán y Eva (Génesis 3:21). Noé, Abraham y Jacob construyeron altares de piedra en los que ofrecieron sacrificios durante su vida. En la época de Moisés, los sacrificios hacían expiación por los pecados de los sacerdotes y los israelitas. Los sacrificios de sangre eran importantes "porque la vida de la carne en la sangre está" (Levítico 17:11). Un víctima inocente era ofrecida en lugar del culpable. Cada ofrenda era una vista previa del sacrificio final máximo que completaría el proceso de redención de una vez por todas.

En la Pascua, los hebreos descubrieron el poder protector y redentor de la sangre del cordero (Éxodo 12). Las tres marcas en la puerta externa de las casas hebreas evitaron que el ángel de la muerte entrara a su casa. La sangre del cordero venció al ángel destructor de la misma forma en que la sangre del Cordero de Dios, Jesucristo, también derrotaría el poder de la muerte (Apocalipsis 12:11).

El código del sacrificio incluía un cordero en la mañana y uno en la tarde; y toros, carneros, palomas y palominos para las ofrendas por el pecado, la trasgresión, la acción de gracias y la expiación (vea el libro de Levítico). Es claro que el requisito de sacrificios de animales en la Torá fue *cumplido* por medio de los sufrimientos completos y vicarios de Cristo. Su muerte brindó perdón de nuestros pecados y transgresiones.

Cristo *cumplió* el patrón de sacrificios por medio de su muerte en el Calvario. Ahora ya no hay necesidad de sacrificios de sangre animal (Hebreos 9:11–12). Por lo tanto, los secretos del código de los sacrificios fueron descifrados por medio de Cristo.

EL CÓDIGO CEREMONIAL

La segunda faceta de la Ley es el aspecto ceremonial. Estas ceremonias incluyen siete festivales anuales conocidos como las Siete Fiestas. Los nombres en español son:

- Pascua
- Panes sin levadura
- Primicias
- Pentecostés
- Trompetas
- Día de la Expiación
- Tabernáculos

Estas siete se celebran cada año en una fecha específica en el calendario judío. Otras ceremonias y días especiales incluían un día de reposo semanal (Éxodo 20:10), las celebraciones de luna nueva (Salmos 81:3) y los ciclos de reposo del jubileo (Levítico 25:9-52). A lo largo del tiempo, otros eventos importantes en la historia de los judíos serían recordados y añadidos a estos festivales anuales.

Pablo escribió que estas celebraciones bíblicas únicas, así como las ceremonias, eran todas un anticipo (una sombra de lo por venir) del Mesías que venía y su Reino:

> Así que nadie los juzgue a ustedes por lo que comen o beben, o con respecto a días de fiesta religiosa, de luna nueva o de reposo. Todo esto es una sombra de las cosas que están por venir; la realidad se halla en Cristo.
>
> —COLOSENSES 2:16–17, NVI

La tabla siguiente revela como la Pascua del Éxodo era una muestra de lo que ocurriría quinientos años después con la crucifixión de Cristo.

La Pascua del Antiguo Testamento	La crucifixión de Jesús en la Pascua
Un cordero era llevado a la casa el décimo día de Abib.	Jesús entró al templo en décimo de Abib.
El cordero era un macho joven sin mancha.	Pilato no halló "ningún delito [mancha]" en Cristo.
El cordero era examinado durante cuatro días.	Jesús fue probado por los líderes durante cuatros días.
El cordero era sacrificado el décimo cuarto día de Aviv.	Jesús fue crucificado el décimo cuarto día de Abib.
El cordero era sacrificado a las 3:00 p.m. (entre las dos tardes).	Jesús murió a las 3:00 p.m. (la novena hora, Marcos 15:25–38).
El cordero era amarrado a un palo de madera.	Jesús fue crucificado en una cruz de madera.

Pentecostés se identifica como el tiempo en el que Moisés recibió la Ley en el monte Sinaí e Israel se casó con Dios. El primer Pentecostés fue un reflejo del futuro Día de Pentecostés en el que vino el Espíritu Santo y nació la iglesia en Jerusalén.

El Pentecostés en la época de Moisés (Éxodo 19)	El Pentecostés en la época de Pedro (Hechos 2)
Dios habló en setenta idiomas para que todos pudieran escuchar.	Hablaron en la lengua de dieciséis naciones.
Moisés estaba en el monte Sinaí.	Los creyentes estaban en el monte de Sión.
La voz de Dios se presentó como una llama de fuego.	Lenguas de fuego descendieron sobre ellos.
El monte se estremeció y tembló.	Vino un estruendo como de un viento recio.
Tres mil fueron ejecutados por adorar un ídolo.	Tres mil se convirtieron al Mesías.

Cristo fue crucificado en Pascua y fue puesto en la tumba durante la Fiesta de los Panes sin Levadura. Fue resucitado durante el tiempo de la Primicias. La iglesia nació el Día de Pentecostés (Hechos 2:1-4). Muchos eruditos creen que las tres fiestas de otoño serán cumplidas en la segunda venida de Cristo, la Tribulación y el futuro Milenio años de Cristo (Apocalipsis 20:4).[8]

La primera aparición de Cristo cumplió con las tres fiestas de primavera y la iglesia nació en la cuarta fiesta: Pentecostés. El regreso de Cristo cumplirá con los patrones proféticos de las tres fiestas de otoño. Por lo cual, el aspecto ceremonial de la Ley se cumplió parcialmente durante la primera venida de Cristo y se cumplirá totalmente cuando vuelva.

EL CÓDIGO MORAL-JUDICIAL

El código moral-judicial en la Torá revela el código de conducta moralética y las decisiones de la ley civil con respecto a la familia, los vecinos, la autoridad civil y las transacciones comerciales. Los mandamientos sociales-éticos-judiciales y los lineamientos abordan las responsabilidades a seguir, las bendiciones por la obediencia y los castigos por romper estas leyes. Los códigos de la familia ayudan a la persona a comprender la pureza sexual, el matrimonio y la educación de los hijos. Por ejemplo, estos códigos enseñan:

- Uno no tiene permitido ver la desnudez de un familiar o un pariente (Levítico 18:6-18).

- No está permitido tener relaciones sexuales fuera del matrimonio (Levítico 18:20).

- No está permitido ofrecer a los hijos a los ídolos (Levítico 18:21).

- No está permitido tener relaciones sexuales con personas del mismo sexo o con animales (Levítico 18:22-23).

- Es deber de uno honrar y respetar a sus padres y reposar un día a la semana (Levítico 19:3).

- Uno tenía que dejar los extremos de su campo sin cosechar para permitir que los pobres tuvieran qué comer (Levítico 19:9-10).

- Está prohibido mentir o robar (Levítico 19:11).

- Si uno contrata a una persona para trabajar debe pagarle el salario acordado (Levítico 19:13).

- Uno debe mostrar respeto por los sordos y los ciegos (Levítico 19:14).

- Uno debe honrar a los mayores entre su pueblo y no afligir a un extranjero (Levítico 19:32-34).

- Había ciclos de reposo cada séptimo día, cada séptimo año y cada cuarenta y nueve años (Levítico 25:1-55).

- En cada ciudad se debía establecer jueces y funcionarios (Deuteronomio 16:18).

- Los líderes judiciales no podían tomar obsequios para evitar que pervirtieran el juicio (Deuteronomio 16:19).

- Se debía contar con dos o tres testigos para establecer la culpa en un crimen (Deuteronomio 17:6).

Si las *leyes* anteriores le suenan familiares, es porque así debe ser. ¡Numerosas leyes federales, estatales y locales en Estados Unidos tienen sus raíces en el suelo de la Torá! Cuando los cristianos dicen que "la Ley se terminó en Cristo" piensan equivocadamente que las instrucciones, los lineamientos y las restricciones morales y éticas que Dios instauró en la época de Moisés fueron alteradas o cambiadas por Cristo. El adulterio y la fornicación quedaron prohibidos en ambos Testamentos (Éxodo 20:14; Romanos 13:9). Mentir, hacer trampa y decir falso testimonio están prohibidos en ambos pactos. Honrar a Dios cada semana en adoración y apartar tiempo para descansar (día de reposo) se encuentran en ambos testamentos. Seguir los lineamientos morales y éticos de Dios produce comunidades fuertes, libres del delito, familias fuertes emocionalmente y un énfasis en un compromiso espiritual con Dios.

Para demostrar que las leyes morales continúan durante la era del Nuevo Testamento, compare los Diez Mandamientos en la Torá con las instrucciones escritas por los apóstoles del Nuevo Testamento con respecto a la manera en que los cristianos se deben conducir a sí mismos.

Los mandamientos de la Torá	Los mismos mandamientos en el Nuevo Testamento
No tendrás dioses ajenos.	Mateo 4:10
No te harás ídolos o imágenes.	1 Juan 5:21
No tomarás el nombre del Señor en vano.	1 Timoteo 6:1
Te acordarás de guardar el día de reposo.	Hechos 13:42
Honrarás a tu padre y a tu madre.	Efesios 6:1–3
No matarás.	Romanos 13:9
No cometerás adulterio.	Gálatas 5:19-21
No robarás.	Efesios 4:28
No dirás falso testimonio.	Romanos 13:9
No codiciarás.	Colosenses 3:5–6

Como otras naciones de la antigüedad que estaban asentadas alrededor del Israel practicaban la inmoralidad sexual, la idolatría, los sacrificios de niños y la manera de vivir inmunda, Dios reveló las leyes del cielo en el Código de la Torá, instruyéndole a Israel que se apartara de las prácticas de las naciones impías. Tenían que ser un pueblo singular y escogido (Deuteronomio 7:6). Otras naciones tenían ceremonias y sacrificios. Sin embargo, los hebreos tenían un código moral y ético que los marcaba como una nación de Dios. Bajo el nuevo pacto, si amamos a Dios y amamos a nuestro prójimo, guardamos las instrucciones del Todopoderoso (Mateo 22:34-40).

¿POR QUÉ LOS JUDÍOS?

Durante cuatro mil años, ¿por qué Dios no levantó a una nación o tribu ya existente para ser su pueblo escogido? Porque la mayoría de las tribus estaban enraizadas en adoración a los ídolos y eran una mezcla de matrimonios entre las naciones gentiles. Dios deseaba una nueva nación de personas monoteístas que mantuvieran su pureza tribal por medio de casarse entre sí, manteniendo las mismas creencias religiosas y siguiendo las leyes del Creador.

La primera casa de adoración construida por revelación divina para el Dios verdadero le fue revelada a Moisés y construida por los hebreos en el desierto. Esta estructura inspirada llamada el *tabernáculo* fue creada por hombres que estaban construyendo en la Tierra lo que Dios había construido en el cielo. Era un patrón del templo celestial y un lugar donde el sumo sacerdote se podía comunicar con Dios cada año en el lugar santísimo el Día de la Expiación (Hebreos 8:5; Levítico 16:1-22).

¿Por qué el judío? Pablo escribió:

> ¿Qué ventaja tiene, pues, el judío? ¿o de qué le aprovecha la circuncisión? Mucho, en todas maneras. Primero, ciertamente, que les ha sido confiada la palabra de Dios.
>
> —Romanos 3:1–2

Dios le confío a los judíos que registraran, copiaran, leyeran y vivieran su Palabra de generación en generación. Esto les permitió mantener un linaje puro y completo, que se puede rastrear hasta el Mesías y Abraham(Mateo 1:1-25; Lucas 3:23-38). La obediencia al Código de la Torá ayudaba a los judíos devotos a mantener la pureza étnica y la integridad de las genealogías.

El sorprendente éxito de los judíos

Este Código de Dios establecido en la Torá ha sido pasado de padres a hijos durante cuarenta generaciones. Este vínculo inquebrantable de hacer leer, enseñar e instruir a cada generación ha traído éxito en la vida secular, social, civil y espiritual. No obstante, deben existir claves particulares que abren las puertas o piedras fundamentales sobre las que la sociedad religiosa judía fue construida. Al examinar la Torá, una clave esencial se vuelve visible: comprender el mensaje, el significado y la manifestación de tener un *pacto con Dios*. El pacto abrahámico es el manantial que alimenta al río, la viga que soporta el edificio, o, simplemente, el secreto para comprender por qué el pueblo judío ha soportado de manera sorprendente siglos de persecución y por qué ha crecido donde ha sido plantado.

LO QUE *Dios* SABÍA

Después de la caída de Adán, el pecado sería pasado por medio del ADN espiritual a toda la humanidad. La humanidad tendría una inclinación al mal, sujetándola a tentación y deseos carnales que contaminarían su mente, corromperían su espíritu y finalmente destruirían su cuerpo. Las leyes, los mandamientos, los estatutos y los juicios en la Torá, al ser seguidos, garantizan relaciones familiares amorosas en las que se preocupan unos por otros, éxito en desarrollar riquezas en los negocios, y ayuda para mantener la salud personal física y emocional.

LO QUE LOS *judíos* DEVOTOS SABEN

La nación hebrea comprendió que las bendiciones de la salud, la riqueza y la prosperidad dependían de la *obediencia* a las palabras de la ley y el pacto. Al seguir el Código de Dios, se les prometía bendiciones generacionales y favor en todo lo que pusieran sus manos para hacer. Solamente cuando rompían la ley y el pacto experimentaban desastres naturales, la ruina agraria y el desorden en su vida. Las numerosas promesas de favor divino y bendición se convirtieron en la motivación para caminar en obediencia (Isaías 1:19).

LO QUE LOS *cristianos* DEBERÍAN SABER

Los cristianos deben entender que el código moral, ético y judicial escrito en la Torá no fue removido por medio del nuevo pacto. Mientras que Cristo cumplió con ciertos aspectos ceremoniales y de los sacrificios de la ley, los mismos principios de la Torá para la vida diaria fueron practicados y refinados en la iglesia del primer siglo, que comenzó con una *membresía* totalmente judía en Hechos capítulo 2. Por medio de escudriñar las Escrituras comprenderemos mejor los conceptos de la Torá con la revelación del nuevo pacto. Las raíces del cristianismo están en la justificación por fe que comenzó con el pacto abrahámico, la Torá y los Profetas. Pablo enseñó que los gentiles eran ramas de olivo silvestre injertadas en el olivo judío y que recibimos nuestros nutrientes de la raíz del árbol. Esa raíz es la Torá y los Profetas, y necesitamos examinar la raíz para disfrutar el fruto hebreo (ver Romanos 11).

Capítulo 2

El secreto se encuentra en el pacto

CÓDIGO 2:
Todas las bendiciones están vinculadas con el pacto abrahámico

> Y Jehová dijo: ¿Encubriré yo a Abraham lo que voy a hacer, habiendo de ser Abraham una nación grande y fuerte, y habiendo de ser benditas en él todas las naciones de la tierra? Porque yo sé que mandará a sus hijos y a su casa después de sí, que guarden el camino de Jehová, haciendo justicia y juicio, para que haga venir Jehová sobre Abraham lo que ha hablado acerca de él.
>
> —GÉNESIS 18:17-19

EN UNA SOCIEDAD GENTIL (NO JUDÍA) LOS hombres de negocios hablan de contratos y acuerdos. No obstante, la palabra *pacto* se utilizó en tiempos antiguos y era más que un contrato en el que se obligaban las partes por medio de la firma de un pergamino o de sellarlo con la impresión de cera de un anillo para sellar. Para las culturas antiguas, un pacto se sellaba con *sangre*. Para los hebreos, los pactos bíblicos también están conectados con pactos de sangre.

La primera vez que se utiliza la palabra *pacto* en la Torá es en

Génesis 6:18 cuando Dios hizo un pacto con Noé después de librarlo a él y a su familia del diluvio. La segunda referencia es con Abraham (Génesis 17:1-2), originalmente llamado Abram (que significa "padre enaltecido"), quien vivió en Ur de los Caldeos, localizada a 10 kilómetros del río Eufrates, que el menor de tres hijos nacidos a Taré (Génesis 11:27).

La tradición judía revela que la familia de Abram había servido a los ídolos (Josué 24:2, 14-15). El Dios Todopoderoso le apareció a Abram en una visión, instruyéndole que dejara Ur y se mudara a la tierra de Canaán. A los setenta y cinco años, Abram siguió su visión. Durante el viaje de Abram, Dios se le apareció en varias ocasiones revelándole su propósito divino para él y sus futuros hijos.

- Dios le dijo a Abram que se convertiría en una "nación grande" (Génesis 12:2).

- Dios le dijo a Abram que se convertiría en "padre de muchedumbre de gentes" (Génesis 17:4).

- Dios le dijo a Abram que naciones y reyes saldrían de él (Génesis 17:6).

- Dios le dijo a Abram que se convertiría en una "nación grande y fuerte" (Génesis 18:18).

- Dios le dijo a Abram que su simiente serían "benditas todas las naciones de la tierra" (Génesis 22:18).

Con cada paso de obediencia que Abram tomó, Dios incrementó la magnitud de sus promesas. Desde solamente *una* nación, a una nación *grande*, a naciones de *reyes*, hasta una nación que bendeciría ¡a *todo el mundo*! La clave maestra para descifrar el cumplimiento de estas promesas fue la obediencia a las instrucciones que Dios exigía en su pacto.

LOS SECRETOS EN EL PACTO

Los secretos del SEÑOR son para los que le temen, y Él les dará a conocer su pacto.

—SALMOS 25:14, LBLA

> En aquel día hizo Jehová un pacto con Abram, diciendo: A tu descendencia daré esta tierra, desde el río de Egipto hasta el río grande, el río Eufrates.
>
> —Génesis 15:18

La palabra hebrea para pacto es *berith*, y es utilizada 280 veces en el Antiguo Testamento. Según el *Diccionario Expositivo* de W. E. Vines, la palabra *berith* frecuentemente es el objeto del verbo *karath*: "dividir o cortar en dos".[1] En Génesis 15, cuando Dios y Abraham "cortaron el pacto" Abraham trajo una becerra, una cabra, un carnero, una tórtola y un palomino como ofrenda, y partió los animales de mayor tamaño en mitades (Génesis 15:9-10). Esta fue una antigua ceremonia de ratificación, en la que se pronunciaban juramentos y las partes se obligaban con compromisos. Dios pasó entre los animales divididos, sellando el pacto en la sangre del sacrificio.

> Y sucedió que puesto el sol, y ya oscurecido, se veía un horno humeando, y una antorcha de fuego que pasaba por entre los animales divididos. En aquel día hizo Jehová un pacto con Abram, diciendo: A tu descendencia daré esta tierra, desde el río de Egipto hasta el río grande, el río Eufrates.
>
> —Génesis 15:17-18

De la manera de arreglar las partes de los animales divididos en el sacrificio es que provino la expresión que significaba literalmente "cortar el pacto" (expresiones similares se encuentran en griego y en latín).[2] La misma palabra hebrea *berith* conlleva la implicación de un acuerdo hecho con sangre ya que el simbolismo del corte incluye cortar y dividir un animal en sacrificio. La división de los animales en dos mitades representaba el acuerdo entre dos partes.

Los antiguos contratos legales (o pactos) llevaban un sello oficial en el pergamino. Desde la época de los egipcios hasta el Imperio Romano, anillos con emblemas específicos (llamados *sellos*) eran utilizados para sellar documentos legales por medio de presionar el anillo sobre cera caliente.[3] En Génesis 15, Dios entró en un pacto con Abraham y selló el pacto con una antorcha encendida que pasó entre las mitades del sacrificio.

Los comentarios judíos señalan que en el antiguo Oriente, normalmente la parte débil del pacto caminaba entre los animales divididos, indicando el destino de la persona en caso de violar las condiciones del pacto. No obstante, fue Dios, el más fuerte, quien selló el pacto con Abraham, el más débil, ¡pasando por en medio de los sacrificios![4] Según un rabino con el que hablé hace algunos años, durante los matrimonios del antiguo Medio Oriente el padre levantaba una antorcha, indicando que romper los votos del matrimonio llevaría a un desenlace ardiente al cónyuge infiel (como se puede ver en Jueces 12 y Jueces 15:4-6). Dios estaba revelando que estaba sellando el pacto en ese momento, y que si un descendiente de Abraham lo rompía, esa persona sería "cortada" de Dios y su pacto (Génesis 17:14). Este tema de "cortar" le fue revelado a Abraham en Génesis 17:14.

Desde Génesis 12 a Génesis 17, el pacto abrahámico fue ratificado y establecido por completo. Sin embargo, el verdadero *secreto* del pacto de Abraham con Dios le fue escondido a Abraham durante veinticuatro años. Este *sello* tenía que ver con el derramamiento de sangre, haciendo que este pacto fuera un *pacto de sangre* oficial.

Si el secreto a todas las bendiciones espirituales y materiales se originaron en el pacto abrahámico, entonces el secreto de todos los pactos está ligado a la sangre. Muchas naciones antiguas reconocían los acuerdos de pactos de sangre. En tiempos preislámicos, la antigua Siria reconocía un pacto de sangre llamado *M'ahadat ed–Dam*, o Hermandad del Pacto. En el acuerdo, cada parte debía brindar garantía contra la traición, protección en tiempo de peligro y provisión para las necesidades de los demás miembros de la familia si uno de los pactantes fallecía antes que el otro.[5] Muchas tribus africanas han utilizado el pacto durante siglos.

El Dr. David Livingstone, el famoso misionero enviado a África, fue testigo de varios ritos de pacto en África. Él mismo celebró un pacto con la reina Manenko de las tribus Balonda en julio de 1854. En algunos casos, se hacían incisiones en la muñeca y luego se frotaban con pólvora. El jefe de la tribu pronunciaba maldiciones en caso de que se rompiera el pacto, y ambas partes intercambiaban regalos, el cual era un aspecto común de los antiguos ritos para celebrar pactos.[6]

En 1871, Henry Stanley viajó a África para buscar a Livingstone. Se encontró con el líder tribal más temido quien controlaba doscientos treinta y tres mil kilómetros cuadrados. A Stanley se le había advertido que evitara al líder, de nombre Mirambo. Stanley finalmente se encontró al cacique el 22 de abril de 1876. Convinieron en hacer una "fuerte amistad". Una vez que se ratificó el pacto, toda la tribu se hizo amiga del nuevo socio de pacto del cacique, y cada pulgada de tierra controlada por el cacique estaba ahora abierta a para que el nuevo amigo del cacique (Stanley) pudiera viajar sin peligro como resultado del pacto. ¡Stanley escribió que su brazo fue utilizado cincuenta veces para sacarle sangre con el fin de cortar pactos con los líderes tribales de África![7]

Muchas veces un líder tribal mandaba a su representante principal para derramar su sangre de parte del jefe. Esta es la imaginería del nuevo pacto, en el cual: "De tal manera amó Dios al mundo, que ha dado a su Hijo unigénito" (Juan 3:16). Cristo fue el representante de Dios, usando su propia sangre para redimir a la humanidad, dándole, así, al hombre redimido acceso a Dios.

> Y no por sangre de machos cabríos ni de becerros, sino por su propia sangre, entró una vez para siempre en el Lugar Santísimo, habiendo obtenido eterna redención.
>
> —HEBREOS 9:12

ÁRBOLES MANCHADOS DE SANGRE

Según el escritor H. Clay Trumbull en su libro *The Blood Covenant* [Pacto de sangre], en varias partes de Oriente se utilizaba un árbol en el rito de establecer un pacto de sangre. Entre algunas naciones, plantar un árbol era un símbolo del pacto. En el antiguo Timor, una joven higuera llevaba una porción de la sangre del pacto. En ambos casos, el árbol era una señal visible y continuamente creciente del pacto.

Trumbull señala que el pacto que hizo Abraham con el líder tribal vecino llamado Abimelec tuvo que ver con árboles. "Abram, pues, [...] moró en el encinar de Mamre" (Génesis 13:18). La frase en hebreo es *'elown*, que se refiere a las (cuatro) encinas de Mamre. Hubo tres hombres involucrados en este pacto, más Abraham que fue el cuarto (Génesis 14:13).[8]

El olivo, la higuera, la mostaza y el granado son árboles comunes en Israel y son mencionados a lo largo de la Escritura. Sin embargo, la encina se menciona en muchos pasajes que tienen que ver con lugares inusuales. La ama de Rebeca fue enterrada debajo de una encina (Génesis 35:8). En Siquem, Josué escribió la Palabra de Dios en una piedra, y erigió un memorial debajo de una encina (Josué 24:26). Gedeón le dio de comer al ángel del Señor debajo de una encina en un lugar llamado Ofra (Jueces 6:11-19). Un "hombre de Dios" fue hallado sentado debajo de una encina (1 Reyes 13:14), y los huesos de Saúl y sus hijos fueron enterrados debajo de una encina (1 Crónicas 10:12). Israel había hecho un pacto con los hombres de Jabes en tiempo de guerra (1 Samuel 11); las encinas sirvieron como prenda o señal pública del pacto celebrado entre Israel y los hombres de Jabes. Ezequiel fue testigo de que los adoradores de ídolos les quemaban incienso debajo de encinas frondosas (Ezequiel 6:13). Al parecer las encinas eran un símbolo importante de un pacto hecho en la tierra de Israel. Esto puede ser debido a que la encina es un símbolo de fuerza y resistencia, ya que el pacto debía permanecer fuerte y perdurar de generación en generación.

El árbol como símbolo viviente de un pacto es importante. La vara de Aarón, utilizada para realizar milagros en la corte de Faraón, había sido tomada de un almendro (Éxodo 7:12). Esta rama muerta más tarde produjo hojas y almendras, una señal de que Dios había escogido a Aarón y a sus hijos para el sacerdocio (Números 17:8). Las aguas amargas de Mara fueron endulzadas cuando Moisés echó una rama de árbol en las aguas (Éxodo 15:23-25).

Toda la imaginería de los pactos antiguos siendo realizados debajo de árboles, el uso de una rama de árbol (vara) que reverdeció como señal del pacto del sacerdocio, junto con la rama de árbol que endulzó las aguas amargas, es una vista previa de lo que el Mesías sufriría, para iniciar un nuevo sacerdocio y convertir las amargas aguas de la vida en dulces por medio de sus sufrimientos en la cruz.

El pacto de Abraham es sellado con sangre

Dios le prometió a Abraham que su simiente produciría una nueva nación. Pero había un problema: Abraham no tenía hijos porque su esposa Sara era estéril. A los setenta y cinco años, dejó Ur y se aventuró a Canaán con su esposa de sesenta y cinco años, Sara.[9] Es interesante que Dios nunca le reveló la señal visible o *prenda* de su pacto a Abraham hasta que Abraham cumplió noventa y nueve años de edad. La señal secreta del pacto era la circuncisión, que requería remover el prepucio del niño varón. La práctica de la circuncisión era conocida en la época de Abraham entre los egipcios y otros grupos semíticos.

No obstante, la señal del Todopoderoso era diferente por dos razones. Los antiguos semitas a menudo hacían una marca cortando solamente una parte del prepucio del varón, pero Dios dijo que se removiera por completo el prepucio. Segundo, la circuncisión debía realizarse al octavo día del nacimiento del niño:

> Este es mi pacto, que guardaréis entre mí y vosotros y tu descendencia después de ti: Será circuncidado todo varón de entre vosotros. Circuncidaréis, pues, la carne de vuestro prepucio, y será por señal del pacto entre mí y vosotros. Y de edad de ocho días será circuncidado todo varón entre vosotros por vuestras generaciones; el nacido en casa, y el comprado por dinero a cualquier extranjero, que no fuere de tu linaje.
>
> —Génesis 17:10-12

¿Por qué Dios esperó veinticuatro años para revelarle la señal del pacto a Abraham? Creo que fue por causa de Ismael. Después de que Abraham durante once años no pudo tener un hijo por medio de Sara, Sara finalmente le sugirió a Abraham que preñara a Agar, su sierva egipcia. Agar concibió y le dio un hijo a Abraham llamado Ismael, que significa: "Dios oyó". Abraham tenía ochenta y seis años cuando nació Ismael (Génesis 16:16). A los noventa y nueve años, Dios le reveló que la circuncisión era la señal del pacto (Génesis 17:10-12).

Dios se esperó hasta que Ismael cumpliera trece años antes de darle la revelación de la circuncisión a Abraham. En el judaísmo, los trece años es considerada la *mayoría de edad*. Los judíos realizan un bar mitzvá (*bar mitzvah*) para los muchachos que cumplen trece años, que es una ceremonia especial que indica que el joven ahora es responsable de sus propias acciones.[10] Dios esperó hasta que Ismael cumpliera trece años, indicando que Ismael ahora era responsable de su propio andar espiritual con Dios.

Considere lo siguiente: Si a los setenta y cinco años, Abraham hubiera sabido que la circuncisión era la señal del pacto, entonces once años después, el hijo de la esclava hubiera sido "marcado" para la promesa del pacto de Dios, y por lo tanto hubiera roto el plan de Dios para una nación hebrea por medio de Abraham y Sara. Por lo cual, Dios esperó hasta que Ismael pudiera hacerse responsable por su propio destino moral y espiritual (a los trece años). Entonces a los noventa y nueve años, Abraham recibió el sello del pacto y circuncidó a Ismael. Un año después nació Isaac (Génesis 21:3-5). La marca de la circuncisión es importante para los judíos, ya que los que no han nacido son considerados la "simiente" de futuras generaciones. El término "simiente" a menudo se utiliza en la Torá para identificar a niños no nacidos, ya que la concepción sucede después de que la simiente (esperma) del hombre pasa a través de la "señal" del pacto (en el prepucio).

La circuncisión en el octavo día es interesante por varias razones. Primero, la tradición judía cree que los primeros siete días de la vida de un bebé representan la culminación de la creación del mundo físico en siete días. El número ocho (que representa nuevos comienzos) trasciende el mundo físico e inicia al niño en el pacto abrahámico. También, el recién nacido tenía que experimentar un día de reposo antes de ser circuncidado. Los musulmanes escogen el séptimo día con base a declaraciones en las tradiciones islámicas llamadas *hadith*.[11] En Estados Unidos la circuncisión suele ser realizada a petición de los padres dos días después del nacimiento del niño, pero los judíos que observan la Torá cumplen el mandamiento de circuncidar en el octavo día.

La investigación médica ha descubierto dos bendiciones únicas vinculadas con la circuncisión. El *British Journal of Cancer* [Revista Británica de Cancerología] reportó que ciertos cánceres de cervix parecen ser menos frecuentes en las mujeres judías en Israel que entre las mujeres de otros grupos étnicos. Algunos han sugerido que la circuncisión ayuda a prevenir el cáncer cervical en las mujeres judías.[12] La segunda característica es un factor de coagulación, la vitamina K, que contiene protrombina. Parece ser que (con base en la investigación) que en el octavo día después del nacimiento, el bebé cuenta con más protrombina que ningún otro día de su vida, haciendo del octavo día el mejor momento para la circuncisión.[13] Por lo tanto, Dios conocía el significado físico y médico de la circuncisión al octavo día.

Después de que Isaac fue destetado, Ismael fue removido de la casa de Abraham, lo cual le dio todos los derechos del pacto como el hijo prometido a Abraham y Sara (Génesis 21:10-14).[14]

EL PACTO ES SELLADO CON UNA COMIDA

Era costumbre sellar un pacto con una comida. Este ritual data desde imperios y tribus mucho más antiguos que la Torá. Algunas tribus primitivas preparaban un animal, y otros grupos más primitivos literalmente mezclaban la sangre de ambos pactantes en una copa de vino y ambos pactantes bebían de ella. Beber o comer sangre estaba estrictamente prohibido en la Torá (Levítico 17:12). El concepto antiguo era que por medio de este acto ambas partes se volvían una al participar de la misma sangre. La sangre era sumamente importante en cada ritual de pacto de la nación hebrea. Al sellar públicamente el pacto de Dios con Israel, Moisés roció la sangre del sacrificio de un animal escogido sobre el altar, el Libro del Pacto y el pueblo (Éxodo 24:6-8).

La sangre también era rociada en el mobiliario sagrado del tabernáculo, incluyendo una vez al año sobre la tapa del arca del pacto. El arca era una caja rectangular cubierta de oro que contenía tres objetos sagrados: una vasija de oro con maná (pan) que cayó del cielo, las tablas de la Ley escritas sobre piedra y la vara de Aarón (Hebreos 9:4). Cada año en el sexto festival de Israel, el Día de la Expiación, el sumo sacerdote entraba en el lugar santísimo del tabernáculo (más tarde el templo) para rociar sangre siete veces en el extremo este de la tapa del arca llamado el asiento de misericordia o propiciatorio (Éxodo 25:10-22; Levítico 16:14). El maná en el arca simbolizaba el pacto de Dios de provisión, las tablas retrataban el pacto de Dios de bendición para los levitas y el pueblo y la vara era el pacto de autoridad de Dios dado al sumo sacerdote.

La primera comida de pacto se tomó cuando el primer rey y sacerdote de Jerusalén, Melquisedec, le ofreció una comida de pan y vino a Abraham después de la victoria de Abraham en la guerra contra cinco reyes (Génesis 14). Isaac le pidió a Esaú que preparara una última comida antes de recibir la bendición de su padre. Rebeca, la madre de Jacob y Esaú, se dio cuenta de que esta era una comida de pacto de bendición e intervino para que Jacob suplantara a Esaú y recibiera su bendición (Génesis 27:6-41). Jacob y su suegro, Labán, sellaron su pacto en Mizpa por medio de comer sobre una pila de rocas, que serviría de memorial visible para futuras generaciones (Génesis 31:49-54).

Para la nación hebrea, la comida de pacto más importante fue la celebrada después de que Dios reveló sus mandamientos en el monte Sinaí. Moisés roció la mitad de la sangre del sacrificio sobre el altar, representando la parte de Dios en el acuerdo, y la mitad de la sangre sobre el pueblo, representando su parte en el acuerdo (Éxodo 24:6-8).

El pueblo selló su parte del acuerdo diciendo: "Haremos todas las palabras que Jehová ha dicho" (Éxodo 24:3). Después, Moisés, Aarón y sus hijos y setenta de los ancianos principales fueron invitados a la cima de la montaña donde "y vieron al Dios de Israel; y había debajo de sus pies como un embaldosado de zafiro [...] Mas no extendió su mano sobre los príncipes de los hijos de Israel; y vieron a Dios, y comieron y bebieron" (Éxodo 24:10-11). Esta comida *selló el trato* entre Dios e Israel. En la tradición cristiana, la Cena del Señor o la Comunión, representa la sangre y el cuerpo del Mesías y forma un lazo espiritual entre Cristo y el creyente, sellando nuestra fe y confianza en el Nuevo Pacto. Por lo tanto, la Comunión es la comida de pacto.

Después de la comida especial con Melquisedec, Abraham volvió a confirmar su pacto (Génesis 15:1-4) y presentó los diezmos (la décima parte) de todo a Melquisedec (Génesis 14:18-20). Este acto fue significativo y es mencionado por Pablo:

> Y por decirlo así, en Abraham pagó el diezmo también Leví, que recibe los diezmos; porque aún estaba en los lomos de su padre cuando Melquisedec le salió al encuentro.
>
> —Hebreos 7:9–10

Abraham llevaba los *genes* originales de *Leví*. Leví era el futuro nieto de Abraham, quien nacería muchos años después de que Abraham se encontró con Melquisedec. Los hijos de Leví se convertirían en sacerdotes en el tabernáculo de Moisés y en ambos templos judíos, recibiendo los diezmos, las ofrendas y los sacrificios del pueblo hebreo. Tanto Moisés como Aarón provenían de la tribu de Leví (Éxodo 2:1; 4:14). Abraham estableció el patrón para que las generaciones futuras presentaran los diezmos (la décima parte) de sus animales, cosechas y finanzas al Señor en agradecimiento a sus bendiciones sobre ellos individual y nacionalmente.

LAS BENDICIONES Y CONDICIONES DEL PACTO

Los eruditos señalan que hay varios acuerdos (pactos) que Dios estableció a lo largo del Antiguo Testamento. Los que siguen son centrales para el pueblo judío entre otros.

El pactante	La promesa	Condicional o incondicional	La señal del pacto
El pacto con Noé	La tierra nunca volvería a ser destruida con agua.	Incondicional	El arco iris en el cielo.
El pacto con Abraham	Una nación nueva, una tierra nueva, un pueblo nuevo.	Incondicional	La circuncisión
El pacto con David	Un reinado perdurable en Israel	Incondicional	Jerusalén permanecería
El pacto del día de reposo	Bendición por guardar el día de reposo	Condicional	El día de reposo
El pacto con Israel	Bendición por guardar los mandamientos	Condicional	Los mandamientos
El pacto de la presencia	La presencia de Dios yendo delante de Israel y morando con ellos.	Condicional	El arca del pacto

Todos los pactos tienen tres características importantes:

1. Acuerdos entre ambas partes.
2. Condiciones entre ambas partes.
3. Promesas entre ambas partes.

Acuerdos de pacto

Todos los contratos y pactos comienzan con un acuerdo de entendimiento mutuo entre las partes. Los acuerdos revelan las acciones y expectaciones de ambas partes. Un pacto nunca es unilateral, así como el pacto matrimonial no puede tener éxito con solamente una persona. Los acuerdos de Dios se basan en sus leyes, estatutos y mandamiento en su Palabra escrita. Al entrar en un pacto de redención con Dios por medio de Cristo, los creyentes *acuerdan* seguir las enseñanzas establecidas en el Nuevo Testamento.

Condiciones del pacto

Las condiciones son los requisitos esperados para cumplir los acuerdos. Dios continuamente dijo: "Si ustedes... entonces yo...". Dios instruyó a Israel: "Si escuchan mi Palabra... si andan delante de Mí... si obedecen a mi voz". La conjunción *si* al estar relacionada con una promesa de pacto también es una condición. Cuando Dios dice "si", indica que la persona a la que se les está hablando primero debe obedecer las instrucciones dadas.

Cuando mi esposa y yo nos unimos en matrimonio, estuvimos en una iglesia delante de muchos testigos y acordamos entrar en un pacto matrimonial. El ministro expresó las condiciones "para bien o para mal, en riqueza y en pobreza, en salud y en enfermedad" en las que seguiríamos siendo fieles el uno con el otro. Sellamos el acuerdo públicamente con un beso y consumamos el matrimonio durante nuestra luna de miel.

Las condiciones del pacto de Abraham fueron: "Circuncida a tus hijos al octavo día" y "enséñenles a sus hijos a seguirme". Dios reveló confianza en Abraham y sabía que cumpliría el pacto.

> Porque yo sé que mandará a sus hijos y a su casa después de sí, que guarden el camino de Jehová, haciendo justicia y juicio, para que haga venir Jehová sobre Abraham lo que ha hablado acerca de él.
>
> —Génesis 18:19

Las promesas del pacto

Si los descendientes de Abraham seguían el acuerdo hecho por Abraham y Dios para marcar a sus hijos con la circuncisión, entonces Dios los bendeciría con tierra, prosperaría el trabajo de sus manos y los haría grandes sobre la tierra. Si fallaban en seguir el mandamiento, experimentarían grandes dificultades y perderían sus bendiciones naturales y espirituales (Génesis 17:14).

Se han escrito varios libros prominentes en las que se expresan opiniones sobre la causa por la que muchos judíos tienen un alto CI, son genios creativos, tienen habilidades financieras y la capacidad de sobrevivir aun teniendo todas las probabilidades en su contra. Muchos autores omiten la característica que ha separado a los judíos devotos de todas las demás naciones: su creencia de que como grupo étnico tienen un pacto especial y único con Dios. Algunos han interpretado esta confianza como arrogancia. No obstante, la Escritura los marca cuatro veces como su "pueblo único" y su tesoro sobre la tierra.[15] ¡No es para nada arrogante estar confiado en lo que Dios ha dicho de uno!

LO QUE *Dios* SABÍA

Para cumplir la promesa de Génesis 3:15 de un Mesías que vendría para derrotar el mal y redimir a la humanidad, Dios levantó una nueva nación con un nuevo ADN espiritual por medio de Abraham. La simiente de Abraham se convertiría en Israel y recibiría del cielo el plano de Dios para la vida, edificaría a Dios una morada en la Tierra por medio del tabernáculo y el templo, revelaría el plan de salvación a través de los sacrificios de sangre y finalmente bendeciría al mundo con las Escrituras y el Mesías.

LO QUE LOS *judíos* DEVOTOS SABEN

Aunque muchos judíos ortodoxos y religiosos devotos no entienden las enseñanzas cristianas y la revelación redentora del Nuevo Testamento, están conscientes del pacto abrahámico, los mandamientos por medio de la Torá, los días de reposo, las fiestas y las celebraciones que honran a Dios y las obras poderosas que Él ha hecho por Israel. Muchos han seguido celosamente las instrucciones de la Torá y el Talmud judío, buscando obedecer sus normas e instrucciones. Comprenden que son un pueblo único que se ha manifestado por medio del plan eterno de Dios.

LO QUE LOS *cristianos* DEBERÍAN SABER

Los creyentes han recibido perdón de sus pecados por medio del nuevo pacto sellado por la sangre de Cristo (Hebreos 8:8-13). Sin embargo, los creyentes gentiles pueden recibir una comprensión asombrosa y conocimiento práctico por medio de examinar las raíces de la fe cristiana que comenzó con el Código de la Torá. El primer paso básico es comprender el significado del pacto y el idioma hebreo, considerado por algunos como *el idioma de Dios*.

Capítulo 3

SECRETOS DEL ALFABETO Y LAS PALABRAS HEBREAS

CÓDIGO 3:
El hebreo es el idioma de Dios

Las veintidós letras sagradas son las fuerzas espirituales profundas y fundamentales. Son, en efecto, la materia prima de la creación.

—RABINO MICHAEL MUNK

E N 1768, EL REVERENDO JON PARKHURST PRODUJO el primer léxico hebreo-inglés. En la introducción declaró que él creía que hace seis mil años, el hebreo fue el primer idioma hablado sobre la tierra entre Adán y Dios.[1] Si esto es correcto, ¡es probable que usted hable en hebreo cuando se vaya al cielo! Hay una tradición judía que dice que el primer hombre, Adán, habló una forma antigua del idioma hebreo en el huerto de Edén. Sabemos que Adán hablaba algún idioma ya que le puso nombre a los animales (Génesis 2:19-20). Tanto Adán como su esposa, Eva, *escucharon* la voz de Dios en el huerto (Génesis 3:8). Dios entró a Edén "al aire del día" (Génesis 3:8). La palabra hebrea para aire es *ruach* y se refiere al "viento, aliento o aire". Podríamos decir que Dios entró al huerto sobre el viento. Esto concuerda con el pasaje que dice:

"Y cabalgó sobre un querubín, y voló; voló sobre las alas del viento" (2 Samuel 22:11). El idioma que hablaba Adán fue transmitido de Adán a Noé, en las primeras diez generaciones de hombres (Génesis 5:3-32).

También hay tradiciones escritas con respecto a la capacidad de Adán de comunicarse con el reino animal antes de comer del árbol de la ciencia del bien y del mal. La tentación al pecado fue iniciada por una sutil serpiente parlante (Génesis 3:1-4). Los escépticos con todo derecho señalan que las serpientes no hablan. Sin embargo, el historiador judío Josefo respondió esta crítica cuando escribió con respecto a la historia del primer hombre en el huerto:

> Pero mientras que todas las criaturas tenían un solo idioma, en esa época, la serpiente, que entonces vivía junto con Adán y su esposa, Eva, mostró una disposición envidiosa, sobre la suposición de que vivieran felices y en obediencia a los mandamientos de Dios [...][2]

Cualquier habilidad para comunicarse con el reino animal fue cortada después de la caída de Adán. Sin embargo, los hombres siguieron comunicándose con los hombres, como se dijo anteriormente cuando Josefo registró cómo los hijos de Set pronunciaron una profecía de calamidades futuras que vendrían sobre la tierra en ladrillo y piedra para todos los hombres lo vieran y fueran advertidos. Estos monumentos nunca han sido descubiertos, y el idioma o los pictogramas grabados en ellos son desconocidos.

En los años 1658 a 1656 a. C. las aguas del diluvio barrieron la tierra trayendo destrucción global. Hubo ocho sobrevivientes: Noé, su esposa, sus tres hijos y sus nueras (1 Pedro 3:20). Es probable que Noé siguiera hablando el idioma original de Adán. Tres generaciones más tarde, Nimrod, el nieto de Noé, construyó la primera megaestructura, llamada la torre de Babel, en la planicie de Sinar (Génesis 11). La meta de Nimrod era escapar de cualquier diluvio futuro:

> También dijo que sería vengado en Dios, si es que tuviera en mente ahogar de nuevo al mundo; por lo que construiría una torre lo suficientemente alta ¡para que las aguas no la alcanzaran! Y que se vengaría de Dios por destruir a sus ancestros.[3]

Durante la construcción de la torre, todos los habitantes de la tierra hablaban una misma lengua.

Y dijo Jehová: He aquí el pueblo es uno, y todos éstos tienen un solo lenguaje; y han comenzado la obra, y nada les hará desistir ahora de lo que han pensado hacer. Ahora, pues, descendamos, y confundamos allí su lengua, para que ninguno entienda el habla de su compañero.

—Génesis 11:6-7

Dios vio que el conocimiento sin freno de la humanidad nuevamente podría causar que las inclinaciones malignas se difundieran. De repente, derribó la torre hasta el piso y esparció a la gente por medio de confundir sus idiomas. El reino de Nimrod era llamado Babel, que en Akkadian quiere decir "la puerta de Dios", pero que en hebreo proviene del verbo *balal* que significa "confundir o confuso". Fue en Babel que surgieron los diferentes idiomas del mundo (vv. 7–9).

Cientos de años después, en la Torá, Moisés escribió sobre la separación que hizo Dios de las naciones en la torre:

Cuando el Altísimo hizo heredar a las naciones,
cuando hizo dividir a los hijos de los hombres,
"estableció los límites de los pueblos
según el número de los hijos de Israel.
Porque la porción de Jehová es su pueblo;
Jacob la heredad que le tocó.

—Deuteronomio 32:8–9

Incluso uno de los primeros padres de la iglesia, Orígenes, reflexionó en el primer idioma de la humanidad cuando escribió:

Se debe considerar que toda la gente sobre la tierra utilizaba un mismo idioma divino, y entre tanto vivieran juntos en armonía eran preservados en el uso de este idioma divino, y evitaron mudarse del oriente entre tanto eran imbuidos con los sentimientos de "luz" y el "reflejo" de la luz eterna.[4]

El idioma original era un *idioma divino*, que se originó con Adán en el huerto. Según Orígenes, hubo un grupo que no viajó a la planicie de Sinar con Nimrod, y solamente ellos retuvieron el idioma puro, hablado desde el principio de los tiempos:

Los que preservaron su idioma original, a causa de no haber migrado del oriente, siguieron en posesión del oriente y de su idioma oriental. Y hay que notar que solamente estos se convirtieron en la porción del Señor, y su pueblo que fue llamado Jacob, e Israel el cordón de su herencia.[5]

Como la lengua hebrea se convirtió en el idioma del pueblo escogido de Dios, se asume que Adán habló la primera forma del dialecto hebreo. Los escritos judíos como la Misná (Génesis Rabbah 38) enseña que Adán habló hebreo. La Misná comenta que Adán le llamó a Eva "mujer" [*ishah*], el término hebreo para mujer o hembra (Génesis 2:23). Más tarde la llamó Eva (Génesis 3:20) o *Chavvah* en hebreo que significa "dadora de vida". Por supuesto, el término *hebreo* era desconocido en tiempos de Adán y su idioma simplemente era la lengua de Adán. No obstante, él hablaba el idioma que Dios le dio. Al ser creado como un hombre maduro, sin entrenamiento sistemático desde la infancia a la edad adulta, su enseñanza provino directamente de Dios. El nombre *hebreo* se originó por el nieto de Sem llamado *Heber* (Génesis 10:21). Proviene del verbo *'abar* que significa "pasar o región más allá". Abraham fue el primero de los hebreos (Génesis 14:13), porque el pasó más allá de su tierra natal a la Tierra Prometida. El pacto abrahámico fue sellado cuando Dios *pasó entre* los sacrificios, y en Egipto Dios pasó de largo de los hogares israelitas que estaban protegidos por la sangre del cordero (Éxodo 12:13). Josué e Israel pasaron el Jordán para poseer su herencia (Josué 1:2). El continuo cambio de residencia del pueblo judío ha cumplido el significado del nombre *hebreo*.

El apóstol Pablo fue un ex rabino judío, capacitado a los pies del reconocido rabino Gamaliel. Pablo fue instruido en varios idiomas de su época. Pablo menciona que Dios le habló en hebreo cuando se convirtió:

> Y habiendo caído todos nosotros en tierra, oí una voz que me hablaba, y decía en lengua hebrea: Saulo, Saulo, ¿por qué me persigues? Dura cosa te es dar coces contra el aguijón. Yo entonces dije: ¿Quién eres, Señor? Y el Señor dijo: Yo soy Jesús, a quien tú persigues. Pero levántate, y ponte sobre tus pies; porque para esto he aparecido a ti, para ponerte por ministro y testigo de las cosas que has visto, y de aquellas en que me apareceré a ti.
>
> —HECHOS 26:14–16

Dios pudo haberle hablado a Pablo en griego, latín, arameo o hebreo, ya que se hablaban los cuatro idiomas en Israel. No obstante, Dios utilizó la *lengua sagrada* en la que se escribieron la Torá y los profetas: el idioma hebreo.[6] Los primeros fundadores de los Estados Unidos estaban completamente conscientes del significado de la lengua hebrea. William Bradford (1590-1657), gobernador de la colonia de Plymouth, declaró haber estudiado hebreo para que al morir pudiera hablar en el "idioma más antiguo, la Lengua Santa en la que Dios y los ángeles hablan".[7] En 1777, Ezra Stiles, presidente de Yale, declaró que estudiar hebreo era esencial para la educación de un caballero. Dijo: "¿No es ese el idioma [el hebreo] que escucharé en el cielo?".[8] Incluso Martín Lutero, que no fue conocido por sus comentarios amables hacia los judíos, dijo sobre el idioma hebreo: "La lengua hebrea es el mejor idioma de todos, con el vocabulario más rico".[9]

Desde los tiempos de Moisés, el hebreo fue el idioma de la Torá y del pueblo judío. La forma escrita original del alfabeto hebreo data del siglo XI o X a. C., comúnmente conocido como *hebreo antiguo*. Para el siglo VI a. C., la antigua escritura se limitó a los escritos religiosos, y se desarrolló una forma diferente, la escritura aramea, llamada la *escritura cuadrada*. Esta escritura aramea se utiliza en la actualidad cuando los escribas copian un rollo de la Torá.[10] Aunque la forma de escribirlo se ha desarrollado a lo largo de los siglos y se cree que el hebreo es una forma de una escritura fenicia antigua, personalmente creo que el idioma original que habló Adán estaba ligado a lo que hoy conocemos como el idioma hebreo. Hay una conexión divina que se ve cuando se estudian los misterios del alfabeto hebreo.

EL SORPRENDENTE ALFABETO HEBREO

Llamado el *alefato*, hay una mística sagrada que rodea al alfabeto hebreo. El alfabeto consiste en veintidós letras que son todas consonantes. No hay vocales entre las veintidós letras. Las marcas de las vocales, que son una combinación de puntos y guiones (llamados *nikkudim*), y que se colocan arriba o debajo de las letras individuales, fueron añadidas alrededor del año 600 a. D. por un grupo llamado los masoretas que colocaron estas marcas debajo y sobre las letras para indicar la manera en que se debía cantar el texto en la sinagoga.

La forma original del alfabeto hebreo eran en realidad pictogramas. El texto más antiguo, llamado la escritura protocananea, consistía en veintidós formas que representaban imágenes comunes. Por ejemplo, la primera palabra hebrea es *alef*, y la última (la vigésima segunda letra) es *tau*. El pictograma para *alef* es la cabeza de un buey, y el pictograma para *tau* es una cruz o un signo de más. Estas primeras y últimas letras del alfabeto hebreo gráficamente revélan la imaginería temprana del plan de redención, el cual comenzó con sacrificios de animales ¡y terminó en la cruz de Cristo! En el Nuevo Testamento, Jesús dijo: "Yo soy el Alfa y la Omega" (Apocalipsis 1:8), que son la primera y la última letra del alfabeto griego. En hebreo, hubiéramos dicho: "Yo soy la *alef* y la *tau*".

Otra imagen significativa es la letra vigésima primera del alfabeto hebreo llamada la letra *sin*. Desde sus primeros trazos, esta forma es similar a nuestra letra W, aunque el sonido es semejante al de la "S" o la "Sh" y no al de la "W". En tiempos de Moisés, el sumo sacerdote tenía el mandamiento de bendecir al pueblo, que es llamada la bendición sacerdotal y se encuentra registrada en Números 6:25-27. La tradición judía enseña que el sacerdote recitaba la bendición colocando ambas manos, con las palmas hacia delante, con los pulgares tocándose y los cuatro dedos de sus manos hacia fuera. Sus manos creaban la forma de la letra *sin* y representaba el nombre *Shaddai*, el nombre que revela a Dios como el Todopoderoso (Génesis 17:1).[11]

Moisés enseñó que Dios traería a su pueblo a un lugar marcado por su nombre (Deuteronomio 12:11, 21; 14:23-24). Ese lugar era Jerusalén, donde tres montes —Ofel, Sión y Moriah— emergen para formar la zona de la antigua ciudad de David.[12] Al examinar la topografía de estos tres lugares, los montes se combinan formando una forma similar a la letra *sin*. Como *sin* representa *Shaddai*, un nombre de Dios (traducido como *Todopoderoso* en Génesis 17:1), entonces las características de estos tres montes en Jerusalén visiblemente revelan el lugar donde Dios puso "su nombre".

El texto en hebreo de la Torá tiene otras características únicas. Al examinar Génesis 1:1, en hebreo hay siete palabras. En español dice: "En el principio creó Dios los cielos y la tierra". En Hebreo dice:

— ALEF BET —
"DAGESH". en el medio (handwritten annotation)

Bereshit bara Elohim et hashamayim ve'et ha'arets: *En el principio creó Dios los cielos y la tierra.*[13]

Sofit
Jat
Mem
Num
tjade
fey (handwritten margin notes)

ALFABETO HEBREO

Valor	Nombre	Letra
1	Alef	א
2	Bet	ב
3	Gimel	ג
4	Dalet	ד
5	Hei	ה
6	Vav	ו
7	Zayin	ז
8	Chet	ח
9	Tet	ט
10	Yod	י
20	Kaf	כ ך
30	Lamed	ל
40	Mem	מ ם
50	Nun	נ ן
60	Samech	ס
70	Ayin	ע
80	Peh/Feh	ף פ פ
90	Tzadi	צ ץ
100	Kuf	ק
200	Resh	ר
300	Shin/Sin	שׁ שׂ
400	Tav	ת

Cada letra del alfabeto hebreo tiene un símbolo y valor numérico.

En medio de la frase (la palabra *et*) están la primera y la última letra del alfabeto hebreo, la alef y la *tau* (que juntar se pronuncian como *et*). Esta palabra que no tiene traducción es utilizada en hebreo para marcar un punto, identificando la siguiente palabra como el objeto directo definido.[14] Algunos han sugerido (aunque algunos rabinos estarían en contra) que Dios estaba diciendo que en el principio Él creó el *Alef-Tau*, o el Mesías. Como Cristo fue la fuente de la redención del hombre "desde el principio del mundo" y se llamó a sí mismo "el Alfa y la Omega" (Apocalipsis 1:8; 13:8), se sugiere que este versículo revela en clave que el Mesías preexistía con Dios en el momento de la Creación. La interpretación en hebreo no da ese significado al pasaje. No obstante, Cristo dijo: "Antes que Abraham fuese, yo soy" aludiendo a su preexistencia (Juan 8:58).

En hebreo, la palabra para *verdad* es *emet*.[15] Al escribir *verdad* en hebreo, la primera letra es *alef*, y la última letra es *tau*. Cristo dijo: "Yo soy el camino, y la verdad, y la vida" (Juan 14:6). Por lo tanto, ¡Él es el principio y fin de toda verdad!

Otra característica única del alfabeto hebreo es que las veintidós letras también tienen un valor numérico. Este concepto, que busca identificar la relación de la letras con números, es considerada la vigésimo novena regla de las treinta y dos reglas de hermenéutica enseñadas por el rabino Eleazar ben Yosi HaGalilli. Ambos alfabetos, el hebreo y el griego, intercambian las letras individuales con números. Este método es empleado en el Salmo 119, el capítulo más largo de la Biblia, que consta de 176 versículos. El capítulo está dividido en secciones de ocho versículos cada uno, con cada una de las veintidós letras hebreas sobre el subtítulo de cada sección, creando veintidós secciones.

Lo sagrado de la Torah

Su Biblia personal quizá tenga una cubierta negra, café, azul o roja de piel o imitación piel. Las palabras quizá tengan tipografía menuda, o letras en rojo para distinguir las palabras de Cristo. Su traducción quizá sea la versión popular Reina-Valera 1960, la Reina-Valera 1995, la Nueva Versión Internacional o la Biblia de las Américas. Probablemente tenga un listón para marcar pasajes selectos. Su Biblia puede estar en otro idioma distinto al español. En la sinagoga judía, la Torá está en forma de rollo y no es un libro empastado en piel.

Las Escrituras judías leídas por el rabino en una sinagoga judía son escritas a mano por escribas en un largo rollo. El rollo se enrolla en dos husos de madera, y el texto está escrito a mano con una tinta especial en un pergamino hecho con la piel de un animal kosher. El rollo principal en cada sinagoga es la Torá: de Génesis a Deuteronomio. Los demás libros en la sinagoga son los Profetas (llamados los *Haftorah*), los escritos y la literatura de sabiduría.

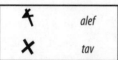

La primera letra hebrea *alef*, era el símbolo de un buey y para la letra *tav* era una cruz.

La copia del texto sagrado

A menudo los críticos esgrimen que no se puede confiar en las palabras de nuestra Biblia (la traducción al español). Alegan que a lo largo de los siglos los copistas han cometido errores graves al escribir las letras individuales y que han añadido algunas palabras y omitido otras. Los que hacen tales declaraciones son posiblemente ignorantes de las leyes que fueron establecidas por los escribas antiguos a los que se les dio la tarea de copiar las Escrituras.

1. *El pergamino:* El pergamino está hecho de la piel de un animal "limpio" (kosher). Un rollo de la Torá consta de ochenta pieles. Hay 248 columnas en cada rollo, y cada sección tiene entre 3 y 4 columnas. Debe haber tres pulgadas a lo largo de la parte superior y dos pulgadas entre las columnas.

2. *La tinta:* La tinta consiste en una mezcla especial hecha de agalla, cristales de sulfato de cobre, goma arábiga y agua. La tinta se prepara en pequeñas cantidades para evitar que se seque mientras el escriba meticulosamente escribe las letras sobre el rollo. La tinta debe ser bastante oscura para que las letras se vean, y deben permanecer del mismo color a lo largo del rollo.

3. *La pluma:* Se utiliza una pluma de cálamo para escribir las letras. Debe provenir de un animal limpio. La pluma de ganso es la preferida de muchos escribas. El aspecto más importante es que la punta de la pluma debe ser cortada con precisión para asegurar que las letras se formen de la manera apropiada. Se utilizan muchas plumas al escribir un rollo.[16]

Algunos se preguntan: ¿De qué manera se asegura el escriba de que no haya errores al copiar las letras individuales? Los escribas siguen lineamientos estrictos al preparar un nuevo rollo de la Torá. Estos incluyen:

- El nuevo rollo tiene que ser copiado directamente de otro rollo. Nada se puede copiar de memoria.

- El escriba debe repetir en voz alta cada palabra antes de escribirla.

- Si la Torá es escrita de manera incorrecta, no se puede conservar más de treinta días sin ser corregida o escondida.

- Se debe contar individualmente cada palabra y letra al ser terminada.

■ El texto se escribe sin vocales, de la misma manera que en tiempos antiguos.

Cada letra en hebreo y cada línea se examina individualmente para asegurarse de que la forma de cada letra y cada línea es correcta. Si se comete un error, no se permite que esa sección del rollo se cosa junto con los demás pergaminos.

Si el error es de una letra, se le permite al escriba remover la letra y rehacerla. No obstante, está prohibido borrar el nombre sagrado de Dios una vez que ha sido escrito en un pergamino. Si se comete un error en relación con el nombre de Dios, esa sección del pergamino se debe enterrar en un lugar especial para rollos y el proceso debe comenzar de nuevo. Hay otras tres personas capacitadas que examinan las secciones individuales de los pergaminos antes de que sean aprobadas.

Una vez que se terminan los pergaminos, el escriba toma hilos de los tendones de animales kosher (una vaca, un buey o una oveja) y cose el rollo de una forma especial de manera que los hilos no se vean por enfrente. El largo rollo es luego colocado en los dos husos, llamados en hebreo *Etz Chayim*, o los "árboles de la vida".

Escribir el nombre de Dios es tan sagrado que si un escriba estaba escribiendo el nombre de Dios en un pergamino y un rey entraba, no se le permitía al escriba levantarse hasta que el nombre de Dios estuviera escrito por completo. Se dice que antes y después de escribir el nombre de Dios se limpia la pluma del escriba, y en tiempos antiguos, los escribas dejaban la mesa para lavarse por el honor de escribir el nombre santo de Dios en su santa Palabra. Cada rollo era copiado de un rollo anterior, utilizando los lineamientos y normas descritas para copiar la Torá.

¿La Biblia actual es fiel?

Los creyentes muchas veces son confrontados por escépticos que ladran su oposición a nuestras traducciones actuales de las Escrituras, acusando que no es la Palabra de Dios original que les fue dada a Moisés, los profetas y los apóstoles. No obstante, un evento en 1948 ayudó a resolver la controversia de la autenticidad de la traducción de las escrituras en todos los idiomas en relación con el Antiguo Testamento.

En 1947, un pastorcillo beduino estaba cuidando cabras en el desierto de Judea cerca de la orilla occidental del Mar Muerto. Explorando varias cuevas descubrió un grupo de jarrones grandes. Dentro había pedazos de lo que parecían ser pergaminos enrollados. En 1948, el beduino le vendió siete pegaminos al señor Kando, un zapatero y vendedor de antigüedades de Belén, quien a su vez vendió los rollos. El más famoso de los rollos descubiertos, era una copia antigua del libro de Isaías.

Este rollo valioso fue examinado por eruditos y adquirido por la Universidad Hebrea, que lo puso en exhibición en el Museo del Santuario del Libro en Jerusalén. El rollo comienza en el capítulo dieciséis de Isaías y continúa hasta el capítulo sesenta y seis. Para asombro de los eruditos, cuando se comparó este rollo de dos mil años de antigüedad con la versión de la Biblia King James en inglés de 1611, ambos fluían en paralelo, con las excepciones de algunas diferencias ortográficas y errores en las conjugaciones de los verbos hechos por los copistas. Este descubrimiento eran buenas noticias para los creyentes sobre la inspiración de la Biblia y malas noticias para los escépticos de la inspiración divina.

Algunos eruditos occidentales en hebreo ocasionalmente señalan que hay algunas palabras mal escritas en ciertas secciones del Antiguo Testamento. Suelen ser identificadas como errores del copista. Por lo tanto se trata de minimizar la inspiración de las Escrituras por algunos supuestos errores humanos. Sin embargo, los rabinos judíos, han descubierto que estos famosos errores en realidad revelan un significado más profundo o un secreto profético en clave que indica eventos futuros.

Los misterios de los errores

Al estudiar la Escrituras, los ministros cristianos a menudo utilizan uno de estos métodos para interpretar o preparar un pasaje:

1. El significado primario: leer la historia como un evento pasado o futuro.

2. El significado práctico: de qué manera la historia o el versículo lo podemos aplicar de manera personal en la actualidad.

3. El significado profético: de qué manera los símbolos y las capas proféticas revelan misterios del futuro.

A los rabinos judíos se les enseña a analizar la Torá por medio de utilizar cuatro métodos diferentes. Los cuales son:

1. *Peshat*: comprender el significado *simple* del texto.

2. *Remez*: una *alusión* o un nivel de estudio *alegórico* y *filosófico*.

3. *Drosh*: el nivel *regio*, la Biblia es comprendida utilizando *acertijos* y *parábolas*.

4. *Sod*: el significado *escondido* o en nivel *místico*.[17]

Cristo era un maestro para enseñar en los cuatro niveles. Enseñó las verdades prácticas y sencillas a través de las Bienaventuranzas; no obstante, también reveló los acertijos utilizando parábolas y revelando en privado los misterios del Reino a sus discípulos (Mateo 13:11).

Los místicos judíos invierten mucho tiempo buscando el nivel misterioso de la Torá y el alfabeto hebreo. Uno de esos misterios ha sido llamado el *código Ester*. Supe de este código en 1987 al visitar Israel. Este código demostraba que la historia bíblica podía tener un significado literal (*Peshat*) y una aplicación profética oculta (*Sod*).

El tema de Ester es el de una joven huérfana judía llamada Hadasa que ganó un concurso nacional de belleza persa y se convirtió en la esposa del rey persa. Un líder político maligno, Amán, conspiró en secreto para matar a los judíos, pero fue expuesto y colgado con sus diez hijos en las mismas horcas que había preparado para los judíos. Hace algunos años, un erudito judío que estaba trabajando en las cuevas de Qumran en Israel me señaló el texto en hebreo de Ester. Dos versículos importantes dicen:

> Diez hijos de Amán hijo de Hamedata, enemigo de los judíos; pero no tocaron sus bienes.
>
> —Ester 9:10

> Y respondió Ester: Si place al rey, concédase también mañana a los judíos en Susa, que hagan conforme a la ley de hoy; y que cuelguen en la horca a los diez hijos de Amán.
>
> —Ester 9:13

Ester 9:10 dice que los judíos mataron a diez hijos de Amán. Tres versículos más tarde dice que sus diez hijos fueron colgados "en la horca". ¿Fueron ejecutados primero (v. 10), y luego colocaron sus cuerpos en la horca (v. 13)? ¿Por qué se menciona dos veces la muerte de los hijos? ¿O es una doble referencia: a un evento *literal* y a un evento *futuro*? En la historia de Ester, Amán es una imagen profética del futuro anticristo de la profecía, y los diez hijos de Amán son una muestra de los diez reyes en el Apocalipsis que se levantarán y que le entregarán su reino al anticristo (Apocalipsis 17:12-17). Esta es una *capa profética* escondida en el relato. Y si, además, profundizamos en el texto hebreo hay otro mensaje dentro del texto.

Abajo viene la lista de los diez hijos de Amán:

1. Parsandata
2. Dalfón
3. Aspata
4. Porata
5. Adalía
6. Aridata
7. Parmasta
8. Arisai
9. Aridai
10. Vaizata

En el texto hebreo, el primero, el séptimo y el décimo nombre de los hijos de Amán tienen una letra hebrea en cada nombre que mide la mitad de las demás letras hebreas en los diez nombres. Las tres letras hebreas son *tau*, *sin* y *tsade*. Al sumar el valor numérico de estas tres letras, dan un total de 5,706, que en el calendario judío es el año gregoriano de 1946. Sorprendentemente, 1946 fue el año judío 5706. El 16 de octubre de 1946, estaban programados a ser colgados once nazis por sus crímenes de guerra en contra de los judíos. Antes de la ejecución, un nazi, Herman Goring, se suicidó, dejando diez. ¡Cuando estos diez nazis fueron colgados, su muerte coincidió con Purim, la celebración en la que los judíos recuerdan la derrota de Amán en Persia a manos de la reina Ester! La ejecución de los nazis cayó en el calendario hebreo el veintiuno

יב בְּיוֹם אֶחָד בְּכָל־מְדִינוֹת הַמֶּלֶךְ אֲחַשְׁוֵרוֹשׁ בִּשְׁלוֹשָׁה עָשָׂר לְחֹדֶשׁ שְׁנֵים־
יג עָשָׂר הוּא־חֹדֶשׁ אֲדָר: פַּתְשֶׁגֶן הַכְּתָב לְהִנָּתֵן דָּת בְּכָל־מְדִינָה וּמְדִינָה גָּלוּי
לְכָל־הָעַמִּים וְלִהְיוֹת °הַיהודיים עתודים [°הַיְּהוּדִים עֲתִידִים פ] לַיּוֹם
יד הַזֶּה לְהִנָּקֵם מֵאֹיְבֵיהֶם: הָרָצִים רֹכְבֵי הָרֶכֶשׁ הָאֲחַשְׁתְּרָנִים יָצְאוּ מְבֹהָלִים
טו וּדְחוּפִים בִּדְבַר הַמֶּלֶךְ וְהַדָּת נִתְּנָה בְּשׁוּשַׁן הַבִּירָה: וּמָרְדֳּכַי
יָצָא ׀ מִלִּפְנֵי הַמֶּלֶךְ בִּלְבוּשׁ מַלְכוּת תְּכֵלֶת וָחוּר וַעֲטֶרֶת זָהָב גְּדוֹלָה
טז וְתַכְרִיךְ בּוּץ וְאַרְגָּמָן וְהָעִיר שׁוּשָׁן צָהֲלָה וְשָׂמֵחָה: לַיְּהוּדִים הָיְתָה אוֹרָה
יז וְשִׂמְחָה וְשָׂשֹׂן וִיקָר: וּבְכָל־מְדִינָה וּמְדִינָה וּבְכָל־עִיר וָעִיר מְקוֹם אֲשֶׁר
דְּבַר־הַמֶּלֶךְ וְדָתוֹ מַגִּיעַ שִׂמְחָה וְשָׂשׂוֹן לַיְּהוּדִים מִשְׁתֶּה וְיוֹם טוֹב וְרַבִּים

ט

א מֵעַמֵּי הָאָרֶץ מִתְיַהֲדִים כִּי־נָפַל פַּחַד־הַיְּהוּדִים עֲלֵיהֶם: וּבִשְׁנֵים עָשָׂר
חֹדֶשׁ הוּא־חֹדֶשׁ אֲדָר בִּשְׁלוֹשָׁה עָשָׂר יוֹם בּוֹ אֲשֶׁר הִגִּיעַ דְּבַר־הַמֶּלֶךְ
וְדָתוֹ לְהֵעָשׂוֹת בַּיּוֹם אֲשֶׁר שִׂבְּרוּ אֹיְבֵי הַיְּהוּדִים לִשְׁלוֹט בָּהֶם וְנַהֲפוֹךְ
ב הוּא אֲשֶׁר יִשְׁלְטוּ הַיְּהוּדִים הֵמָּה בְּשֹׂנְאֵיהֶם: נִקְהֲלוּ הַיְּהוּדִים בְּעָרֵיהֶם
בְּכָל־מְדִינוֹת הַמֶּלֶךְ אֲחַשְׁוֵרוֹשׁ לִשְׁלֹחַ יָד בִּמְבַקְשֵׁי רָעָתָם וְאִישׁ לֹא־
ג עָמַד לִפְנֵיהֶם כִּי־נָפַל פַּחְדָּם עַל־כָּל־הָעַמִּים: וְכָל־שָׂרֵי הַמְּדִינוֹת
וְהָאֲחַשְׁדַּרְפְּנִים וְהַפַּחוֹת וְעֹשֵׂי הַמְּלָאכָה אֲשֶׁר לַמֶּלֶךְ מְנַשְּׂאִים אֶת־
ד הַיְּהוּדִים כִּי־נָפַל פַּחַד־מָרְדֳּכַי עֲלֵיהֶם: כִּי־גָדוֹל מָרְדֳּכַי בְּבֵית הַמֶּלֶךְ
ה וְשָׁמְעוֹ הוֹלֵךְ בְּכָל־הַמְּדִינוֹת כִּי־הָאִישׁ מָרְדֳּכַי הוֹלֵךְ וְגָדוֹל: וַיַּכּוּ הַיְּהוּדִים
בְּכָל־אֹיְבֵיהֶם מַכַּת־חֶרֶב וְהֶרֶג וְאַבְדָן וַיַּעֲשׂוּ בְשֹׂנְאֵיהֶם כִּרְצוֹנָם:
ו וּבְשׁוּשַׁן הַבִּירָה הָרְגוּ הַיְּהוּדִים וְאַבֵּד חֲמֵשׁ מֵאוֹת אִישׁ:

וְאֵת ׀	פַּרְשַׁנְדָּתָא	←
וְאֵת ׀	דַּלְפוֹן	
וְאֵת ׀	אַסְפָּתָא:	
וְאֵת ׀	פּוֹרָתָא	
וְאֵת ׀	אֲדַלְיָא	
וְאֵת ׀	אֲרִידָתָא:	
וְאֵת ׀	פַּרְמַשְׁתָּא	←
וְאֵת ׀	אֲרִיסַי	
וְאֵת ׀	אֲרִדַי	
עֲשֶׂרֶת	וַיְזָתָא:	←

בְּנֵי הָמָן בֶּן־הַמְּדָתָא צֹרֵר הַיְּהוּדִים הָרָגוּ וּבַבִּזָּה לֹא שָׁלְחוּ אֶת־יָדָם:
יא-יב בַּיּוֹם הַהוּא בָּא מִסְפַּר הַהֲרוּגִים בְּשׁוּשַׁן הַבִּירָה לִפְנֵי הַמֶּלֶךְ: וַיֹּאמֶר
הַמֶּלֶךְ לְאֶסְתֵּר הַמַּלְכָּה בְּשׁוּשַׁן הַבִּירָה הָרְגוּ הַיְּהוּדִים וְאַבֵּד חֲמֵשׁ מֵאוֹת
אִישׁ וְאֵת עֲשֶׂרֶת בְּנֵי־הָמָן בִּשְׁאָר מְדִינוֹת הַמֶּלֶךְ מֶה עָשׂוּ וּמַה־שְּׁאֵלָתֵךְ

Note en el texto hebreo las tres letras pequeñas en los nombres de los hijos de Amán.

de Tishri, que es el séptimo día de la Fiesta de los Tabernáculos, también llamado Hosanna Rabbah, "el Día del Veredicto Final".

Las tres letras hebreas más pequeñas en el rollo hebreo de Ester no aparecieron en tiempos modernos, sino que existían en esa forma y fueron copiadas de esa manera durante siglos. Así que lo que algunos pensaron que era error del copista en realidad es una pista de un evento futuro en el que un día se repetirían los mismos eventos registrados en la historia de Ester.

EL VALOR NUMÉRICO DE CIERTAS PALABRAS

Mientras que la mayoría de los teólogos cristianos rechazan este método de descubrir una *verdad más profunda* en las escrituras, este método es usado en diferentes niveles del judaísmo rabínico para descubrir un misterio dentro de las palabras o del texto. Dos ejemplos son como siguen:

El nombre sagrado de Dios consta de cuatro letras hebreas, y cada letra tiene su equivalente numérico.

Yod	י	=	10
Hei	ה	=	5
Vav	ו	=	6
Hei	ה	=	5
			26

El nombre sagrado de Dios, llamado el tetragramatón, se deletrea con cuatro letras hebreas.

El valor total del sagrado nombre de Dios (YHVH) es veintiséis. Se me informó que en Israel la medida original del Monte del Templo consiste en aproximadamente veintiséis acres, lo cual compagina con el nombre de Dios. Este monte es llamado *el monte del Señor* ¡y el lugar donde Dios dijo que pondría su nombre!

Un segundo ejemplo es el nombre de *Satanás* en hebreo. En 1 Reyes 11:14, la Biblia en español dice que Dios suscitó "un adversario a Salomón". La palabra *adversario* en hebreo es *Satanás*. La frase "un Satanás" (*ha satan*) consta de cuatro letras hebreas, cada una con un equivalente numérico.

Hei	ה	=	5
Shin	ש	=	300
Tet	ט	=	9
Nun	נ	=	50
			364

La frase hebrea "un Satanás" tiene cuatro letras hebreas que en total son 364.

Los rabinos enseñan que hay 365 días en el calendario solar, y que la frase *un adversario* da como total 364. Al restar 364 de 365 se obtiene el número 1. La enseñanza rabínica dice que hay un día al año en el que Satanás es atado y no puede tocar a una persona, y ese es el Día de la Expiación cuando el sacerdote intercede y Dios remueve el pecado de Israel.

Hay varias palabras hebreas que tienen varios valores y combinaciones que revelan significados especiales. Algunos cristianos que creen que este sistema no se debe utilizar, quizá no sepan que se utiliza en el Nuevo testamento en el libro de Apocalipsis, donde Juan revela el nombre y el número de la futura bestia, el anticristo:

> Y hacía que a todos, pequeños y grandes, ricos y pobres, libres y esclavos, se les pusiese una marca en la mano derecha, o en la frente; y que ninguno pudiese comprar ni vender, sino el que tuviese la marca o el nombre de la bestia, o el número de su nombre. Aquí hay sabiduría. El que tiene entendimiento, cuente el número de la bestia, pues es número de hombre. Y su número es seiscientos sesenta y seis.
>
> —Apocalipsis 13:16–18

Juan estaba utilizando un sistema familiar para los rabinos judíos llamado *gematria*, que intercambia las letras hebreas o griegas del nombre de una persona y les da un valor numérico asignado previamente. Este sistema también fue empleado por varios de los primeros padres del cristianismo cuando intentaron interpretar el enigma de Juan de la marca de la bestia. Juan tuvo un estudiante llamado Policarpo e Irineo (140-203 a. D.) estudió con Policarpo. Irineo recordó un ejemplo de *gematria* cuando descubrió que la palabra *lateinos* tenía un valor numérico total de 666.

L	A	T	E	I	N	O	S
30	1	300	5	10	50	70	200
VALOR TOTAL—666							

Irineo dijo: "Me parece sumamente probable: porque este es el nombre del último de los cuatro reinos de Daniel; siendo ellos los latinos que ahora reinan". Como el cuarto imperio de la profecía bíblica fue

Roma, y Roma gobernó en los días de la mayoría de los primeros padres, era aceptado comúnmente que el Imperio Romano gobernaría como el último imperio antes del regreso de Cristo. Con el tiempo, el poder político de Roma se desvaneció en la historia y fue reemplazado por la Iglesia Romana, cuya influencia en Europa y porciones del Medio Oriente controló el auge y la caída de imperios durante siglos. El latín fue aceptado y usado en la iglesia, por lo que la interpretación de la palabra *lateinos*, que hace referencia al número 666, mantuvo un fuerte seguimiento aunque este método de interpretación no es aceptado por la mayoría de los eruditos contemporáneos.

La cuenta de las letras y el calendario hebreo

Un rollo de la Torá no tiene marcados los capítulos o los versículos en el pergamino. En la Biblia, los capítulos fueron añadidos en 1227 a. D. en la traducción por parte de Stephen Langton, Arzobispo de Canterbury. La Biblia Wycliffe fue la primera en utilizar capítulos y versículos. La Biblia hebrea fue dividida en capítulos y versículos en 1448 por el rabino Nathan. Aunque los capítulos y los versículo fueron colocados en la Escritura por hombres, emerge un patrón sorprendente al contar los versículos de Deuteronomio y comparar los versículos con el año judío actual. Este es el concepto de que cada versículo en la Torá corresponde a una fecha del calendario judío. El número de versículos en la Torá son:

Entre los místicos, existe la creencia de que cada versículo en la Torá corresponde a un año del calendario judío. Según algunas fuentes rabínicas (dependiendo de la cuenta), si se comienza a contar en Génesis 1:1 hasta el versículo número 5,708 en la Torá, llegamos a Deuteronomio 30:3:

Génesis	1,533 versículos
Éxodo	1,213 versículos
Levítico	859 versículos
Números	1,288 versículos
Deuteronomio	959 versículos
	5,852 versículos en total

Entonces Jehová hará volver a tus cautivos, y tendrá misericordia de ti, y volverá a recogerte de entre todos los pueblos adonde te hubiere esparcido Jehová tu Dios.

—Deuteronomio 30:3

Esta es una antigua promesa de que los judíos volverían de su cautividad en otras naciones y que serían reunidos de vuelta en la tierra de Israel. Este versículo número 5,708 en la Torá corresponde al año secular de 1948. En 1948 el mundo tuvo compasión de los judíos ¡e Israel resurgió como nación! Dios recogió a los judíos de las tierras donde habían sido esparcidos. El año judío coincide con la predicción de la Torá. ¿Es esta una coincidencia, o en realidad este es el nivel rabínico de interpretación llamado *Sod*, el nivel misterioso de interpretar la Torá?

Significado en los años

Como cada letra del alfabeto hebreo tiene un valor numérico, los números también se pueden traducir en letras del alfabeto. Por ejemplo, el número uno representa a *alef*, la primera letra del alfabeto hebreo. El número dos es *bet*, la segunda letra, mientras que el número tres tiene el valor de *guímel*, la tercera letra y así. Este sistema de numeración termina con *tau* la vigésima segunda letra, cuya valor es cuatrocientos. Los rabinos comenzaron a notar que cuando los años judíos eran traducidos a letras del alfabeto, en ciertos momentos contenían un *código* que revelaba un evento o tema profético que había sucedido en ese año en particular. Voy a compartir un ejemplo.

El año 1997-1998 en el calendario gregoriano fue el año judío 5758 (los años se traslapan, ya que el año nuevo judío cae en el otoño, y nuestro año nuevo comienza el 1 de enero). Al traducir el año judío 5758 al valor de las letras hebreas, las últimas dos letras, los últimos dos números, 58, son la letra hebrea *nun* cuyo valor es 50, y *chet* cuyo valor es de 8. Estas dos letras, *nun* y *chet*, forman *Nah*, el nombre hebreo para Noé cuyo nombre significa "reposo".[18] ¿Cómo es que 1997-1998 se relaciona con Noé? En 1997-1998, un gran cometa llamado Hale-Bopp, cincuenta veces más brillante que el cometa Halley, pasó por el sistema solar. Según astrónomos cristianos, la última vez que fue visto sobre la tierra fue en la misma época en que Noé estaba preparando el arca. El maestro de hebreo Hill Cloud dice que la antigua tradición judía sostiene que Noé vio un cometa enorme que le advirtió la pronta destrucción de la tierra.[19] Por lo que el año judío traducido al alfabeto hebreo contiene el nombre de Noé, y el mismo año una señal cósmica fue vista en los cielos que está vinculada con la época de Noé. Esto les recuerda a los creyentes que "mas como en los días de Noé, así será la venida del Hijo del Hombre" (Mateo 24:37).

¿Son todos estos ejemplos meras coincidencias? Son el producto de una mente hebrea demasiado imaginativa o de la fantasía de los rabinos intentando demostrar la inspiración de la Torá? Creo que simplemente son prueba de la inspiración divina de la Escritura.

El código Rabin

Yitzhak Rabin fue primer ministro de Israel hasta que fue asesinado repentinamente después de una manifestación a favor de la paz en Tel-Aviv el 4 de noviembre de 1995 a manos de Yigal Amir, un judío radical. Después de la muerte de Rabin, los rabinos judíos señalaron otra extraña *coincidencia*. El día anterior al asesinato era el día de reposo judío. En las sinagogas los versículos que se leyeron provenían de la historia de Dios pasando entre las mitades del sacrificio, confirmando el pacto de Abraham por la tierra. Los rabinos vieron el versículo en hebreo y notaron que si se cambiaba el espacio entre las letras, se formaba un mensaje en lo que hoy se conoce como el *Código Rabin*. El pasaje dice: "…fuego que pasó entre estas piezas" (Génesis 15:17, Chumash). Cuando se cambian los espacios entre las palabras en hebreo en la frase de Génesis 15:17 dice: *'esh 'esh ashar rabin*, o bien, "fuego, fuego contra Rabin". El primer ministro fue herido dos veces, como una alusión a hacer fuego dos veces. Algunos sugieren que este *código* era conocido y que el judío que mató a Rabin estaba tratando de cumplir con la predicción, pero no hay evidencia de tal cosa. Sin embargo, sí revela las sorprendentes *capas* de revelación profética que hay en la Torá y la manera en que los eventos futuros pueden estar codificados en el texto.

אש אשר עבר בין

"…una antorcha de fuego que pasaba…" Gén. 15:17

אש אש רע ברבין

"Fuego, fuego maléfico contra Rabin."

Esta escritura se estaba leyendo el día en que el
primer ministro israelí Itzhak Rabin fue asesinado.

LA PROTECCIÓN DE LA PALABRA DE DIOS

Los judíos observantes de la Torá son extremadamente respetuosos con el rollo de la Torá. En cada sinagoga, el rollo de la Torá es colocado en un estuche especial llamado arca. El rollo es enrollado y se le coloca una hermosa cubierta bordada para prevenir que le caiga polvo. Cuando llega el momento de sacar el rollo para hacer la lectura, se escoge a un hombre para sacarlo con cuidado del arca y removerle la cubierta al colocarlo cobre la plataforma para el orador. El orador de hecho nunca pone el dedo en el rollo mismo, sino utiliza un instrumento de plata de aproximadamente veinte centímetros, llamado *yod* (de la letra hebrea *yod*, que significa "una mano"), la cual se asemeja a una pequeña mano con el dedo índice señalando hacia arriba. Este objeto llamado *el dedo de Dios* es utilizado por el lector y el orador para seguir las líneas del texto. Esto tiene un doble propósito: Preserva la santidad del rollo y evita que los grasosos dedos humanos lleguen a borrar las letras en tinta negra del pergamino.

Es necesario señalar que la Torá es vestida para imitar las vestiduras del sumo sacerdote. En Éxodo 28, la vestimenta de los sacerdotes incluía una túnica, un cinturón, una corona y un pectoral. Estos cuatro artículos forman parte de la decoración de la Torá en la sinagoga.

La *túnica* es la hermosa cubierta bordada del rollo, semejante a la vestidura azul del sumo sacerdote. Así como el sumo sacerdote llevaba una diadema sobre la cabeza, cada rollo de la Torá lleva una hermosa *diadema* de plata que descansa sobre la manija del huso. La vestidura del sacerdote tenía un cinto especial que ajustaba a la cintura. De la misma manera, el rollo es atado con una *banda* antes de colocarle la cubierta. El sumo sacerdote también llevaba un pectoral único de oro con doce piedras preciosas que tenían grabados los nombres de las doce tribus. Se coloca un *corchete de plata*, similar al pectoral del sacerdote, sobre los extremos superiores de los husos de madera.

La Torá es tan santa que se le considera al mismo nivel que un ser humano. Se cuentan historias heroicas de judíos que han arriesgado su vida en medio del humo y las llamas para rescatar un rollo de la Torá de su arca cuando las sinagogas eran quemadas en Europa hace algunos años en el pasado. Esto no debería ser una sorpresa, ya que el apóstol Pablo escribió: "Porque la palabra de Dios es viva y eficaz, y más cortante que toda espada de dos filos" (Hebreos 4:12). La palabra griega para viva quiere decir ¡que tiene vida! Tengo en mi posesión personal un rollo de la Torá no kosher (lo que quiere decir que la tinta se ha borrado) de trescientos años de antigüedad que le fue dado a mi familia como regalo por una sinagoga rusa. Está guardado en un estuche de madera. Y todavía puedo sentir un asombro especial cuando lo veo.

Después de que se usa un rollo por muchos años, la tinta en el pergamino comienza a decolorarse. Cuando el texto hebreo ya no se puede leer, el rollo no se destruye, sino se quita de su lugar y es enterrado en un cementerio judío como una persona. Esto es porque la Torá le da vida al creyente y debe ser respetada en sepultura de la misma manera que una persona recta.

¿CÓMO TRATA SU BIBLIA?

Compare el detallado y cuidadoso tratamiento de la Torá con la manera en que algunos cristianos tratan sus biblias. Muchos cristianos tienen muchas Biblias y versiones disponibles que a menudo se encuentran esparcidas al azar en la casa, enterradas bajo un montón de revistas o acumulando polvo en un librero, impertérritas por días sin fin. Otras Biblias tienen permanencia fija en los estantes de las bancas de las iglesias locales y son leídas brevemente cada domingo por la mañana cuando el pastor lee el texto de su sermón.

Cuando se considera el alto costo pagado por traducir e imprimir la Biblia, se experimenta una fresca gratitud por la Palabra de Dios. En los años de 1389, el erudito de Oxford, John Wycliffe, en oposición a las religiones organizadas de su día, escribió a mano un original de la Biblia. Sus seguidores, llamados los *Lodardos* tradujeron y copiaron a mano cientos de Biblias. Cuarenta años después, el Papa exhumó los huesos de Wycliffe y ordenó que fueran quemados y esparcidos. John Hus, un seguidor de Wycliffe, continuó la labor de copiar la Palabra de Dios. Fue quemado vivo, y se utilizaron páginas de una Biblia Wycliffe para encender el fuego.[20] Para algunos, el precio de traducir la Escritura fue el martirio.

Hoy en algunos países islámicos, un creyente puede ser decapitado o arrestado por leer una Biblia o predicar sobre ella. En naciones comunistas como China los creyentes han sido encarcelados y torturados por haber sido sorprendidos leyendo o estudiando una Biblia. En 1990 conocí a un ministro búlgaro quien bajo el comunismo poseía solamente una página de una Biblia que contenía Juan 11. Durante años le predicó a su pequeño grupo clandestino de doce creyentes, leyendo el mismo pasaje cada semana: la resurrección de Lázaro. Para él esta sola página era invaluable.

Los cristianos deberíamos aprender de nuestros amigos judíos y tratar nuestras Biblias con dignidad y respeto como lo haríamos con una persona viva. Después de todo, Pablo proclamó que "la palabra de Dios es viva y eficaz" (Hebreos 4:12).

EL NOMBRE SAGRADO DE DIOS

La misma exhortación se puede hacer con respecto al uso verbal del nombre de Dios. La revelación del nombre de Dios era considerada tan sagrada que Dios mismo estableció el tercer mandamiento: "No tomarás el nombre de Jehová tu Dios en vano" (Éxodo 20:7). Esta ley era tan seria que si un hebreo era sorprendido abusando del nombre de Dios o hablando mal de Él, era etiquetado como un *blasfemo* y apedreado por su falta de respeto (Levítico 24:11-14).

En la actualidad, a menudo decimos cosas sin cuidado como "Ay Dios... Dios mío... Cristo". Aunque estas frases se dicen como un *comentario* casual o una reacción repentina a una situación negativa, debemos guardarnos de hacer mal uso accidental del nombre de Dios.

En hebreo, el sagrado y divino nombre de Dios se escribe con cuatro letras hebreas: *yod, he, vau* y *he*, o, en español: *YHVH*. Este nombre de cuatro letras es llamado el *tetragrámaton*, que significa "cuatro letras". Este nombre, *YHVH*, se encuentra 6,823 veces en la Biblia hebrea. Los eruditos hebreos y los rabinos están de acuerdo en que la pronunciación exacta de estas cuatro letras se perdió a lo largo de los siglos. Algunos sugieren que el nombre se pronuncia como *Yehova* o *Yaweh*, mientras que los occidentales dicen *Jehová*, reemplazando la primera letra Y (*yod* en hebreo) con la letra latina J, que no existe en el alfabeto hebreo. Es práctica de los judíos nunca escribir el nombre sagrado, sino reemplazarlo con el nombre *Adonai*, que significa "el Señor". También hay una tradición rabínica de decir el nombre de Dios como *Ha-Shem* que significa "el Nombre".[21]

La Misná judía enseña que el sumo sacerdote pronunciaba el tetragrámaton al pronunciar la bendición sacerdotal (Números 6:24-27). Sin embargo, fuera del templo, el nombre era reemplazado con *Adonai*. La Misná también enseña que en el Día de la Expiación (*Yom Kippur*), el sagrado nombre era pronunciado, provocando que la gente cayera sobre su rostro y comenzará a bendecir el nombre del Señor.[22]

Si alguna vez ha leído un libro religioso judío, notará algo que le parece extraño a los lectores no judíos. Al escribir el nombre Dios, el escritor judío quita las vocales y pone *D-S*. Una razón es porque si el papel se pierde, se borra o es tirado a la basura, el nombre de Dios, al no estar escrito completamente, no es profanado. Lo mismo sucede si lo escribieran completo en papel; no quieren que el nombre de Dios sea borrado o profanado.

El propósito del Nombre

En el Antiguo Testamento, Dios se reveló a Sí mismo, su naturaleza y su carácter por medio de sus nombres. De hecho hay dieciséis nombres importantes de Dios revelados a lo largo del Antiguo Testamento. Abajo viene una lista con esos nombres y títulos especiales que revelan la naturaleza de Dios.[23]

Los nombres compuestos	El significado de los nombres	La referencia bíblica
Jehová Elohim	El Creador eterno	Génesis 2:4-25
Adonai Jehová	El Señor de todo dominio	Génesis 15:2
Jehová Jireh	El Señor es el proveedor	Génesis 22:8-14
Jehová Nissi	El Señor es nuestro estandarte	Éxodo 17:15
Jehová Ropheka	El Señor es nuestro sanador	Éxodo 15:26

Los nombres compuestos	El significado de los nombres	La referencia bíblica
Jehová Shalom	El Señor es nuestra paz	Jueces 6:24
Jehová Tsidkeenu	El Señor es nuestra justicia	Jeremías 23:6
Jehová Mekaddishkem	El Señor es nuestro santificador	Éxodo 31:13
Jehová Sabaoth	El Señor de los ejércitos	1 Samuel 1:11
Jehová Shammah	El Señor está presente	Ezequiel 48:35
Jehová Elyon	El Señor Altísimo	Salmos 7:17
Jehová Rohi	El Señor es mi pastor	Salmos 23:1
Jehová Hoseenu	El Señor es nuestro hacedor	Salmos 95:6
Jehová Eloheenu	El Señor nuestro Dios	Salmos 99:5
Jehová Eloheka	El Señor tu Dios	Éxodo 20:2
Jehová Elohay	El Señor mi Dios	Zacarías 14:5

Los hebreos antiguos, a menudo se acercaban a Dios diciendo: "El Dios de vuestros padres Abraham, Isaac y Jacob" (Éxodo 3:6, 15-16). Los cristianos se acercan al trono celestial por medio del nombre de Cristo, como dice el Nuevo Testamento: "De cierto, de cierto os digo, que todo cuanto pidiereis al Padre en mi nombre, os lo dará" (Juan 16:23). "Por lo cual Dios también le exaltó hasta lo sumo, y le dio un nombre que es sobre todo nombre" (Filipenses 2:9).

Sea que nos acerquemos a Dios utilizando *Ha-Shem*, *Adonai*, Señor, Padre o, como cristianos, nos acercamos al Creador utilizando el nombre de Cristo, siempre debemos recordar lo sagrado y la santidad que conlleva su nombre. Es un mandamiento hacerlo.

Hay muchos aspectos únicos y capas de misterios proféticos vinculados con el alfabeto hebreo. Como se originó en el cielo, posiblemente un día lo hablemos en el cielo.

LO QUE *Dios* SABÍA

Cuando Dios reveló sus misterios celestiales y un código espiritual a Moisés y a los profetas, fue escuchado y escrito en alguna forma temprana del idioma hebreo. La letras y las palabras hebreas conllevan muchos niveles de misterios y combinaciones posibles que revelan que este idioma es sagrado e importante para Dios.

LO QUE LOS *judíos* DEVOTOS SABEN

Los judíos tratan a la Torá como a una persona viva, y el hebreo es la lengua sagrada que se habla en el cielo. El pueblo judío ha preservado la Torá y las Escrituras para que cada generación subsiguiente la lea y la practique. El hecho de que los judíos devotos hayan honrado la Palabra escrita de Dios y el rollo de la Torá y hayan preservado la santidad del nombre de Dios los ha marcado como un pueblo especial sobre el resto de las naciones de la tierra.

LO QUE LOS *cristianos* DEBERÍAN SABER

Los cristianos deben ver las Escrituras como algo más que una versión de la Biblia publicada por una editorial en particular. El libro impreso es la revelación escrita de Dios para la humanidad y ha costado la sangre, sudor, lágrimas y vidas de incontables creyentes que han estado dispuestos para dar sus vidas para proteger la integridad de las Escrituras.

La Biblia no solamente debe ser tratada con el más alto respeto y honor, sino que el nombre de Dios jamás se debe pronunciar en vano.

Capítulo 4

LAS FIESTAS SOLEMNES, LOS DÍAS DE REPOSO Y LAS CELEBRACIONES FAMILIARES ESPECIALES

CÓDIGO 4:
Al Dios hebreo le encanta celebrar

Cantad con gozo a Dios, fortaleza nuestra;
al Dios de Jacob aclamad con júbilo.
Entonad canción, y tañed el pandero,
el arpa deliciosa y el salterio.
Tocad la trompeta en la nueva luna,
en el día señalado, en el día de nuestra fiesta solemne.
—SALMOS 81:1–3

LA NIÑITA PREGUNTÓ: "PAPI, ¿POR QUÉ ESE hombre está vestido tan raro?". Era un judío ortodoxo vestido con la ropa negra jasídica tradicional con tirabuzones oscuros rebotando contra sus mejillas. Se estaba poniendo un manto blanco de oración en la cabeza, y una pequeña caja negra que parecía como si estuviera pegada a la parte superior de su cabeza. Para los que no conocen su religión, se veía más bien extraño.

De chico conocí el sentimiento de *verse extraño*. Mi padre era el pastor de una iglesia tradicional del Evangelio completo. Nuestras *enseñanzas prácticas* denominacionales prohibían que los miembros llevaran pantalones cortos en público y a las mujeres no se les permitía usar pantalones, sino solamente vestidos. No se debía llevar joyería, incluyendo argollas de matrimonio, y no estaba permitido maquillarse. La mayoría de las mujeres nunca se cortaban el cabello sino que lo llevaban levantado muy alto sobre su cabeza. Lo hacíamos así a causa de nuestra interpretación de ciertos pasajes de la Escritura en el Nuevo Testamento, y también por las tradiciones que nos habían dejado nuestros padres espirituales. Como nuestros amigos judíos, éramos tachados como sumamente *extraños* y *raros* por los no creyentes que vivían en la comunidad.

No resiento haber sido criado en esta manera conservadora, ya que mis ancestros eran creyentes sumamente piadosos, temerosos de Dios y personas de oración. Sin embargo, al crecer tendía a percibir que Dios era bastante estricto y rígido, en general enojado con su creación, y que solamente nos amaba *de verdad* cuando asistíamos a la iglesia, a las reuniones de avivamiento o a los campamentos. Después de estudiar las muchas celebraciones que Dios estableció en la Torá, me emociona descubrir que a Dios realmente le encanta estar con sus hijos y pasarla bien. De hecho, ¡le encanta celebrar! Llegué a la conclusión de que Dios le pide a su pueblo que viva una vida santa, pero que no le agrada el legalismo humano que exige más que lo que Él exige. Aunque odia el pecado, ama a los pecadores.

También he aprendido que una vez que entramos en el pacto de la redención, nos unimos a una nueva nación espiritual (1 Pedro 2:9) y que debemos disfrutar de nuestra familia, nuestro trabajo y la convivencia con los demás creyentes. Debemos experimentar temporadas de refrigerio y celebración, así como Dios estableció momentos de regocijo para la nación hebrea.

LAS CELEBRACIONES

En la cultura estadounidense, básicamente hay dos celebraciones *personales* y *religiosas* reconocidas cada año. Los cristianos tradicionales estadounidenses celebran lo que el Occidente llama la Pascua y la

Navidad, para celebrar el nacimiento y la resurrección de Cristo. Cada año, la mayoría de los estadounidenses conmemora los cumpleaños y los aniversarios de amigos y familiares. Con trescientos sesenta y cinco días al año, los estadounidenses apartan cuatro días para algún tipo de "celebración" (sin contar el 4 de julio o el Día de Acción de Gracias).

Los judíos observadores de la Torá conmemoran siete celebraciones señaladas por Dios. Les llaman fiestas solemnes y están documentadas en Levítico 23. Estos tiempos señalados, llamados *moedim* en hebreo, son convocaciones anuales designadas. En Levítico 23:6, la palabra hebrea para *fiesta* es *chag*, cuya raíz es *chagag*, que significa "moverse en círculo" o "danzar". La implicación es que se apartaba un tiempo de *regocijo* por Dios para su pueblo. Cada fiesta incluye instrucciones específicas, comidas especiales (excepto el ayuno el Día de la Expiación), y descansar del trabajo. Muchas fiestas incluyen a toda la familia. Las siete fiestas, que comienzan en primavera (usualmente marzo o abril) y continúan en el otoño (usualmente septiembre y octubre) se muestran en la tabla siguiente.

Nombre en español	Nombre en hebreo	Fecha judía de celebración
Pascua	*Pesach*	Primer mes, catorceavo día
Panes sin Levadura	*Chag Ha Matzot*	Primer més, entre el día quince y el veintiuno
Primicias	*Bikkurim*	Primer mes, un día después del día de reposo de los Panes sin Levadura
Pentecostés	*Shavuot*	Cincuenta días después de las Primicias
Trompetas	*Yom Teruah*	Primer día del séptimo mes
Día de la Expiación	*Yom Kippur*	Décimo día del séptimo mes
Tabernáculos	*Sukkot*	Séptimo més, entre el día quince y el veintiuno

Además de las fiestas enumeradas anteriormente, el vigésimo segundo día del séptimo mes (o al octavo día de la Fiesta de los Tabernáculos) se celebra la fiesta llamada *Regocijarse en la Torá*.

La característica sorprendente de estos festivales es su aplicación triple: práctica, espiritual y profética. La aplicación práctica es que están sincronizados con los ciclos de siembra, lluvia y cosecha de Israel.

Los primeros frutos de la cebada se cosechaban y se presentaban al sacerdote del templo justo después de la Pascua (Levítico 23:4-11). El trigo era presentado en Pentecostés, y la recolección final de fruto era durante la Fiesta de los Tabernáculos (Éxodo 34:22). Las cosechas de granos y frutos se centraban en dos ciclos de lluvias en Israel llamados la lluvia *temprana* y la *tardía* (Joel 2:23). La Fiesta de los Tabernáculos tenía rituales especiales en el templo para llamar a las lluvias invernales a que aparecieran.

Estas celebraciones también marcaban eventos espirituales importantes vinculados con Israel:

- *La Pascua:* le recordaba a los israelitas su liberación de Egipto cuando la muerte pasó de largo sobre sus hogares.

- *Los panes sin levadura:* Le recordaba a los israelitas su rápida salida de Egipto (con masa de pan sin leudar).

- *Primicias:* Era para celebrar la primeros frutos visiblemente maduros de la cosecha de cebada.

- *Pentecostés:* Era un recordatorio de la revelación de la Ley a Moisés en el monte Sinaí.

- *Trompetas:* Era un memorial de hacer sonar las trompetas.

- *Día de la Expiación:* marcado como un día al año en el que el sumo sacerdote expiaba los pecados de Israel.

- *Tabernáculos:* Era para recordar los cuarenta años de Israel vagando por el desierto.

Estas fiestas también tienen una aplicación profética. Son una señal de eventos proféticos mayores que ocurrirán en el futuro, vinculados con la aparición del Mesías y su Reino.

La fiesta	Cumplimiento profético pasado o futuro
Pascua	Cristo fue crucificado la noche anterior a la Pascua.
Panes sin levadura	El sacrificio libre de pecado (sin levadura) de Cristo estaba en la tumba.
Primicias	Cristo resucitó y fue visto como las primicias de la resurrección de los muertos.

La fiesta	Cumplimiento profético pasado o futuro
Pentecostés	Sucedió el nacimiento de la iglesia cristiana en Jerusalén.
Trompetas	Esta fiesta conlleva la imaginería del regreso de Cristo y la primera resurrección.
Día de la Expiación	Este evento anual es una imagen de los próximos juicios de Dios, llamados la *gran tribulación*.
Tabernáculos	Esta fiesta es una imagen del futuro reinado del Mesías en Jerusalén.

Con respecto a las fiestas judías, Pablo escribió que eran "sombra de lo que ha de venir" (Colosenses 2:17). También estaba haciendo referencia al hecho de que Cristo y la iglesia ya han cumplido varias aplicaciones de ciertas fiestas judías, como se dijo anteriormente.

DESCANSO DEL TRABAJO

Dios exigía que todos los hombres mayores de veinte años hicieran un viaje a Jerusalén durante tres fiestas: Pascua, Pentecostés y Tabernáculos (Éxodo 23:14-17). Recordar y honrar las siete fiestas significaba descansar del trabajo.

La celebración	La referencia bíblica	Descanso del trabajo
Pascua y Panes sin levadura	Levítico 23:5	Ningún trabajo de siervos haréis.
Primicias	Levítico 23:8	El séptimo día será santa convocación; ningún trabajo de siervo haréis.
Pentecostés	Levítico 23:16-21	Ningún trabajo de siervos haréis.
Trompetas	Levítico 23:24-25	Ningún trabajo de siervos haréis.
Día de la Expiación	Levítico 23:27-28	Ningún trabajo haréis en este día.
Tabernáculos	Levítico 23:34-35	Ningún trabajo de siervos haréis.

Imagínese a todos los hombres mayores de veinte años juntos tres veces al año en un lugar para renovación espiritual, celebrando la presencia de Dios, comiendo comidas especiales y teniendo convivencia y fraternidad con sus hermanos. Siendo la cuarta generación de ministros, puedo decirles que no hay nada como un tiempo de convivencia adicional con otros creyentes. Cada año organizamos entre tres y seis convenciones grandes, que continúan durante cinco días con nueve servicios. Llevan el sentimiento de una reunión familiar gigantesca y se están convirtiendo en fechas importantes para nuestros amigos cercanos y colaboradores en el ministerio.

Purim y Jánuca

Aunque Purim y Jánuca no son fiestas requeridas por la Torá, se han constituido como celebraciones menores dado los eventos tan sorprendentes y significativos que representan. Purim, que significa "suertes", es un recordatorio anual de cómo una muchacha judía huérfana llamada Hadasa ganó un concurso de belleza, se casó con Asuero, el rey de Persia, y se convirtió en la famosa reina Ester. Al hallar favor con el rey, intervino para salvar a los judíos que vivía en el Imperio Persa de ser destruidos (vea el libro de Ester).

Hoy, en las comunidades judías, Purim es un recordatorio anual que festeja la victoria de Ester sobre un enemigo llamado Amán y la liberación y perseverancia de los judíos que vivían en las 120 provincias el Imperio Persa. En la actualidad, Purim va precedido del *Ayuno de Ester*. En Purim, los judíos leen el *Meguilat Ester* (el rollo de Ester) en la sinagoga, llevan caridad a los pobres, incluyendo obsequios de alimentos y disfrutan una comida festiva. Los niños judíos se disfrazan para recordar la gran liberación que Dios ejecutó a través de la reina judía de Persia.[1]

A los cristianos se les enseña que hubo cuatro siglos de *silencio* entre Testamentos. Malaquías, el último libro del Antiguo Testamento cristiano es identificado como el último profeta hebreo antes de que apareciera Juan el Bautista cuatrocientos años después. Los presuntos *años de silencio* en realidad fueron rotos por un evento que sucedió 167 años antes de Cristo en el templo de Jerusalén.

El aceite y la luz

En el año 167 a. C., los judíos estaban experimentando una persecución extrema de parte de un conocido líder llamado Antioco Epífanes. Apodado "el loco", Antioco reemplazó a los sacerdotes judíos con sacerdotes griegos, ofreció sacrificios prohibidos a ídolos en el altar del templo y suspendió la adoración judía los días de reposo. Prohibió la circuncisión judía y evitaba que los judíos celebraran las fiestas. El vigésimo quinto día de Kislev (Diciembre) de 167 a. C., el templo del altar fur profanado cuando Antioco ofreció un cerdo a su dios Zeus. Un sacerdote devoto, Matías, y sus cinco hijos (los macabeos) inciaron una revuelta en contra de los invasores griegos que duró tres años y que terminó el 25 de Kislev.

Los judíos purificaron el templo, prepararon nuevos vasos santos, colgaron un nuevo velo y colocaron pan en la mesa de los panes de la proposición (1 Macabeos 4:50-51). Sin embargo, el verdadero milagro tuvo que ver con el candelero de oro de siete brazos llamado la *menorá*. En el templo los vencedores judíos solamente encontraron una vasija de aceite con el sello sacerdotal, la cual solamente daría luz durante un día. La menorá debía estar encendida y ser rellenada de aceite fresco diariamente (Éxodo 27:20).

Encontrar y preparar aceite de oliva para la menorá tardaría una semana. No obstante, la vasija de aceite siguió proveyendo de luz durante ocho días.[2] Este milagro dio a luz la celebración invernal llamada Jánuca, también conocida como la Fiesta de las Luces.[3] El candelabro del templo (menorá) tiene siete brazos mientras que la januquiá tiene nueve. Durante Jánuca, los judíos devotos encienden un brazo por día durante ocho días a medida que se relata la intrigante historia de la re-dedicación del templo. El noveno brazo es llamada a lámpara *shamash* (siervo) y también se enciende cada noche.

JESÚS CELEBRÓ JÁNUCA

Algunos cristianos se sorprenden al descubrir que Jesús (recuerden que Él fue judío) entró a Jerusalén a celebrar Jánuca.

> Celebrábase en Jerusalén la fiesta de la dedicación. Era invierno.
> —JUAN 10:22

En la época de Cristo, esta celebración era llamada la *Fiesta de la Dedicación*. Como Jánuca se celebra el veinticinco de Kislev, y Kislev cae alrededor de los meses invernales (a menudo en diciembre), Jesús estaba en Jerusalén durante el invierno. En esa época, se colocaban cuatro grandes januquiás fuera del atrio externo del templo. Los sacerdotes subían por largas escaleras para derramar aceite fresco en los brazos para mantener alumbradas las instalaciones del templo. Se dice que una persona podía estar en el Monte de los Olivos y leer un rollo de noche gracias a la brillantez de las luces.

También fue en este escenario que Cristo anunció que era la "luz del mundo" y luego procedió a curar un ciego. Así como Jánuca era una celebración de aceite y luz, Jesús era la luz del mundo, utilizando el *aceite del Espíritu* (unción) para traer luz a los ciegos (Juan 9).

JÁNUCA EN LA ACTUALIDAD

En la actualidad en un hogar judío, Jánuca es una celebración altamente esperada por toda la familia, especialmente por los hijos. Un amigo judío le explicó esta tradición anual a los cristianos diciendo: "La comida, las tradiciones y el intercambio de regalos son semejantes a la 'Navidad judía'".

Durante los ocho días de Jánuca, los alimentos son freídos u horneados con aceite. La madre prepara *latkes* el nombre yiddish para las tortas de papa con puré de manzana y, en muchas comunidades, las mesas se llenan de donas rellenas de frutas. Se intercambian regalos durante un periodo de siete días. Los niños juegan con un *dreidel*, una perinola de cuatro lados, marcados con cuatro letras hebreas. Las letras son:

- Nun
- Guímel
- He
- Sin

Estas cuatro letras son el acrónimo de la frase hebrea: *Nes Gadol Haya Sham*, que significa: "Un gran milagro sucedió aquí", refiriéndose al milagro del aceite del templo y la menorá.[4] Al encender las velas los niños juegan el juego, comenzando con quince monedas o dulce y nueces. Cada jugador comienza, colocando algo en la vasija de la mesa. El jugador hace girar el *dreidel*, que cae sobre una de las cuatro letras hebreas que determina la acción a tomar. Lo siguiente está basado en una versión en Yiddish:

- Si cae en Nun, *nada*: el siguiente jugador tira.

- Si cae en Guímel, *todo*: el jugador se lleva todo.

- Si cae en He, *mitad*: el jugador se lleva la mitad del montón, redondeado en caso de que sea un número impar.

- Si cae en Sin, *poner*: el jugador poner uno o dos objetos en el montón (monedas, nueces, etcétera).

El juego continúa hasta que un jugador se gana todo el montón. Algunos judíos enseñan que las cuatro letras hebreas también hacen referencia a los cuatro reinos a los que Israel estuvo sujeto: Babilonia, Persia, Grecia y Roma. Sin embargo, como el *dreidel*, estos imperios finalmente dejaron de girar y llegaron a un súbito final.

Como se dijo anteriormente, la Navidad cristiana tradicional cae el 25 de diciembre y dura un día. No obstante, Jánuca se celebra durante ocho días. Durante cierta Jánuca, algunos amigos cercanos que se estaban quedando en nuestra casa trajeron consigo su januquiá. A mi hijita le encantan las historias, así que cada noche le conté la historia al encender cada vela. Me divertí mucho cuando nuestra pequeña hija dijo: "Papá, me gusta Jánuca. Me gusta la historia, ¡y recibo un regalo cada día!".

Es claro que a Dios le encantan las celebraciones y los judíos devotos saben cómo celebrar.

Razones para celebrar

Creo que hay otras razones por las que estos tiempos señalados son importantes.

Aplicación 1: Recordatorios de las bendiciones de Dios

En su libro *In Those Days, At This Time* [En aquellos tiempos, en esta época], el autor Gideon Weitzman escribe:

> Las celebraciones anuales de las siete fiestas judías no solamente tienen el propósito de recordarle a los judíos su pasado. Más bien, cada una de las siete tiene un tema del pasado que sigue produciendo un impacto en el futuro. La Pascua esta ligada a la libertad, mientras que la de los Tabernáculos revela protección divina. El Día de la Expiación, *RoshHaShanah*, es un recordatorio del perdón de Dios y su poder para renovar a la gente. Durante los festivales, se ofrecen oraciones particulares de parte de los judíos que le dan gracias a Dios por liberar, proteger y dirigir a sus

antepasados. Entonces le piden a Dios que siga realizando los mismo milagros por ellos hoy y por sus hijos mañana.[5]

Así como las fiestas occidentales son recordatorios de eventos pasados, los festivales judíos son recordatorios anuales de la bondad de Dios con su pueblo, liberando, protegiendo y restaurándolos en Israel, la tierra de su pacto.

Aplicación 2: Reposo de sus labores (el día de reposo)

Dios creó todo en seis días, y descanso el séptimo día (Génesis 2:2). Esto dio inició a un tiempo designado cada semana llamado el día de reposo o *Shabbat* en hebreo que significa "descansar o dejar a un lado el trabajo". Hay palabras hebreas que se traducen como *reposo* en la traducción al español de la Torá. Estas incluyen: *shabbath*, que hace referencia a dejar ir (Éxodo 23:11); *shamat*, que hace referencia a dejar a solas; y *nuwach*, tranquilizarse (Isaías 23:12). Todas llevan la misma connotación. El *shabbat* era un descanso y un reposo personal. Dios mandó que la tierra y los animales reposaran y que "los dejaran descansar" con el fin de cumplir el mandamiento.

El tema de descansar del trabajo era tan importante que Dios santificó el séptimo día de cada semana como un día de reposo. Cada séptimo año, era un año de reposo sabático (llamado *Shemitah* en hebreo). Cada siete ciclos de siete años —cuarenta y nueva años— se designaba un ciclo de jubileo de descanso completo. Durante estos tres ciclos sabáticos, la gente, los animales y la tierra disfrutaban de descansar del descanso (Éxodo 23:10-12; Levítico 25:4-55). En cada una de las siete fiestas, Dios le mandó al pueblo que se refrenara de trabajar. El día de reposo fue creado para el disfrute del hombre:

> También les dijo: El día de reposo fue hecho por causa del hombre, y no el hombre por causa del día de reposo.
>
> —Marcos 2:27

El cuerpo físico necesita descansar, y el ritmo cardiaco disminuye cada siete días (esto quizá explique porque la gente tiende a tomar una siesta el día de reposo).[6] Durante cada séptimo año, el año sabático, cuando la tierra y los animales debían descansar, no se sembraba, ni plantaba, ni se cosechaba o pizcaba. La razón práctica es que este método permitía que el fruto cayera a tierra y se descompusiera en el sustrato, proveyéndole los minerales necesarios a la capa superior del suelo cada siete años.

Israel fue llavado cautivo a Babilonia durante setenta años porque rompieron la ley del ciclo del jubileo (Levítico 25 y 26) que requería que la tierra descansara. Dios castigó a los judíos, enviándolos a Babilonia durante setenta años para que la tierra pudiera gozar sus años de reposo (2 Crónicas 36:20-21).

El día de reposo judío comienza a las 6:00 p.m. la tarde del viernes y termina a las 6:00 p.m. la tarde del sábado, es un periodo de veinticuatro horas. Para los judíos devotos, este es un tiempo de descanso completo del trabajo e incluye tres comidas y tiempo con la familia. Un *Shabbat* se lleva a cabo de la siguiente manera:

1. La mujer enciende dos velas para darle la bienvenida al *Shabbat*, lo cual en algunas comunidades lo hacen todos juntos como familia.

2. Se recita una bendición sobre las velas.[7]

3. La familia llega y se sienta a comer, probablemente cantando la canción "Paz sea a ti".

4. El padre luego les impone manos a sus hijos y los bendice o los abraza (vea el capítulo siguiente).

5. El marido honra a su esposa por medio de leerle el pasaje de la mujer virtuosa de Proverbios 31.

6. Se bendice el vino o jugo de uva, con la oración *Shabbat Kiddush* (santificación del Shabbat).

7. Se bendice el pan.

8. Una vez que se ha puesto el sol, desde las 6:00 p.m. del viernes a las 6:00 p.m. del sábado es común saludarse unos a otros con *Shabbat Shalom*, o paz en el día de reposo.[8]

De chico, las tiendas, las estaciones de servicio y los restaurantes no abrían en domingo. Esto les daba a los propietarios, el personal y los trabajadores tiempo para adorar en la iglesia local de su preferencia y pasar tiempo de calidad con la familia. Durante la semana, nuestra familia a menudo comía hamburguesas, espagueti y sándwiches, pero sabíamos que venía el domingo, y mi mamá cocinaba una *verdadera* cena dominical: el mejor rosbif del vecindario siempre acompañado de puré de papa. A lo largo del día, la gente hablaba del Señor y de la Biblia, para edificarse unos a otros en la fe. Más tarde, como a las seis, regresábamos a la iglesia para el servicio de la noche.

Con los restaurantes de hoy, los restaurantes de comida rápida y los horarios llenos de actividades, cocinar en casa se está convirtiendo en un arte perdido. Ahora, en el día de reposo cristiano promedio, mamá y papá salen por la puerta del frente, los niños por la puerta de atrás y los vecinos vienen a saludar por la puerta lateral. En Estados Unidos, el día de reposo se ha convertido en un día más de la semana en el que hay que trabajar, limpiar la casa y llevar a cabo actividades de rutina. Quizá esa sea la razón por la que los estadounidenses permanecen cansados, tomando bebidas energizantes y experimentando enfermedades relacionadas con el estrés: estamos quebrantando el mandamiento de Dios de descansar el séptimo día. Estamos trabajando siete días a la semana. Las fiestas brindaban tiempos especiales para dejar el trabajo, pero el día de reposo provee un día a la semana para *despejarse* y disfrutar una palabra del Señor en su casa.

Aplicación 3: Unir a los hombres para convivencia y fraternidad

En el pensamiento judío, el hombre no solamente es la cabeza del hogar, sino también el *sacerdote* de la familia. Como el varón de mayor edad continúa el apellido de la familia y asegura la herencia familiar era importante para Dios que el primogénito varón comprendiera la importancia de su responsabilidad y posición. En Éxodo 13, Moisés dijo que si un hijo varón era el primogénito del vientre de su madre que el niño fuera apartado y santificado. Cuando mi esposa se embarazó en 1989, un amigo que tiene cierta familiaridad con la Torá me dijo: "Tu hijo debe ser un niño, porque el ministro de Dios debe tener primero un varón" (estaba basando su comentario en el paaje de Éxodo 13:12-14).

Los muchachos suelen tener un lazo especial con su madre, y las jovencitas con su padre. Cuando todos los varones de veinte años arriba viajaban a Jerusalén tres veces al año, se daba un vínculo masculino importante, uniendo a los hombres en un solo lugar para renovación espiritual y convivencia.

Aplicación 4: Encontrar la presencia de Dios en el templo

En el antiguo Israel, la sinagoga era el lugar de reunión semanal, y el templo de Jerusalén albergaba la presencia de Dios. En cada día de reposo la comunidad se reunía en la sinagoga, y durante las fiestas especiales, los hombres hacían el viaje al templo sagrado, presentaban corderos, primicias, diezmos y ofrendas o buscaban renovación y arrepentimiento. El templo era el lugar de la morada de la presencia de Dios.

De chico, mi padre pastoreaba en Virginia. Asistíamos a la iglesia los domingos en la mañana, los domingos en la noche, los miércoles en la noche y nunca nos perdíamos un servicio de avivamiento o reunión especial a menos que estuviéramos enfermos. Cada mes el distrito organizaba reuniones de jóvenes seguidos de una comida (que solía ser "comida rápida"). Estas reuniones juveniles mensuales crearon las relaciones que más atesoramos.

En la actualidad el cristiano estadounidense promedio pasa dos horas a la semana en la iglesia. Es virtualmente imposible establecer una relación y convivencia con los creyentes con un encuentro tan breve, sin mencionar que dos horas en servicios de adoración deja ciento sesenta y seis horas restantes para trabajar, dormir, comer y satisfacer nuestros deseos personales.[9] Los encuentros semanales y las fiestas anuales brindaban tiempo en la Palabra de Dios, con el pueblo de Dio,s en la presencia de Dios, algo que de lo que deberíamos disfrutar mucho más.

LO QUE *Dios* SABÍA

Israel, siendo una sociedad agrícola, centraba su trabajo en la agricultura y la cría de semovientes. El trabajo era largo y difícil algunas veces. Dios usó los ciclos de lluvia y cosecha para formular una serie de tiempos señalados en los que la gente pudiera gozarse sobre sus cosechas y celebrar la bondad de Dios. Estas fiestas eran acompañadas de mucho gozo, comidas festivas y actividades especiales que renovaban el espíritu de los trabajadores. Dios estableció tiempos de reposo para disfrutar a la familia y a la comunidad. Dios reposó el séptimo día y le ordenó al hombre que hiciera lo mismo.

LO QUE LOS *judíos* DEVOTOS SABEN

Aunque estas fiestas tienen aplicaciones prácticas y espirituales, y quecada una identifica un evento específico en la historia de Israel, los judíos saben que cada generación debe recordar el poder redentor de Dios y su pacto con el pueblo. Estas fiestas anuales han distinguido a los judíos del resto de las naciones y grupos étnicos. A Dios le encanta celebrar, y los judíos gozan de ser invitados a participar.

LO QUE LOS *cristianos* DEBERÍAN SABER

Dios se goza en la celebración, y nosotros también deberíamos celebrar el pacto redentor por medio de Cristo. Las siete fiestas tienen una aplicación profética. Cristo cumplió con las primeras tres en su primera venida. La iglesia nació en Pentecostés (Hechos 2:1-4), y eventos proféticos futuros se alinearán con las tres fiestas de otoño. Dios nunca se ha *desentendido de las fiestas*, sino que permite que cada fiesta sea una muestra espiritual de un evento profético mayor ligado al Mesías. Cada fiesta debería recordarle a los cristianos del evento que sucedió y los que están por venir.

LA PARTICIPACIÓN DE LOS CRISTIANOS EN LAS *fiestas*

Los cristianos reconocen que Cristo cumplió con tres de las primeras fiestas: Pascua, Panes sin levadura y Primicias. La iglesia nació en Jerusalén durante la Fiesta de Pentecostés. En lugar de tener un servicio tradicional de Pascua, ¿por qué no incorporar una celebración especial *adaptada* para conmemorar estas fiestas?

En la Pascua

- Invite a un rabino judío o rabino mesiánico para que celebre el Seder de la Pascua como parte del servicio.

- Participe de la Cena del Señor (Comunión) como una ilustración y un significado visible de la Pascua.

- Lleve a cabo una puesta en escena que ilustre la antigua Pascua, y muestre el significado espriitual.

- Lleve a cabo una semana completa de la pasión en la que se vaya revelando cada día lo que ocurrió durante la pasión.

- Que la iglesia presente una ofrenda de primicias para los pobres, las viudas y los indigentes de su comunidad.

- Incorpore un servicio de testimonios e incluya los relatos de varias personas que conocieron a Cristo durante el año en curso.

- Planee una puesta en escena centrada en la obra redentora de Cristo e invite a amigos y familiares.

En Pentecostés

- Pentecostés debería ser una ocasión llena de gozo. Es el cumpleaños de la iglesia.

- Permita que sus jóvenes y adolescentes hagan una puesta en escena, vestidos de ropa de la época bíblica.

- Predique un mensaje ilustrado que muestre el primer Pentecostés (en el monte Sinaí) y el Día de Pentecostés (en Jerusalén).

- Haga una celebración (como una fiesta de cumpleaños) con toda la iglesia para celebrar Pentecostés.

- Organice una cena de *reencuentro*, a la que invite a antiguos miembros de la iglesia a regresar a casa para celebrar Pentecostés.

- Utilice letreros y disfraces para organizar una procesión honrando la venida del Espíritu Santo.

En los tiempos señalados de Dios: la muerte y resurrección de Cristo y el nacimiento de la iglesia (la venida del Espíritu Santo) no deberíamos *hacer lo mismo de siempre*. Hay celebraciones históricas que tienen que ver con un momento particular para los judíos y para los cristianos. Ya que a Dios le encanta celebrar, ¿por qué no planear una celebración?

Capítulo 5

LOS SIGNIFICADOS Y PROPÓSITOS DE LOS CICLOS DE VIDA JUDÍOS

CÓDIGO 5:
Secretos hebreos para instruir a un niño utilizando los ciclos de vida de Dios

Instruye al niño en su camino, y aun cuando fuere viejo no se apartará de él.

—PROVERBIOS 22:6

E RA UNA FRÍA NOCHE DE NOVIEMBRE CUANDO nuestro pequeño grupo de cinco hombres, dirigidos por mi guía, Gideon Shor, caminaba vigorosamente hacia el primer piso del rabino Yehudah Getz. Era Jánuca, y nueve grandes lámparas encendidas y sujetas a la parte superior del edificio principal le daba un brillo místico contra las desgastadas bancas de piedra del Muro Occidental. Al entrar a la pequeña oficina fui recibido con una sonrisa y un cálido apretón de manos por un hombre de casi un metro sesenta y cinco centímetros de estatura. Tenía una larga barba blanca que parecía algodón al frente de su saco negro ortodoxo. Sus mejillas rojas, su cálido espíritu y gran sonrisa me hicieron pensar en un San Nicolás judío.

A medida que nuestra conversación avanzaba, cada pregunta era respondida por medio de nuestro intérprete judío. En ocasiones, el místico rabino se volteaba y sacaba un libro del estante de al parecer interminables comentarios judíos, citando de la Tradición Oral, el Talmud y otras fuentes rabínicas. Después de una reunión cordial, pregunté acerca de su concepto de la Tradición Oral. Descubrí que los judíos no solamente tienen la Torá sino muchos otros libros *espirituales y religiosos*. A lo largo de siglos de sociedades contemporáneas, en momentos no quedaba claro como poner en práctica ciertas leyes de la Torá, por lo que los rabinos compilaron una serie de escritos llamados el Talmud. Uno de ellos, llamado el *Talmud de Jerusalén* fue producido en Jerusalésn alrededor del 400 a. D., y el otro, el *Talmud Babilónico*, se terminó en 499 a. D. Ambos aceptaban los escritos de la ley judía compilados por el rabino Judah ha-Nasi (presidente del sanedrín) del segundo y tercer siglo.

A medida que los rabinos discutían cada Misná (tradición oral), añadiéndoles leyendas, anécdotas y opiniones teológicas, se formó una obra llamada la *Gemara*. La Misná y la Gemara juntos formaron el Talmud. La *Midrash* (que significa estudio) es un comentario adicional de las Escrituras. Los judíos devotos invierten su vida en el estudio de la Torá y la Tradición Oral, tomando información de todos los libros mencionados por medio de leer, hacer preguntas, comentar y volver a leer.[1] ¿Será alguna maravilla que la mente judía esté centrada en la educación? Muchos judíos son tan estudiosos que mientras muchos jóvenes en occidente se entretienen un promedio de siete horas al día con la televisión, sus contrapartes judías están estudiando estos textos antiguos.

Mira quien está educando a Caín

Después de haber sido expulsados del Edén, Eva concibió dos hijos, Caín y Abel. En cierta ocasión, ambos le ofrecieron un sacrificio a Dios. Abel presentó un cordero de un año del rebaño, y Caín presentó grano. Dios favoreció la ofrenda de Abel, haciendo enojar a Caín, quien se levantó en contra de su hermano y lo mató. Caín se convirtió en un *vagabundo*, que significa "indeciso, tímido o errante".[2] Este espíritu vagabundo describe a muchos de los jóvenes de las Américas y partes de Europa. La generación de Caín es un grupo errante, buscando aprobación, afirmación y cuidado; buscando amor en los lugares equivocados. Alguien distinto a mamá y a papá —incluyendo a las pandillas— está educando a Caín. En Estados Unidos muchos de las generaciones jóvenes están siendo criados e influenciados por todos excepto sus padres.

- La televisión se ha convertido en la niñera de muchos hogares.

- Los juegos de video consumen horas de tiempo valioso de conversaciones entre los miembros de la familia.

- Los teléfonos celulares y los mensajes innecesarios de texto están consumiendo grandes cantidades de tiempo.

- Las películas, la internet y otras tecnologías están generando distracciones del tiempo familiar.

Entre las familias gentiles, los padres suelen tener dos trabajos, lo cual reduce el tiempo de calidad. De hecho, las estadísticas revelan que el padre promedio pasa 2.5 horas al día con su hijo durante la semana, incluyendo ver televisión.[3] Desde el principio de su vida comienza un ciclo en el que el niño está bajo la influencia de otras personas que no son sus padres. Para los padres que trabajan, el ciclo comienza a la edad de cinco años. El joven es llevado a una guardería mientras mamá trabaja para "juntar el gasto". Después de la guardería viene el jardín de niños y preescolar seguido de doce años de escuela pública, sumando un total de trece años de influencia directa de parte de profesores y profesoras, cada uno tratando de impartirle conocimientos que todos esperan culminen en buenas notas y un certificado de graduación. Durante estos trece importantes años, cada niño verá miles de horas de crímenes, violencia, sexo y profanidad por medio de la televisión, las películas y los videos. El acceso a internet añadirá miles de imágenes gráficas más e información, incluyendo un oscuro mundo de perversión y salones de conversación [chat rooms]. Para el momento en que su hijo llegue a la madura edad de 22 años, las escuelas públicas y universidades le habrán impartido conocimientos durante diecisiete años consecutivos.

OCHO ETAPAS DE CRECIMIENTO

Existen ocho diferentes palabras hebreas que se encuentran en la Escritura para describir una nueva etapa de la vida.[4]

La palabra en hebreo	La referencia bíblica	El nivel de crecimiento
1. *Yeled*	Éxodo 2:3, 6, 8	Un recién nacido
2. *Yanaq*	Isaías 11:8	De pecho
3. `*Owlel*	Lamentaciones 4:4	Pide pan en lugar de leche
4. *Gamul*	Isaías 28:9	Destetado (al final de los 2 años)
5. *Taph*	Ezequiel 9:6	Se afera a su madre
6. *Elem (almah)*	Isaías 7:14	Se vuelve fuerte y firme
7. *Na'ar*	Isaías 40:30	Comienza a independizarse
8. *Bachur*	Isaías 31:8	Madura y crece (un guerrero)

En la Misná (Aboth v.21), el rabino Yehuda, hijo de Tema, enumera los ciclos de la vida desde los cinco a los cien años de edad:[5]

El ciclo de la vida	El énfasis de cada ciclo de vida
A los 5 años	Lee la Biblia
A los 10 años	Comienza a estudiar la Misná
A los 13 años	Se sujeta a los mandamientos
A los 15 años	Comienza a estudiar el Talmud
A los 18 años	La edad del matrimonio
A los 20 años	La búsqueda de comercio y negocio
A los 30 años	Todo su vigor
A los 40 años	Mana en sus pensamientos
A los 50 años	Da consejos
A los 60 años	Comienza la ancianidad
A los 70 años	La edad del cabello gris
A los 80 años	Ancianidad avanzada
A los 90 años	Cabizbajo
A los 100 años	Como si estuviera muerto y se hubiera ido

La instrucción de los hijos debe comenzar en casa. La palabra hebrea para *padres* es *horim*. La palabra hebrea para *maestros* es *morim*. Ambas palabras conllevan el significado de enseñar e instruir Los padres judíos se dan cuenta de que son los principales instructores de sus hijos. Su responsabilidad se revela en la Torá:

> Por tanto, pondréis estas mis palabras en vuestro corazón y en vuestra alma, y las ataréis como señal en vuestra mano, y serán por frontales entre vuestros ojos. Y las enseñaréis a vuestros hijos, hablando de ellas cuando te sientes en tu casa, cuando andes por el camino, cuando te acuestes, y cuando te levantes, y las escribirás

en los postes de tu casa, y en tus puertas; para que sean vuestros días, y los días de vuestros hijos, tan numerosos sobre la tierra que Jehová juró a vuestros padres que les había de dar, como los días de los cielos sobre la tierra.

—DEUTERONOMIO 11:18–21

La instrucción debe comenzar en los años preescolares. Durante los primeros cinco años, los padres pueden ver cómo se desarrolla la personalidad de su hijo. En los años de la adolescencia se desarrolla el sistema de valores del niño, y en los veintes se desarrolla la ética de trabajo de la persona. El crecimiento físico y la madurez emergen con el tiempo, pero el fundamento para la inclinación espiritual del niño debe ser establecida desde el principio. Los hijos aprenden *valores* en casa, *conocimientos* en la escuela y *hábitos* de sus amigos. La instrucción temprana en un hogar judío comienza con la enseñanza de ciertas oraciones, especialmente el *Shema* y el *Berachot*.

La primera oración aprendida, *Shema Yisrael*, significa: "Oye, Israel". Es un tipo de *credo*; el versículo principal de esta oración es Deuteronomio 6:4: "Oye, Israel: Jehová nuestro Dios, Jehová uno es". En hebreo se lee como: "*Shema Yisrael Adonai Eloheinu Adonai Echad*". La oración también incluye Deuteronomio 11:13-21 y Números 15:37-41. El Shema se repite dos veces al día y es la parte central de las oraciones judías de la mañana y la tarde.

Aprender a orar es el corazón del judaísmo. Hay dieciocho partes de una oración que se recita en la liturgia judía llamada *shmoneh esre* (que significa "dieciocho"). Estas oraciones se pronuncian tres veces al día durante toda la semana. Más tarde se añadió la *maldición de los herejes* convirtiéndola en una oración con diecinueve temas.

1. Un recordatorio del pacto de Dios con los patriarcas.
2. Una descripción del poder todopoderoso de Dios.
3. Una contemplación del nombre divino.
4. Oración de reflexión.
5. Oración de arrepentimiento.
6. Oración por el perdón de pecados.
7. Oración por la redención a través del redentor de Israel.
8. Oración de sanidad; también por el pueblo de Israel.

9. Oración por un año fructífero y productivo.
10. Oración por ser absueltos en el Juicio Final del Mesías.
11. Oración porque los calumniadores y blasfemos sean destruidos.
12. Oración por los devotos y los prosélitos verdaderos.
13. Oración por la reedificación de Jerusalén.
14. Oración por la venida del Mesías.
15. Una petición de que toda esta oración sea escuchada por Dios.
16. Oración por que la gloria (*Shekinah*) vuelva a Sión.
17. Acciones de gracias por las misericordias de Dios.
18. Oración porque la paz de Dios descanse sobre su pueblo Israel.[6]

Después de aprenderse el Shema, el niño aprende a bendecir. Esta oración, llamada *Berachot* (bendiciones), se ofrece frente al niño. Cuando los niños aprenden a orar se les anima a que oren por sus alimentos y le agradezcan a Dios por los detalles como su fruta, sus dulces o el jugo. Se dice que un acto realizado durante veintiún días consecutivos puede convertirse en un hábito. Por lo tanto, la oración no debe ser aleatoria, sino constante y consistente; de hecho, cotidiana. Observé esto en mi hija más chica, Amanda, quien a la edad incluso de dos y tres años siempre pedía que oráramos por los alimentos. Al comer en un restaurante, ¡todavía le recuerda a la gente que dé gracias! La oración judía normal sobre los alimentos es:

> *Bendito seas, Señor, Rey del universo que haces surgir el pan de la tierra.*

La oración puede incluir:

> *Bendito seas, Señor, Rey del universo que creaste el fruto de la vid […] que creaste varios tipos de frutos […] que creaste todo.*

A una edad temprana los padres les leen libros especiales de historias a sus hijos. Esta fue una práctica que mi esposa, Pam, siguió con nuestros dos hijos. Pam terminaba el día leyendo un capítulo de un libro recostada en la cama con los niños, y cerrábamos el día pidiéndoles a nuestros hijos que oraran para tener un buen descanso, bendecir a la familia, la casa e incluso al gato (¡Dios también incluye animales saludables en su portafolio de bendiciones!).

A los niños de todos los credos les gustan los juguetes y los juegos. La cultura estadounidense enfatiza las muñecas para las niñas y otros juguetes para los niños. Los juguetes occidentales rara vez se desarrollan para la instrucción religiosa. En la cultura judía se desarrollan muchos juguetes con temas religiosos en mente. Hay rollos de la Torá de peluche, bloques de construcción con las letras del alfabeto hebreo, artículos para la celebración de la Pascua (Seder) de juguete, y varios juguetes vinculados con Jánuca.[7] A medida que el niño madura, se le regala un *tallit* (un manto judío de oración) y se le enseña la historia y el significado espiritual del *shofar* (la trompeta hecha de cuerno de animales kosher).

A medida que los hijos crecen, se les enseña que traten a sus mayores con respeto. En las comunidades ortodoxas, los hombres de mayor edad son los ancianos y se les considera por sus experiencias en la vida y su sabiduría. En las primeras familias judías, los miembros eran tan cercanos que al morir, un profundo duelo se prolongaba durante siete días, seguido por un duelo más ligero de treinta días. A los hijos se les enseñaba a llorar a sus padres durante doce meses, y se celebraba el aniversario de la muerte.

CINCO ETAPAS DE LA VIDA

Los ciclos de la vida en una familia judía se pueden resumir con una sola palabra: ¡celebración! Este concepto de celebrar la vida se manifiesta a través de las siete fiestas anuales, los ciclos de reposo y comienza en el nacimiento y continúa hasta el momento del matrimonio. Esta celebración de la vida avanza a través de cinco etapas, cada etapa se marca con un nuevo ritual religioso o experiencia que inaugura a la conmemora.

Primera etapa: La celebración de la circuncisión

De acuerdo con el mandamiento de Dios, el hijo varón judío tenía que ser circuncidado al octavo día de su nacimiento. Este acto de circuncisión física es más una ceremonia espiritual que una cirugía y fue iniciada por Dios como prenda (señal visible) de que un niño judío comenzaba a formar parte del pacto con Dios. La circuncisión fue ordenada en la ley, y cualquier niño varón no circuncidado era "cortado" de su pueblo:

Y el varón incircunciso, el que no hubiere circuncidado la carne de su prepucio, aquella persona será cortada de su pueblo; ha violado mi pacto.

—Génesis 17:14

La circuncisión de Abraham es mencionada trece veces en la Torá. En Israel, el acto de la circuncisión, llamado *Bris* en hebreo, es llevado a cabo por un *Mohel* (un circuncidador) quien está especialmente capacitado para el procedimiento. La persona más honrada es el *Sandak* o el padrino que sostiene al niño en sus rodillas durante la circuncisión. En ocasiones se utilizan dos sillas, una para el Sandak y la otra para Elías. El niño es colocado en la silla mientras el Sandak ora para que el espíritu de Elías permanezca sobre él mientras realiza la ceremonia.

Otro detalle interesante es que el nombre del niño no le es dado o revelado al nacer. Se ha discutido en secreto entre los padres y los amigos más cercanos o parientes, pero permanece en secreto hasta el octavo día, en la ceremonia de circuncisión. En el momento señalado, el padre le susurra el nombre del hijo al abuelo o al padrino. Entonces se anuncia públicamente el nombre a los presentes, lo cual añade una gran expectativa y emoción. El mayor honor es que un hijo lleve el nombre del padre, del abuelo, de un personaje bíblico ilustre o de una persona judía famosa. Darle nombre al hijo es uno de los momentos más importantes durante el evento y se celebra porque cada nombre hebreo lleva un significado único.

Otras bendiciones sobre el niño incluyen oraciones por su éxito en la vida, su futuro matrimonio y una oración de que crecerá para conocer la Torá. Después de la ceremonia, la familia disfruta una comida festiva con los amigos más cercanos.

El precio de compra y la presentación de un hijo

Poco después del nacimiento del niño, los padres cristianos hacen los arreglos para la presentación del bebé en la iglesia local. Los hermanos, abuelos, padrinos (guardianas espirituales), parientes cercanos y amigos especiales acompañan a los orgullosos padres. La ceremonia es conmovedora ya que el ministro acurruca al recién nacido, pronunciando una bendición o una oración, y encarga a los padres a que críen al niño en el conocimiento del Señor. Después el servicio de adoración continua conforme a lo planeado.

Como cristiano, creo que cada niño debería ser celebrado en la iglesia a la que asiste la familia. La tradicional presentación del bebé también es una oportunidad para invitar a los parientes a un servicio de adoración al que quizá no hayan asistido en años. Sin embargo, los padres podrían escoger seguir el ejemplo de las familias judías que centran la *presentación* del primogénito en casa.

Esta ceremonia por un hijo es llamada *Pidyon HaBen* (Redención del hijo). Este mandamiento antiguo está escrito en Números 18:15-16:

> Todo lo que abre matriz, de toda carne que ofrecerán a Jehová, así de hombres como de animales, será tuyo; pero harás que se redima el primogénito del hombre; también harás redimir el primogénito de animal inmundo. De un mes harás efectuar el rescate de ellos, conforme a tu estimación, por el precio de cinco siclos, conforme al siclo del santuario, que es de veinte geras.

Hay explicaciones rabínicas dadas sobre la razón de haber escogido cinco siclos. Primero, José, el primogénito de Raquel, fue vendido por sus hermanos por veinte piezas de plata, que equivalen a cinco siclos. Por lo tanto, se le entregan cinco siclos al sacerdote para redimir al niño. La quinta letra del alfabeto hebreo es *he* y fue la letra que Dios insertó en el nombre de Abram cuando se lo cambió a Abraham. En la teología cristiana, el cinco es un número que hace referencia a la gracia de Dios.

La costumbre judía comienza cuando el bebé ha cumplido por lo menos treinta y un días. Dios quería que todos en Israel fueran una nación de sacerdotes. Después de que Israel pecó con el becerro de oro, Dios seleccionó a Leví como la única tribu sacerdotal. Al darle los cinco siclos al sacerdote, el padre redimía al hijo de entrar al sacerdocio. También les recuerda a los judíos la manera en que Dios preservó a los primogénitos de los hebreos la noche en que el ángel destructor entró en Egipto (Éxodo 12).

La charola de plata, la joyería y las monedas

Normalmente, en la ceremonia están presentes diez hombres. El sacerdote le pregunta al padre si prefiera al niño o los cinco siclos que debe pagar. El padre escoge al hijo, recita una bendición y le entrega las monedas al sacerdote.

Sosteniendo las monedas sobre el niño, el sacerdote declara que la redención ha sido pagada. Bendice al niño y luego se lo regresa a sus padres. Usualmente se le regresan las monedas al niño como un regalo.

En algunas ocasiones el niño es colocado en una sábana sobre una charola de plata, rodeado de joyería tomada prestada de las mujeres presentes para la ceremonia. Esto puede hacer referencia a cuando los hebreos le pidieron joyas a sus vecinos cuando salieron de Egipto. Sigue una comida festiva, y algunas familias reparten cubitos de azúcar o dientes de ajo.

Las niñas no se pierden de experimentar su propia ceremonia de nombramiento, llamada *Zevel habat* entre los judíos sefaradíes y *Simchat bat* entre la secta askenazi. Estas ceremonias muchas veces suceden al mes del nacimiento de la niña y pueden celebrarse de manera privada en la sinagoga o en una fiesta en casa. Muchas veces un rabino y cantor también participan.

Las diferentes tradiciones y costumbres son demasiado numerosas para describirlas. No obstante, algunas costumbres incluyen encender siete velas, que representan los siete días de la creación, mientras se sostiene a la niña o se le envuelve con las cuatro puntas de un talit (manto de oración judío). Otras costumbres incluyen levantar a al bebé y con el rollo de la Torá tocar sus manos.

La presentación de niños cristiana; la celebración

¿De qué manera costumbres tan hermosas se pueden aplicar a los creyentes gentiles?

No existe una manera establecida en la Escritura de cómo presentar a un niño, excepto los ejemplos de Ana (1 Samuel 1:23-27) y María y José (Lucas 2:21-28). Cada padre debería realizar una presentación en la casa de Dios, pero también podrían considerar una ceremonia especial en casa. Esto permite que se pueda invitar a más familiares y amigos en un ambiente familiar cómodo. Esto también evita los límites de tiempo asociados con los servicios dominicales de presentación. También se puede preparar una comida para celebrar la llegada de una nueva vida.

Estas son algunas sugerencias para incorporar estas maravillosas tradiciones judías en la dedicación de un bebé cristiano en casa de sus padres:

- Prepare el tiempo de la presentación una vez que el niño haya cumplido treinta días (Números 18:15-16).

- Para los cristianos tradicionales, el domingo es un buen día, ya que los asistentes generalmente no van a trabajar.

- Prepare cinco monedas de plata como prenda de la redención (Números 18:15-16).

- Que su pastor, sacerdote o ministro participe para pronunciar una oración especial de bendición sobre el bebé.

- Al ofrecer la oración puede escoger envolver al niño en un tallit (manto de oración) que representa la Palabra de Dios y sus mandamientos.

- Una comida familiar debe seguir a la ceremonia.

- Quizá quiera colocar una pequeña mezuzá en el marco derecho del cuarto del bebé.

Si escoge una celebración en casa, asegúrese de informarle a todos los que participarán de su importancia y sus responsabilidades durante la celebración. El nacimiento de un hijo y una hija se deben celebrar y confirmar con una ceremonia privada o pública de presentación. Esta es la primera etapa de la vida.

Segunda etapa: La celebración de la adultez

La siguiente celebración sucede cuando un muchacho (o señorita) judío cumple trece años. El joven experimenta una ceremonia llamada en hebreo *bar-mitzvoth* [bar mitzvá], y la señorita, *bat-mitzvoth* [bat mitzvá]. La palabra *mitzvoth* significa "mandamiento". Ya que la palabra hebrea *bar* significa "hijo" y *bat* significa "hija", la frase *bar-mitzvoth* significa un hijo al que se le aplican los mandamientos. Todos los mandamientos de Dios contenidos en la Biblia son llamados en hebreo *mitzvah* [mitzvá]. Estas ceremonias son una celebración para reconocer la mayoría de edad los hijos y las hijas al llegar a la importante edad de trece años.

Varias veces en Israel he presenciado las ceremonias de bar mitzvá en el famoso Muro Occidental (que algunos llaman El Muro de los Lamentos). Los miembros femeninos de la familia y las amigas están detrás de una larga celosía de piedra que las separa de la sección de los hombres en la plaza. De pronto, los parientes masculinos salen por un túnel lateral a la izquierda, que corre en paralelo al Muro Occidental histórico. En ocasiones el joven candidato para el bar mitzvá viene montado sobre la espalda de su padre o pariente más cercano, cubierto con su talit (manto de oración) y llevando un kipá (cubierta para la cabeza).

Los hombres entran a la plaza de losas de piedra aplaudiendo, cantando y saltando a medida que el rabino guía la procesión sosteniendo un rollo de la Torá de gran tamaño sobre su cabeza. De pronto, las mujeres envían su resonante sonido de aprobación con gritos y comienzan a arrojar puñados de dulces hacia el grupo.

Hasta ese momento, el padre había llevado la responsabilidad por las acciones de sus hijos. En los bar y bat mitzvá los jóvenes adultos ahora aceptan la responsabilidad por sus acciones. Mientras que los gentiles muchas veces temen que sus hijos lleguen a la adolescencia, los judíos religiosos conmemoran la ocasión, transfiriéndole al niño o a la niña no solamente su responsabilidad moral y espiritual, sino afirmándolos por medio de esta celebración familiar en la que participan los padres, los parientes y los amigos cercanos.

En la cultura occidental, las jóvenes reconocen los quince o los dieciséis años como un gran acontecimiento y los jóvenes sienten haber entrado a la hombría cuando cumplen dieciocho, y salen de casa, libres del cuidado y la influencia familiar. Si, retardamos la instrucción moral y espiritual de nuestros hijos hasta las edades de quince, dieciséis y dieciocho, entonces ya perdimos la oportunidad. En el judaísmo, el bar y el bat mitzvah dan inicio a un *rito de iniciación* a la comunidad judía adulta. Los cristianos a menudo debaten: "¿Cuál es la edad en que un niño adquiere responsabilidad moral y espiritual por sus actos?". Se han hecho varias sugerencias, desde la edad en que pueden orar y arrepentirse a la edad en que pueden distinguir el bien del mal. Cristo a los doce años estaba en el templo con los escribas y los doctores de la ley. José lo encontró y Cristo dijo: "¿No sabíais que en los negocios de mi Padre me es necesario estar?" (Lucas 2:49). Cristo se estaba acercando a su décimo tercer año.

Personalmente creo que la verdadera edad de responsabilidad moral y espiritual comienza entre las edades de doce y trece años. Comienzan cambios físicos y hormonales llamados *pubertad*. El bar mitzvá es la *edad de los mandamientos* y la *mayoría de edad* en el judaísmo. Recuerdo cuando el hijo de mi amigo Hill Cloud cumplió trece años. Nos reunimos en un restaurante local para una comida especial, para orar y para bendecirlo, afirmándolo en la fe y celebrando su nueva entrada a la comunidad de los adultos. En lugar de esperar hasta la graduación cuando el adolescente deja el hogar para reconocer su propia responsabilidad espiritual y personal, ¿por qué no celebrarlo a los trece años, que es el comienzo de la adolescencia?

Tercera etapa: La celebración de la madurez

Los dieciocho años de edad son un hito en la cultura estadounidense. La mayoría de los adolescentes se han graduado de la educación media-superior y se están preparando para asistir a la universidad, comenzar un oficio o instruirse para su carrera. También es la edad en la que las cuatro ramas de la milicia de los EE. UU. reclutan hombres y mujeres para empleos o carreras en los servicios armados. Quizá nos sorprenda que Dios comenzó a reclutar jóvenes para la milicia israelí a partir de los veinte años y no de los dieciocho.

¿Por qué es importante esta diferencia de dos años?

Los padres que están criando hijos (especialmente hombres) saben que las edades de dieciséis a diecinueve son las más desafiantes para el adolescente promedio. Están intentando descubrirse a sí mismos, intentando ignorar la influencia de sus padres. Hay presión de sus pares para experimentar con el alcohol, el sexo y las drogas. Mi esposa y yo nos hemos preguntado por qué la mayoría de los padres cuentan una historia de rebeldía acerca de sus hijos adolescentes y por qué muchos padres nos dicen: "Al parecer todo cambió para bien cuando cumplieron veinte años". Algunos nos han dicho: "Cuando mis hijos cumplieron veinte fue como si les hubieran prendido la luz y tuve que preguntarme: '¿Es este mismo muchacho desafiante que se resistía a mis instrucciones?'".

Dios sabía que suceden algunos cambios biológicos a la edad de veinte años que las fuentes médicas han descubierto recientemente. Al contar a los hombres hebreos, Dios comenzó a la edad de veinte hasta los sesenta, y pidió medio siclo para la redención de cada varón mayor de veinte (Levítico 27:3-5). Todos los hombres mayores de veinte (no dieciocho) se preparaban para la guerra de ser necesario:

> Tomad el censo de toda la congregación de los hijos de Israel por sus familias, por las casas de sus padres, con la cuenta de los nombres, todos los varones por sus cabezas. De veinte años arriba, todos

los que pueden salir a la guerra en Israel, los contaréis tú y Aarón por sus ejércitos.

—NÚMEROS 1:2-3

Los Estados Unidos reclutan futuros soldados a los dieciocho años cuando la mayoría está saliendo de la escuela media-superior y entrando a la universidad o a su primer ciclo de trabajo. ¿Qué sabía Dios acerca de la edad de veinte años que nosotros no? En *For Parents Only* [Solamente para padres] los autores reportan por qué los adolescentes que buscan su libertad a menudo toman decisiones tontas y peligrosas, ignorando advertencias obvias. Los autores escribieron:

> Nuestros adolescentes no solamente son adictos; sino que tienen deficiencias cerebrales. La ciencia ha demostrado que el lóbulo frontal del cerebro, la zona que permite el juicio de las consecuencias y el control de los impulsos, no se desarrolla a plenitud sino hasta el final de los años de la adolescencia. Así que en la ausencia de un lóbulo frontal completamente funcional, el cerebro adolescente depende mucho más del centro que controla las emociones; lo cual en la práctica significa que se rinden con mayor facilidad a sus impulsos.[8]

La sociedad coloca responsabilidades pesadas sobre los adolescentes para que tomen una decisión importante acerca de su futuro y escojan estudiar la universidad, comenzar una carrera o alistarse en la milicia a los dieciocho años, cuando en realidad la capacidad mental para tales decisiones se desarrolla mejor después de la adolescencia. Obviamente, el Creador sabía que a los veinte años, el lóbulo del cerebro en control del razonamiento y el juicio ya están plenamente desarrollados, permitiendo una mejor toma de decisiones y juicios mentales. Dios permitió que los jóvenes lucharan en batalla hasta los veinte años.

Cuando el liderazgo del antiguo Israel llevó a cabo el censo, y contó a los hombres de veinte años en adelante, recolectó medio siclo de plata de cada hombre, simbolizando el precio de la redención. Las monedas les fueron entregadas a los sacerdotes y se utilizaron para reparar el tabernáculo (Éxodo 30:13-15). Por lo tanto, los veinte años eran la edad de introducción a un nivel de madurez emocional y mental de los hombres de Israel, con la confianza de que tomarían, así, buenas decisiones. A los trece años los muchachos eran iniciados en la adultez, pero a los veinte se convertían en adultos.

Cuarta etapa: La celebración del desarrollo espiritual

En la Torá, los treinta años presentaban otro ciclo de madurez espiritual. Un levita no podía oficiar en el sacerdocio del templo hasta que cumpliera treinta años (Números 4:3, 23, 30). Cristo fue bautizado y comenzó su ministerio público a los treinta años (Lucas 3:23). Aunque la madurez espiritual no siempre concuerda con la edad cronológica de una persona, parece que los treinta años es una edad significativa.

De acuerdo con el pensamiento rabínico, los treinta años es cuando alcanzamos el clímax de nuestra fuerza. Esto era especialmente cierto en el antiguo Israel, cuando la vida promedio de una persona era de cuarenta y cinco a cincuenta años. En tiempos antiguos la gente se casaba a mediados o finales de su adolescencia. Dios exentaba a los recién casados del trabajo durante todo un año para compenetrarse entre sí. En tiempos más antiguos, para el momento en que un hombre tenía un hijo que estaba llegando a los trece años de edad, en promedio este padre estaba cerca o apenas pasando los treinta años. En esta edad el padre tiene una inclinación y enfoque espiritual que quizá haya estado ausente en sus veintes cuando se estaba concentrando en su educación, su trabajo, su esposa o su negocio. No obstante, cuando los niños comienzan a llegar y a madurar, algunos padres que carecían de dirección espiritual comienzan a preocuparse de las actitudes morales y el desarrollo espiritual de sus hijos.

Todos saben que pasar de los veintinueve a los treinta es un hito en la vida, de la misma forma que llegar a los cuarenta, los cincuenta y los setenta conlleva un simbolismo especial. Cada una de estas cuatro edades indican ciclos de vida importantes, que collevan un nuevo nivel espiritual de crecimiento y desarrollo.

Quinta etapa: La celebración del matrimonio

Para los judíos ortodoxos y los cristianos devotos, es importante casarse dentro de la fe. Cuando un judío se casa con una judía, los ayuda a preservar la identidad judía, las tradiciones y la cultura. Abraham se rehusó a permitir que Isaac se casara con una cananea (Génesis 24:3), y Rebeca no quería que Jacob se casara con una hija de Het, también un pueblo cananeo (Génesis 27:46). Cuando los cristianos se casan entre sí ayudan a crear más paz en el hogar, ya que no habrá divisiones sobre religión o dudas sobre qué fe inculcarle al niño. Los cristianos y los judíos entiendan que la fe y las creencias son generacionales y que pueden ser pasadas a sus hijos.

El propósito original del matrimonio era la procreación. De 613 mandamientos en la Torá, el primero es: "Y los bendijo Dios, y les dijo: Fructificad y multiplicaos; llenad la tierra" (Génesis 1:28). Para los antiguos hebreos el matrimonio era más un compromiso de por vida que un sentimiento emocional de "estoy enamorado". De hecho, la antigua forma de compromiso se parecía más a una proposición de negocios que a un compromiso contemporáneo. El amor tenía que florecer y madurar al pasar la vida tejiendo la tela del hogar.

Seleccionar al compañero de toda la vida y entrar en matrimonio es una de las más altas expectativas en la vida. En la cultura occidental estamos sumamente familiarizados con los preparativos para la ceremonia de bodas. No obstante, muchos cristianos conocen muy poco acerca de las costumbres y tradiciones del antiguo proceso judío de casamiento.

Hace algunos años investigué las costumbres judías antiguas para casarse, las cuales eran una señal de la aparición del Mesías. Cuando un joven seleccionaba a su futura novia, se reunía con el padre de la mujer para iniciar el proceso. Durante esta reunión, sucedían varios eventos importantes. Primero, el joven redactaba un contrato matrimonial definiendo los detalles de lo que esperaba de su futura esposa y lo que ella podría esperar de él como marido. Una vez que el contrato, llamado *ketubah*, era establecido, ambos bebían una copa de vino como prenda del acuerdo de su pacto. El padre de la novia entonces establecía un precio especial por la mujer. Podrían ser camellos, cabras o un pedazo de tierra.

Después de que se llevaban a cabo estos procedimientos, el novio volvía a casa de su padre y la mujer permanecía en casa de sus padres. Desde ese momento la pareja ya no salía junta ni se visitaba. Dos individuos, llamados la amiga de la novia y el amigo del novio, intercambiaban mensajes entre la novia y el novio. La mujer permanecía fiel a su futuro esposo, llevando públicamente un velo que cubría su rostro, lo cual indicaba que estaba desposada. El hombre trabajaba en casa de su padre preparando una habitación especial para la pareja una vez que se consumara su matrimonio.

Al terminar la habitación, el padre del novio le permitía a su hijo que llevara a su novia. En ciertas ocasiones un grupo de hombres eran enviados en secreto a la casa de la novia y se paraban a su ventana y le anunciaban: "Ya viene el novio. Prepárate". La mujer se preparaba y muchas veces varias vírgenes jóvenes estaban presentes con ella en este momento emocionante. Era arrebatada rápidamente de su casa y llevada a la cámara que el novio había preparado. Si el evento ocurría de noche, se encendían antorchas en largos postes que marcaban el camino a través de la oscura noche al novio expectante.

A la llegada, el novio llevaba a su nueva novia a la habitación especial llamada *chuppah*. Allí, la pareja consumaba su matrimonio.

Este procedimiento antiguo es un paralelo del nuevo pacto en el que entra el creyente al recibir a Cristo. Primero somos invitados a recibirlo. Sellamos nuestro acuerdo a través de la copa de la Cena del Señor (Comunión). Cristo se ha ido a preparar lugar para nosotros en casa de su Padre (Juan 14:1-2). Mientras él se encuentra lejos, debemos mantener nuestra lámpara arreglada y encendida (Mateo 25:7) y nuestras vestiduras blancas (Apocalipsis 16:15). El Padre celestial determinará cuando esté lita la cámara nupcial para la llegada de la novia. Cristo regresará en secreto e inadvertidamente "con voz de arcángel, y con trompeta de Dios" (1 Tesalonicenses 4:16-18). Cuando lleguemos al cielo, seremos agasajados con una cena de bodas (Apocalipsis 19:7-9).

El pacto matrimonial; la señal

Como se ha dicho, la palabra pacto es la palabra *berith*, que significa "cortar". Los pactos bíblicos antiguos se sellaban con ofrendas de sacrificio. Dios le dio a cada mujer una señal física de su pacto matrimonial. Cuando una novia es virgen, al consumar su matrimonio, derrama parte de su sangre. En la Torá, esta sangre era considerada una prenda (señal) de que ella entraba en el pacto matrimonial con un hombre. La ley requería prueba de su virginidad; por lo tanto, a la mañana siguiente se presentaban las sábanas de la cama a los ancianos de la ciudad, quienes buscaban sangre en las sábanas como prueba de la virginidad de la mujer. Si ella había mentido, y la evidencia de la sangre estaba ausente en las sábanas, ella era ejecutada (Deuteronomio 22:15-20).

Tristemente, en la cultura occidental, los jóvenes se precian de haber perdido su virginidad. El matrimonio es considerado obsoleto, reemplazado con vivir juntos y una nueva libertad sexual. Deberíamos comenzar a enseñarle a las mujeres jóvenes que no se han casado que el matrimonio es un pacto. Si una joven permanece sexualmente pura, tendrá una prenda del pacto de su matrimonio con su marido el día de su noche de bodas. Posiblemente este énfasis alentaría a las jóvenes a permanecer puras hasta el momento de consumar su matrimonio.

La vida de cada matrimonio fluye de un pacto espiritual sellado por la sangre redentora de nuestro novio celestial. En el principio hubo un hombre, Adán. Dios realizó la primera cirugía y creó una contraparte para Adán: una mujer. Dios tomó una costilla de Adán al crear a Eva. La palabra hebrea *costilla* también es utilizada en la Escritura para indicar los pilares y columnas que sostienen un edificio. En Génesis 2:23, la palabra hebrea para hombre es *'iysh* y la palabra para mujer es *ishshah*. En hebreo, el hombre y la mujer comparten dos letras hebreas idénticas, *alef* y *sin*. La palabra para hombre tiene una *yod* adicional y la palabra para mujer una *he* adicional. Juntos forman la palabra *YAH*, una abreviatura para el nombre de Dios. No obstante, si uno remueve la *yod* y la *he* (el nombre de Dios) de la palabra hombre o mujer, todo lo que quedan son dos letras que forman la palabra hebrea *'esh* que quiere decir fuego. La interpretación rabínica es que este fuego puede producir pasión, pero sin Dios la pasión sin creencias espirituales y valores comunes lleva a la destrucción de la unión.[9]

Estos cinco ciclos: ocho días (circuncisión), trece años (mayoría de edad), veinte (madurez emocional y mental), treinta (nueva madurez espiritual) y el matrimonio son los cinco ciclos más importantes de la vida judía. Es el quinto ciclo del matrimonio donde la pareja comienza a soñar con tener hijos, cuya entrada al mundo da a luz una nueva familia. Los hijos traen un nuevo nivel de responsabilidad de crianza, enseñanza e instrucción.

Orar bendiciones sobre sus hijos y nietos.

La Torá revela la importancia de bendecir verbalmente a sus hijos. Isaac pronunció bendiciones sobre Jacob y Esaú (Génesis 27) y Jacob bendijo a los dos hijos de José (Génesis 48), y luego bendijo al resto de sus hijos (Génesis 49). Antes de su muerte, Moisés pronunció una bendición profética sobre las tribus de Israel (Deuteronomio 33). Los padres judíos devotos y los abuelos continuamente bendicen a sus hijos y nietos, porque creen en la capacidad de Dios de transferir su favor a través de sus oraciones.

Los días de reposo, los días de fiesta y en muchas otras ocasiones especiales se pronuncian bendiciones. Es importante comenzar a bendecir a los niños de chicos cuando tienen el corazón tierno y son más receptivos, ya que tieden a sentirse extraños cuando oran por ellos al entrar en los últimos años de la adolescencia.

El patrón de bendición para bendecir a los hijos se narra en Génesis 48:2, cuando Jacob bendijo a Efraín y Manasés. Jacob se sentó en la orilla de su cama al bendecir a sus nietos. El escritor de la carta a los Hebreos escribió que Jacob bendijo a sus propios hijos "apoyado sobre el extremo de su bordón" (Hebreos 11:21). Hoy, los que bendicen a sus hijos prefieren ponerse de pie en respeto por acercarse al trono de Dios. Al prepararse para bendecir, pídale a los niños que inclinen su cabeza, enseñándoles que reverencíen a Dios y diciéndoles que la bendición era practicada por sus antepasados como en Génesis 24:48 y en Éxodo 12:17, cuando Israel estaba saliendo de Egipto.

En hebreo, la palabra *smicha* significa "imponer manos". En el templo, los sacerdotes le imponían las manos a los animales para representar la transferencia de los pecados. El Día de la Expiación se utilizaba un macho cabrío, que se convertía en el chivo expiatorio. Jacob bendijo a los hijos de José, Efraín y Manasés, por medio de poner sus manos sobre su cabeza (Génesis 48:14). Antes de su muerte, Moisés le transfirió a Josué su sabiduría y autoridad por medio de imponerle las manos (Deuteronomio 34:9).

Antes de bendecir, coloque ambas manos sobre la cabeza del niño o una mano sobre la cabeza de cada uno si son dos. Una bendición judía general que el padre pronuncia sobre el hijo cada día de reposo es: "Que Dios te haga como a Efraín y a Manasés". Una palabra de bendición hablada sobre una hija es: "Qué Dios te haga como a Sara, Lea, Rebeca y Raquel". Una bendición favorita que se puede pronunciar son las mismas palabras que Jacob declaró sobre Efraín y Manasés:

> El Ángel que me liberta de todo mal,
> bendiga a estos jóvenes;
> y sea perpetuado en ellos mi nombre,

y el nombre de mis padres Abraham e Isaac,
y multiplíquense en gran manera en medio de la tierra.

—Génesis 48:16

Antiguamente, en las épocas de Moisés y en ambos templos judíos, el sumo sacerdote oraba una bendición especial sobre el pueblo.

Jehová te bendiga, y te guarde;
Jehová haga resplandecer su rostro sobre ti,
y tenga de ti misericordia;
Jehová alce sobre ti su rostro,
y ponga en ti paz.

—Números 6:24-26

El padre sabe lo que es mejor

¿Recuerda el popular programa de televisión *The Waltons* [los Walton]? Era una gran familia estadounidense que vivía en las montañas de Virginia, trabajando la tierra y la granja y comiendo juntos creando un vínculo con la siguiente generación. Si hubieran sido judíos, su apellido podría haber sido "los Walsteins". En los primeros años de la colonización de EE. UU. el padre era el que *se ganaba el pan*, y el divorcio o la separación no eran una opción. En la comunidad religiosa judía el padre es crucial para la estabilidad y el éxito de cultivar una familia sana. En una familia judía fuertemente religiosa, el padre participa directamente en la instrucción espiritual y religiosa de sus hijos:

- Dirige la celebración de la circuncisión para su hijo y presenta los siclos de plata.

- Planea y supervisa las ceremonias de bar o bat mitzvá para sus hijos e hijas.

- Participaba en las fiestas, especialmente en las tres en que todo varón arriba de veinte debía asistir.

- Participa en Jánuca, relatando la historia, proveyendo los regalos y encendiendo las velas.

- Lleva a la familia a la sinagoga cada día de reposo.

■ Les enseña a los niños la Torá y las Escrituras y les cuenta historias.

■ Participa como la cabeza del hogar durante la cena semanal del día de reposo.

En un hogar judío devoto, hay un énfasis en la comida familiar. El *Se'uda* es la comida judía. Cada comida debe ser santificada por una oración de bendición que se pronuncia sobre la comida. La comida es especial; desde la destrucción del templo, se dice que la mesa judía es el altar de la expiación (El Talmud, Berachoth 55a). En cada mesa debe haber sal, ya que la sal se utilizaba en los sacrificios del templo. Así como Abraham sirvió a los tres invitados (Génesis 18:7) y Moisés sirvió a los ancianos (Éxodo 24), si hay invitados presentes el padre sirve la comida, especialmente si hay pobres a la mesa. Las comidas especiales a ser preparadas son tres: la cena del día de reposo (Shabbat), el Seder de Pascua y las comidas de Tabernáculos. Se preparan otras comidas especiales en Purim, Jánuca y en la *Simchat Torah* (Regocijarse en la Torá). Hay una comida especial antes de que comience el ayuno del Día de la Expiación, para el desayuno de la boda, para el *brit milah* (circuncisión) y el bar mitzvá. También es común preparar una comida especial para una persona que se haya recuperado de una enfermedad o haya sido rescatada del peligro. Cuando un padre está ausente de la vida de sus hijos, suelen haber efectos emocionales y sociales negativos después.[10]

ESTADOS UNIDOS Y LA GENERACIÓN "I"

Estados Unidos está experimentando una carestía de padres, ya que muchos papás simplemente han tomado licencia, desertando de su posición como cabeza de su hogar. La Biblia pone el ejemplo de un hijo que fue dejado sin padre. Quizá hayan escuchado de la "generación de la posguerra" y la "generación X". ¿Ha escuchado acerca de la generación "I"? La letra "I" no se refiere a ser egoísta, sino que hace referencia a la primera letra del nombre de Ismael. Fue el hijo que le nació a Abraham de la sierva egipcia de Sara, Agar (Génesis 16:15).

Después de que la esposa de Abraham, Sara, dio a luz a Isaac, exigió que Abraham echara a Agar y a su hijo, Ismael, de la casa. Ismael era un adolescente cuando él y su madre fueron expulsados por Abraham, yéndose al desierto a solas (Génesis 21:14). Ismael era un adolescente entre las edades de quince y dieciséis años y fue separado permanentemente de su padre biológico, Abraham.

Los jóvenes necesitan un padre o una figura paterna en su vida que los afirme. Los años de la adolescencia son los más importantes para formar el sistema de valores en un niño. Dios hizo una predicción sobre Ismael cuando dijo:

> Y él será hombre fiero;
> su mano será contra todos,
> y la mano de todos contra él,
> y delante de todos sus hermanos habitará.
>
> —GÉNESIS 16:12

Ismael sería un hombre fiero. La palabra hebrea para *fiero* se refiera a un *burro salvaje*. La misma palabra es utilizada en Job 24:5 y 39:5. En otras siete referencias del Antiguo Testamento es traducida como "asno montés". Los burros salvajes viven en el desierto y en las montañas y son difíciles de amaestrar. La idea es que Ismael viviría en el desierto y que tendería a estar continuamente peleando "contra todos".

> La vara y la corrección dan sabiduría;
> mas el muchacho consentido avergonzará a su madre.
>
> —PROVERBIOS 29:15

El sistema tradicional familiar padre-madre establecido en la Biblia ha sido desafiado por la frecuencia del divorcio y el énfasis cada vez mayor sobre las estructuras de estilo de vida alternativo, que finalmente privan a los hijos de los modelos de rol ordenados por Dios. Estados Unidos se han convertido en la generación "I" (Ismael), una sociedad monoparental sin padres varones. Entre 1960 y 1990, el porcentaje de niños que viven lejos de su padre biológico se ha más que duplicado, de 17% a 36%.[11] El número está avanzando hacia 50%. Una generación sin padres crea un vacío en los niños y en la nación.

La Primera Guerra Mundial de 1914 a 1918, produjo más de dieciocho millones de muertes de civiles y militares dejando millones de hogares sin padre.[12] Bajo José Stalin, el comunismo se convirtió en el nuevo "padre" del pueblo ruso. El vacío de liderazgo en los hogares fue reemplazado por un sistema político promovido como la respuesta a los males de la nación. Lo mismo sucedió en la Segunda Guerra Mundial. Alemania tenía diez millones de soldados, contando a Austria, participando en la Segunda Guerra Mundial. La separación de los hijos y los padres de sus familias creó un profundo vacío emocional. Hitler se otorgó a sí mismo el título *Fuhrer*, que significa "líder o guía" en alemán. El clamor alemán era: *Ein volk, ein reich, ein fuhrer*: "un pueblo, un estado, un líder". Hitler era el nuevo "padre" de Alemania. Para demostrarlo, en 1922 se estableció el Movimiento de las Juventudes de Hitler. Fue clandestino durante un periodo, pero en 1930 reclutó veinticinco mil muchacho de catorce años y más, y pronto abrió una rama más para niños de diez a catorce años. Un cartel alemán decía: "La juventud sirve al líder. Todos los niños de diez años con las Juventudes de Hitler".[13] Estos muchachos de ojos azules y cabello rubio eran considerados la futura raza súper-aria y eran indoctrinados en el mensaje antisemita de Hitler. Para 1936 todos los jóvenes alemanes tenían que unirse al movimiento de Hitler. Para finales de 1933, 2.3 millones de jóvenes se habían unido al movimiento, y para 1935 más de 5 millones eran miembros. Para 1940, la exterminación de los judíos había comenzado ¡y 8 millones de jóvenes estaban bajo control de Hitler! Estas guerras mundiales mataron a muchos futuros padres y maridos, provocando que el comunismo y el nazismo se convirtieran en el "dios" o en el nuevo "padre" de los niños y niñas huérfanos.[14]

La carencia de padres en la cultura estadounidense está abriendo una zanja por la cual los hijos (e hijas) se están saliendo de sus hogares para buscar ser afirmados en otro lado. En las grandes ciudades, las pandillas están llenando el vacío de jóvenes errantes semejantes a Ismael que carecen de dirección paternal. Ex miembros de pandillas me han dicho que se unieron a las pandillas para buscar poder, respeto, afirmación, protección y atención que estaban ausentes en su hogar roto o su familia disfuncional. En la mayoría de los casos no había padres o modelos masculinos en su vida.

También creo que el espíritu de la carencia de padre es la causa del estilo de vida gay. Algunos homosexuales revelan que fueron abusados o violados de chicos, llevándolos a ese estilo de vida. En otros ejemplos, he conocido hombres que fueron homosexuales que sentían que la causa raíz de sus luchas fue no tener un modelo de rol masculino que los afirmara como hombres. Obviamente, esta no es la única causa para escoger este estilo de vida. Sin embargo, un muchacho sin padre que carezca de una influencia masculina puede ser empujado a buscar afirmación de hombres mayores que pueden aprovecharse de ellos por medio de afectos mal dirigidos.

ISMAEL, DE NIÑO FIERO A JEQUE PETROLERO

Ismael y su madre, Agar, vivieron en un desierto remoto. Él convirtió en arquero y tuvo que aprender a cazar por comida y a defenderse ya que su padre, Abraham, sus criados armados (Génesis 14:14) y sus amigos cercanos ya no estaban en su vida. Era un asunto de supervivencia por medio de la autodefensa. Ismael era el niño fiero que sin duda guardaba resentimiento por el tratamiento dado a su madre y a sí mismo.

He conducido por numerosos barrios peligrosos observando a los adolescentes merodeando las calles con sus pantalones colgando hasta las rodillas y sus cadenas vistosas de oro y plata colgando de su cuello. Como zombis que esperan la resurrección, buscan cualquier emoción barata y viven de infligirse problemas a ellos mismos. Si les pregunto: "¿Dónde está tu papá?", muchos contestan: "No sé", o: "Está en la cárcel", o: "Está por ahí con alguna mujer". La *muerte* de un padre es distinta de la *desaparición* del padre. La muerte es un proceso natural de la vida, pero los padres con licencia se han convertido en señales silenciosas para los niños: "Me fui, y todo se trata de mí y no de ti".

Aunque Ismael estaba solo con su mamá, Dios planeó un gran futuro para los hijos de Ismael. Dios le prometió a Ismael que lo bendeciría, que lo haría fructífero y que lo multiplicaría de ser un solo hombre a tener doce hijos que serían príncipes de grandes naciones (Génesis 17:20; Génesis 25). Los hijos de Ismael produjeron doce naciones, cuyos descendientes se establecieron a lo largo de la Península Arábiga y el Golfo Pérsico. Los hijos de Ismael terminaron siendo los propietarios del petróleo de Medio Oriente. ¡Nada mal para un hijo rechazado! Las bendiciones de Ismael siguieron a sus descendientes, porque su padre natural era Abraham, y Abraham tenía un pacto con Dios.

¿QUÉ PUEDE HACER UNA MADRE SOLTERA?

Con tantas familias monoparentales, especialmente de madres solteras, ¿qué provisión espiritual puede realizar una madre soltera para afirmar y bendecir a sus hijos ya que el padre está ausente? Primero, una madre creyente tiene un verdadero amigo en Dios, en Cristo y el Espíritu Santo. Cuando Cristo se estaba preparando para su regreso al cielo, dijo: "No os dejaré huérfanos; vendré a vosotros" (Juan 14:18). Parafraseado, estaba diciendo: "No los voy a dejar como hijos sin padre". Cristo prometió enviar al Espíritu Santo quien es el "Consolador", o en griego el *parakletos*, que significa "el que es llamado para ayudar a otro".[15]

Dios ha establecido diferentes provisiones y promesas para el que no tiene padre. En la actualidad, no solamente la muerte se lleva a Papá, sino que hay otras manera de quedarse sin padre: cuando sucede un divorcio y el papá se muda a otro estado, o cuando el papá deja a la mamá por otra mujer, dejándola sola para criar a los hijos. Así como el Espíritu Santo le prometió estar a su lado y ayudarla, Dios se convierte en algo más que su Creador ya que está escrito:

> Porque tu marido es tu Hacedor;
> Jehová de los ejércitos es su nombre.
>
> —Isaías 54:5

> Que hace justicia al huérfano y a la viuda; que ama también al extranjero dándole pan y vestido. Amaréis, pues, al extranjero; porque extranjeros fuisteis en la tierra de Egipto.
>
> —Deuteronomio 10:18–19

> Tú lo has visto; porque miras el trabajo y la vejación,
> para dar la recompensa con tu mano;
> a ti se acoge el desvalido;
> tú eres el amparo del huérfano.
>
> —Salmos 10:14

> Padre de huérfanos y defensor de viudas
> es Dios en su santa morada.
>
> —Salmos 68:5

Viudas y madres solteras

Así como la palabra *huérfano* tiene varias aplicaciones distintas, la palabra *viuda* también. La principal es: mujer cuyo marido ha muerto y que no se ha vuelto a casar. Personalmente creo que hay tres tipos de mujeres que pueden ser clasificadas como viudas.

- Las viudas verdaderas: mujeres cuyo marido ha muerto y que permanecen sin casarse.

- Viudas espirituales: mujeres cuyos maridos incrédulos nunca asisten a la iglesia y que no permiten el avance espiritual de la familia.

- Las madres solteras: que están divorciadas, tienen maridos con licencia o quizá un marido encarcelado de por vida.

Entre los miembros de la iglesia encontramos estos tres tipos de mujeres con hijos que muchas veces están sobre la cuerda floja trabajando, atendiendo la casa y siendo las sacerdotisas de su hogar. Las viudas en la Biblia recibían un favor especial de parte de Dios. Está la viuda de Sarepta a quién Dios salvó de morir de hambre (1 Reyes 17:9-16), la viuda cuya familia fue salvada de la bancarrota por medio del milagro del aceite en su casa (2 Reyes 4:1-8) y así como la viuda que dio todo lo que tenía en la ofrenda del templo, y que capturó la atención de Cristo (Marcos 12:42)., y la profetisa anciana, Ana, que servía a tiempo completo en un ministerio en el templo, y que reconoció a Cristo como el Mesías cuando era un bebé (Lucas 2:37). Cristo interrumpió un funeral para resucitar al hijo de una viuda (Lucas 7:12-14), otra viuda presionó a un juez para que le hiciera justicia y obtuvo lo que quería gracias a su persistencia (Lucas 18:1-4). Cada viuda recibió una bendición única.

Es un consuelo para la madre soltera saber que los huérfanos y las viudas gozan de un favor especial de Dios. En la Torá, Dios prohibió el maltrato de los extranjeros, los huérfanos y las viudas (Éxodo 22:21-22; Deuteronomio 10:18). Como madre soltera o una viuda con hijos, es importante encontrar una congregación local que tenga un énfasis sobre el ministerio a los hijos y a los jóvenes, en la que sus hijos puedan estar bajo enseñanza bíblica, tener convivencia con otros creyentes de su edad y experimentar el amor de una comunidad espiritual de creyentes.

¡Una madre también puede bendecir a sus hijos si el padre está ausente! Cuando se enteró de que estaba embarazada, María viajó a visitar a su prima Elisabet. Elisabet espontáneamente pronunció una bendición sobre María con respecto al hijo que llevaba en su vientre (Lucas 1:41-45). En el momento de la muerte de Cristo, José no estaba presente (algunos creen que murió antes de que Cristo comenzara su ministerio). No obstante, María estuvo en la crucifixión, en la resurrección y en el aposento alto (Hechos 1:13-14). En la iglesia del primer siglo tanto hombres como mujeres tenían iglesias en su casa (1 Corintios 16:19; Filemón 2). Mamá, tome el desafío y lleve a cabo las oraciones y bendiga a sus hijos. El pacto de su redención le da autoridad espiritual para acercarse al trono eterno de Dios y hacer conocidas sus peticiones.

VERDADES IMPORTANTES DE LA VIDA PARA LOS HIJOS

Los padres judíos que acatan la Torá se toman el tiempo para enseñarle a orar a sus hijos, a estudiar la Torá y el Talmud y a pronunciar bendiciones para su futuro. Como creyente en la Biblia, usted puede seguir los mismos ejemplos bíblicos y las costumbres de nuestras contrapartes judías por medio de practicar las siguientes siete verdades importantes de la vida con sus hijos.

1. Instruya a sus hijos.

Los padres saben que hay una tendencia innata en todos los niños de en algún momento u otro rebelarse contra la instrucción. La palabra hebrea *yetzer* significa "tendencia o inclinación". El judaísmo enseña que el hombre ha sido creado con dos tendencias opuestas: hacer el bien (*yetzer ha'tov*), y hacer el mal (*yetzer ha'ra*). Cada ser humano es creado con un libre albedrío para hacer el bien o el mal. Antes del Diluvio, Dios dijo de la humanidad: "[...] todo designio [*yetzer*] de los pensamientos del corazón de ellos era de continuo solamente el mal" (Génesis 6:5). El Talmud enseña que Dios dio la Torá para acompañar al hombre en su viaje por la vida, ya que por medio del estudio de la Palabra de Dios, el hombre puede controlar el *yetzer* y disuadir su inclinación al mal.[16]

A los niños les encanta aprender por medio del ejemplo, no solamente palabras. La Escritura dice: "Instruye al niño en su camino, y aun cuando fuere viejo no se apartará de él" (Proverbios 22:6). ¡Muchos padres no se preocupan mucho por *el camino* de su hijo, sino por *los caminos* que debe evitar!

Los padres judíos ortodoxos que viven en Jerusalén relatan diferentes historias bíblicas sobre hijos para enseñarle a sus propios hijos cómo actuar de manera responsable. Por ejemplo, en el valle de Cedrón de Jerusalén hay una serie de tumbas antiguas talladas en la roca. Estas tumbas labradas, semejantes a torres de piedra, son un recordatorio silente de hombres que alguna vez tuvieron influencia en la ciudad. Una de las tumbas es identificada tradicionalmente con la tumba de Absalón, el hijo de David. Absalón conspiró contra su padre e intentó apoderarse del reino. Su necedad y rebelión lo llevaron a su fin y a una muerte temprana (vea 2 Samuel 18 y 19).

Los judíos ortodoxos traen a sus hijos a la tumba de Absalón, localizada cerca de la orilla de un cementerio judío, y recuerdan la trágica historia de la rebelión de Absalón contra su padre. Su propósito es pintar una imagen mental vívida de los peligros de la desobediencia y el alto precio que pagan los hijos cuando no siguen consejo sabio.

Un método similar fue empleado por un joven ministro que llevó a todo su grupo de jóvenes al cementerio local e hizo que se sentaran en el pasto. Cerca de él estaba la lápida con el nombre de un joven que alguna vez había servido al Señor, pero que murió en una condición pecaminosa. Comenzó a contar la vida de este joven y reveló como su vida fue cortada antes de tiempo por su rebelión. Dijo que la imagen pintada por su mensaje y el escenario del cementerio impresionó la mente de los jóvenes, y que notó un cambio inmediato en la actitud de todo el grupo durante muchos meses, especialmente después de que descubrieron que era la tumba del mismo hermano del líder de jóvenes. El aprendizaje visual estimula la memoria. Nuestro programa semanal, *Manna-fest*, utiliza utilería de gran tamaño y gráficos para formar imágenes visuales del mensaje. Los padres de niños pequeños muchas veces me dicen: "A mis hijos les encanta tu programa. Les fascina ver la utilería que utilizan".

2. Enséñele a sus hijos cómo orar.

Los discípulos de Cristo le dijeron: "Señor, enséñanos a orar" (Lucas 11:1). Ellso sabían que Cristo oraba todas las mañanas (Marcos 1:35) y eran testigos de los milagros que eran el resultado de su vida de oración. ¡La mejor manera de enseñarle a sus hijos como orar es ser un ejemplo y orar usted mismo!

De niño en la década de 1960, puedo recordar a mi padre orando en la oficina del primer piso de la iglesia con las ventanas abiertas. Me acabo de enterar de que lo podían escuchar del otro lado del río en la cárcel del condado. Muchas veces en la noche podía escuchar las oraciones de Papá que se filtraban por las ventilas de aire en el piso de mi habitación mientras estaba intercediendo en el sótano de nuestra casa. Cuando estaba enfermo o en dificultades, creía que Dios podía escuchar sus oraciones. Su vida de oración fue un ejemplo y un patrón para que yo pudiera entender *cómo* orar. Deje que sus hijos lo vean y lo escuchen orar en casa y no solamente en la iglesia.

La oraciones más sencillas de *principiante* es orar a la hora de acostarse. En la oración antes de acostarse, los judíos ortodoxos mencionan cuatro arcángeles, dos de los cuales son mencionados en la Biblia (Miguel y Gabriel) y dos que se encuentran en fuentes apócrifas (no bíblicas). Ellos oran: "En nombre del Señor, el Dios de Israel: Miguel a mi derecha, Gabriel a mi izquierda, Uriel delante de mí, Rafael detrás de mí y sobre mí la *Shekinah* (presencia) de Dios". Rafael era tradicionalmente el ángel de la sanidad y Uriel se creían que era la luz que guiaba la lectura de las Santas Escrituras.[17] Los niños deben aprender a pronunciar una oración antes de acostarse tan pronto puedan hablar.

Antes de enviar a un niño a la escuela, uno de los padres debe orar con él. Utilizando el pasaje: "Y Abraham se levantó muy de mañana" (Génesis 22:3); las oraciónes *Shacharit* (que significa "muy de mañana"), eran las primeras de tres oraciones diarias. En el momento en que el judío devoto se despierta ora: "Lleno de agradecimiento te doy gracias, oh Rey viviente y eterno, porque me has devuelto el alma con compasión; abundante es tu fidelidad".[18] Sabemos que Cristo oraba bastante antes del amanecer (Marcos 1:35), y en el templo, se ofrecían las oraciones de la mañana al amanecer, en el comienzo de un nuevo día. Como padre, declare oraciones de protección sobre sus hijos antes de que se separen de la seguridad de su morada.

3. Haga participar a sus hijos en una congregación local.

La mayoría de las iglesias en América del Norte tienen un ministerio de niños. De chico, el ministerio de niños de nuestra iglesia era poco más que un servicio de guardería en el que *matábamos el tiempo* mientras nuestros padres adoraban en el santuario principal. En la actualidad, algunos de los programas más progresistas de la iglesia se encuentran en el ministerio de niños, especialmente entre las congregaciones más grandes.

Como viajaba con nosotros hasta que cumplió once, mi hijo Jonathan era un conocedor de los ministerios de niños. Después de la reunión me informaba sobre los puntos fuertes y débiles del ministerio, así como sobre sus técnicas de comunicación para alcanzar a los muchachos. Si usted asiste a una congregación que no tiene ministerio de niños, considere reunirse con el liderazgo para iniciar un ministerio para los niños.

4. Declare bendiciones sobre sus hijos.

Las palabras son flechas que pueden cortar o un bálsamo que puede sanar. Está escrito: "La muerte y la vida están en poder de la lengua, y el que la ama comerá de sus frutos" (Proverbios 18:21). Los padres y los abuelos nunca deberían criticar a sus hijos de una manera denigrante. Un niño jamás debería escuchar "qué tonto eres... estúpido... bueno para nada...". A lo largo de su vida los niños recuerdan las palabras hirientes.

Los patriarcas son ejemplos de cómo hablar sobre sus hijos. Sabían cuándo era el momento para reprender a sus hijos por haber hecho algo malo (Génesis 34:30), pero también sabían cómo felicitarlos cuando hacían las cosas bien. Declarar bendiciones no es una exención a la disciplina, sino es una manera de afirmar al niño por escoger el camino correcto.

5. Ore por su crecimiento espiritual y protección.

No hay día que pase sin que le pida a Dios que bendiga a mis hijos y a mi familia en la mañana y en la noche. Hago la misma oración que mi padre hacía por sus cuatro hijos: "Señor, protégelos, guárdalos del mal, del peligro y de cualquier accidente que pudiera lastimarlos". No asuma que solamente porque las Escrituras nos prometen protección, que esta promesas operan automáticamente sin esfuerzo de parte del creyente para reclamarlas personalmente. De la misma manera que Cristo lo hizo en Mateo 4:1–11, leemos, creemos y declaramos verbalmente (confesamos) las Escrituras para que se activen y sean eficaces.

6. Impóngales las manos y bendígalos (Mateo 19:13).

> Traían a él los niños para que los tocase; lo cual viendo los discípulos, les reprendieron. Mas Jesús, llamándolos, dijo: Dejad a los niños venir a mí, y no se lo impidáis; porque de los tales es el reino de Dios.
>
> —Lucas 18:15–16

La tradición judía de que una persona recta bendiga a un niño la practicó Cristo a lo largo de su ministerio. En la fe judía, el día de reposo comienza con la puesta de sol del viernes (cerca de las 6:00 p.m.). Cada viernes por la noche, el padre devoto impone sus manos sobre sus hijos para bendecirlos. Esta costumbre proviene de la bendición de Jacob sobre Efraín y Manasés (Génesis 48). Como cristiano, usted puede seguir el ejemplo de Jacob y bendecir a sus hijos cada semana durante el día de reposo judío o el tradicional día de reposo cristiano.

7. Consiga que hombres y mujeres de Dios bendigan a sus hijos.

De niño, muchos grandes hombres y mujeres de Dios ministraron en las iglesias de mi papá. Siempre estaba asombrado por sus sorprendentes testimonios e historias para edificar la fe. También estuve bajo grandes carpas y fui testigo de cómo los hombres de Dios oraban por los que tenían alguna necesidad y puedo recordar la emoción que cargaba la atmósfera. Cuando estas personas oraban por nosotros, yo experimentaba una *carga* espiritual y emocional que todavía recuerdo. Hay una reacción celestial por medio de la oración y se libera autoridad espiritual por medio del poder de la bendición. Al estar en la presencia de los grandes siervos de Dios y los que llevan la presencia de Dios en su vida, pídales que oren por sus hijos de la misma manera que Cristo oró por los niños con los que se encontró.

SECRETOS JUDÍOS PARA INSTRUIR A LOS NIÑOS

La mayoría de los cristianos conocen el versículo: "Instruye al niño en su camino, y aun cuando fuere viejo no se apartará de él" (Proverbios 22:6). La noción occidental de instruir a un niño incluye instrucciones y enseñanzas verbales mezcladas con corrección según sea necesario. El verbo hebreo traducido como "instruir" es *chanak* y se ha convertido en parte de la terminología contemporánea hebrea para el aprendizaje. En la actualidad *chinuch* significa "educación" y *mehannekh* hace referencia a un educador. La palabra hebrea para *niño* es *na'ar* y se puede referir a la edad entre la niñez y la madurez.[19]

La Torá instruye a los padres a enseñar las palabras de Dios a sus hijos y a sus nietos (Deuteronomio 4:9; 6:7). El Talmud revela la importancia de que el padre le enseñe a su hijo a decir: "El padre está obligado por respeto a su hijo a circuncidarlo [...] enseñarle la Torá, tomar una esposa para él y enseñarle un oficio" (El Talmud, Kiddushin 29a). En el antiguo Israel, los hombres eran los líderes espirituales en casa y los proveedores para sus familias. Los sacerdotes eran los líderes espirituales en el templo que diariamente practicaban los aspectos *ceremoniales* y ofrecían *los sacrificios* ordenados por la ley para y de parte del pueblo. Los profetas enseñaban las instrucciones reveladas de Dios, pronunciaban bendiciones por la obediencia y advertían de juicios inminentes en caso de que la nación rechazara los mandamientos morales, sociales y judiciales. Los padres judíos de las doce tribus de Israel criaban a sus familias para que siguieran todos los aspectos de los mandamientos de Dios con el fin de asegurar el favor continuo de Dios. La enseñanza comenzaba a una edad temprana.

Desde una perspectiva hebrea, *instruir* a un niño es más que enseñarle consistentemente a los niños lo bueno y lo malo. Cada niño nace con una personalidad distinta, con ciertos dones internos y habilidades que son únicos como las huellas digitales individuales del niño. A medida que los niños crecen de bebés a niños, de niños a adolescentes, y de adolescentes a jóvenes adultos, los padres deben discernir las *inclinaciones* y posibles *talentos* dentro de la personalidad de ellos, para conectarlos con las posibilidades en que Dios pueda usarlos (y los use) para cumplir su destino particular.

La Escritura nos dice: "Deléitate asimismo en Jehová, y él te concederá las peticiones de tu corazón" (Salmos 37:4). Tradicionalmente, esto ha sido interpretado como: "Lo que sea que deseemos, Dios nos lo dará". Sabemos que Dios responde la oración y concede peticiones (Juan 14:13; 16:23). Sin embargo, otra manera de interpretar Salmos 37:4 es que Dios da o coloca en nuestro corazón ciertos deseos que él quiere que cumplamos. Los adolescente cristianos muchas veces piden en oración que se haga la voluntad de Dios en su vida. Yo contesto: "¿Qué es lo que sientes en lo profundo de tu espíritu que es lo que quieres hacer?". Después de que responden la pregunta, respondo: "Entonces prepárate para hacerlo".

Su preocupación es: "¿Y si eso no es lo que Dios quiere?".

Mi respuesta es: "¿Quién crees que te dio el *deseo* que está en tu corazón y la inclinación hacia ese talento o carrera en particular? Dios te dio esos deseos, y Dios te va a ayudar a cumplirlos". Estas inclinaciones comienzan temprano en la vida, y del mismo modo de deben dirigir desde el principio.

Dulce como la miel

Dios llamó a la Tierra Prometida la tierra donde fluye leche y miel, que es una referencia a la riqueza de la tierra y a la expresión hebrea para prosperidad. El Misná Rabba dice que el estudio de la Torá se compara a leche y miel, ya que la Palabra es más dulce que la miel (Salmos 19:10). Juan el Bautista comía "miel silvestre" (Marcos 1:6). Era una costumbre árabe untarle pasta de dátil en el paladar a los bebés. El famoso reformador protestante del siglo XVI, Juan Calvino, menciona una costumbre en la que los judíos tomaban miel y la untaban en el paladar de los recién nacidos.[20] Según la tradición rabínica, el primer día de clases se le muestra al niño una pizarra con dos versículos de la Escritura: Levítico 1:1 y Deuteronomio 33:4, junto con las letras del alfabeto y un enunciado: "La Ley será mi llamado". El profesor lee las palabras y el niño las repite. Acto seguido el profesor unta la pizarra de miel y lame la miel enfrente de los niños (Ezequiel 3:3). Después de esto a cada niño se le dan pastelillos con versículos.[21] Hay 613 mandamientos en la Torá que los judíos devotos deben seguir, y los rabinos no quieren que los niños vean la ley de Dios como algo lleno de advertencias negativas y mandamientos. Quieren que las mentes tiernas de los niños perciban que la ley es dulce. Este "sermón" ilustrado produce una impresión duradera en la mente de los muchachos.

Los métodos judíos de enseñanza

Hay varios métodos desarrollados en el proceso judío de enseñanza que, en mi opinión, son eficaces para ayudar a un niño o a un muchacho a retener conocimiento. Yo divido estos métodos en cuatro categorías; cada una influencia una parte distinta de la persona. Los cuales son:

1. *Visual*: conocimiento recibido por medio de ilustraciones visuales.
2. *Repetitivo*: conocimiento recibido a través de repetir información.
3. *Cantos*: conocimiento recibido por medio de la repetición de tonos musicales.

4. *Musical*: conocimiento recibido por medio de cantar canciones.

Enseñanza visual

El judaísmo es una religión que utiliza objetos religiosos como ayudas visuales para ilustrar su fe. Los postes de las puertas de un hogar judío están marcadas con una mezuzá (vea el capítulo 8). Por lo tanto, un judío no puede entrar o salir de casa sin que se le recuerde su compromiso para obedecer la Palabra de Dios y criar a su familia en el conocimiento de la Torá. Los hombres judíos en Israel oran en el Muro Occidental y en sinagogas alrededor del mundo utilizando un manto de oración llamado *talit* que tiene un diseño especial. El talit tiene una historia extraordinaria, rica en simbolismos. El color azul de las franjas (llamadas *tzitzits*), y el número de nudos en las cuatro esquinas tienen un significado espiritual. El talit se le entrega al hijo a los trece años, al un yerno el día de su boda y, en ocasiones, el estudiante lo recibe de su profesor. Los hombres judíos además llevan los *tefilín*, también llamados *filacterias*. Estas son un par de cajas negras de piel que contienen pequeños pergaminos y que están cosidas a una tira de cuero que se enrolla en el brazo derecho comenzando desde los dedos y la mano. La caja se coloca sobre la frente y debe llevarse en la mañana durante las oraciones matutinas de la semana. Este concepto se basa en el mandamiento de "atarse" las Palabras de Dios: "Y las atarás como una señal en tu mano, y estarán como frontales entre tus ojos" (Deuteronomio 6:8).

Estos artículos religiosos son estrictamente judíos y los distingue como "el pueblo escogido" (Deuteronomio 7:6). Las fiestas anuales también son llamadas *mensajes ilustrados*. Durante la Pascua, se colocan en la mesa un plato de *seder* y cuatro copas de vino. El *matzot* (panes sin levadura) era un recordatorio para la nación hebrea de su rápida salida de Egipto. El *maror*, o hierbas amargas, recuerdan la amargura de su esclavitud. Una mezcla especial de nuez, manzana, canela y vino llamada *horoset*, simboliza el alquitrán utilizado para hacer ladrillos en Egipto. El hueso del fémur es un recordatorio visual del cordero del sacrificio que comieron la noche antes de su partida. La pascua es un mensaje ilustrado. Durante Jánuca, se enciende un candelabro de nueve brazos (januquiá) durante ocho noches consecutivas. Cada noche, se vuelve a narrar la sorprendente historia de la limpieza del templo e intercambian regalos. Los niños juegan y la madre prepara comida especial para esta temporada. Nuevamente, la historia más que narrada, es ilustrada.

Cristo utilizó el método visual en sus enseñanzas, muchas de las cuales sucedieron al aire libre. Al narrar sus parábolas que trataban acerca de ovejas y cabritos, trigo y cizaña, y hombres plantando la Palabra de Dios, se encontraba rodeado de las mismas cosas de las que estaba hablando. Cuando se le hacía una pregunta, a menudo ilustraba la respuesta. Cuando se le preguntó acerca de los niños, colocó a un niño en medio de las personas, y cuando se le cuestionó acerca de los impuestos, solicitó una moneda para ilustrar la ley de pagar impuestos (Marcos 9:36; 12:13-17).

Enseñanza repetitiva

Una persona pueda usualmente retener información si la repite siete veces. Cuando Jesús les enseñaba a las multitudes decía: "Otra vez os digo [...]" (Mateo 19:24). En la Torá, Dios continuamente le recordaba a Israel que no se olvidara de su ley una vez que entrara a la Tierra Prometida (Deuteronomio 4:9, 23, 31). Mi hijo y mi hija aprendieron el alfabeto citando un versículo que comenzara con una letra del alfabeto como: A: "Así alumbre vuestra luz delante de los hombres, para que vean vuestras buenas obras" (Mateo 5:16); B: "Bienaventurado el hombre que tiene en ti sus fuerzas" (Salmos 84:5); y así. Me sorprendió la velocidad con la que pudieron aprender el alfabeto y la Escritura.

Cantos y canciones

Cuando la Torá es leída en la sinagoga, un cantor (*hazzan* en hebreo) canta una oración melodiosa y hace un canto con una rima de la Torá. Cinco veces al día, los musulmanes alrededor del mundo escuchan oraciones desde la mezquita pronunciadas a manera de canto. Los salmos originalmente se cantaban y no solamente se leían. Puedo tomar un poema de diez líneas, repartirlo entre cien personas y pedirles que se lo aprendan y que lo digan en diez minutos. Algunos pueden y otros tropiezan. Si al mismo poema se le pone música, la mayoría lo puede cantar de memoria en diez minutos. ¿Recuerda la canción del abecedario que se cantaba en el jardín de niños: "A, B, C, D, E, F, G [...]"? El conocimiento es más fácil de recordar cuando se le pone música y se canta. Creo que eso sucede porque en el caso del conocimiento sin música primero pasa por la mente, y luego se vuelve parte del espíritu. Por otro lado, la música nos mueve de dentro hacia fuera. La música se mueve desde la parte interna de la persona, el espíritu, hacia afuera como se puede ver cuando David le tocaba el arpa a Saúl y era liberado de un espíritu malo (1 Samuel 16:23).

La música y las canciones son partes importantes de la adoración judía en la actualidad, como en la adoración judía antigua. La Torá registra el cántico de victoria de Moisés (Éxodo 15) y un himno profético a la conclusión del ministerio de Moisés (Deuteronomio 32). Las Escrituras indican que Déborah y Barak cantaron en la derrota de los cananeos (Jueces 5). David era un arpista experto y muchas veces era llamado el dulce cantor de Israel (1 Samuel 16:16–17). Salomón escribió miles de proverbios y compuso mil cinco canciones (1 Reyes 4:32). El tabernáculo de David era una tienda en la que había adoración continua a Dios (1 Cronicas 15:1), y el templo de Salomón estaba lleno de música y cantos, incluyendo a ciento veinte trompeteros (2 Crónicas 5:12). Los instrumentos incluían trompetas, arpas y liras que se mezclaban con los rituales diarios de la casa de Dios.

En Israel, se me dijo que la repetición musical era el método por medio del cual los antiguos profetas enseñaban a sus estudiantes en las escuelas de los profetas (2 Reyes 2:3-7). La clase se dividía a la mitad, mientras un grupo cantaba las Escrituras, el segundo grupo repetía las palabras mediante cantos o canciones.

Tres lugares para cantar

En los primeros días de Israel había tres lugares en los que se podía escuchar el sonido del canto: en el hogar, en la sinagoga y en el templo. El hogar era el lugar para las oraciones diarias, la sinagoga tenía adoración semanal, y el templo era el sitio de las reuniones anuales cuando todos los hombres mayores de veinte viajaban a Jerusalén tres veces al año. En casa, se cantaban himnos, como lo ilustra la ocasión en que Cristo cantó con sus discípulos después de cenar (Marcos 14:26). En la sinagoga, el cantor dirigía el canto cuando se leía la Torá y en el templo, los sacerdotes dirigían los coros de levitas en alabanza. Después del 70 a. D. la mesa de la cena se convirtió en el altar del templo. Una vez a la mesa, la familia cantaba canciones (*zimrot*) imitando los coros del antiguo templo.

Pablo menciona que los creyentes deberían estar "hablando entre vosotros con salmos, con himnos y cánticos espirituales, cantando y alabando al Señor en vuestros corazones" (Efesios 5:19). Los salmos eran palabras acompañadas de instrumentos de música, los himnos son canciones de alabanza a Dios y los cánticos espirituales son canciones que el Espíritu Santo hace surgir de nuestro corazón. El Nuevo Testamento revela tres lugares donde se debe cantar:

1. En el hogar: En el primer siglo, la adoración se llevaba a cabo en los hogares de los creyentes (Filemón 2). Estas fueron las primera iglesias

2. En la iglesia: Los creyentes se unían semanalmente para tener convivencia, estudiar y adorar (Hechos 20:7).

3. En el templo celestial: En 70 a. D., el templo judío en Jerusalén fue destruido. Sin embargo, Juan vio un templo celestial con veinticuatro ancianos y ciento cuarenta y cuatro mil judíos de las doce tribus tocando arpas y cantando un cántico nuevo (Apocalipsis 4:19; 14:1-3).

Las canciones hebreas se enfocan en Dios: su poder, majestad, misericordia y capacidad. Las canciones se basan en las muchas historias de la Torá y los Profetas.

Cabe señalar que la oración judía es más adoración que hacerle peticiones a Dios por necesidades a cubrir. "La canción es crucial para una comprensión correcta de la oraciones judías. Como Herschel observó: 'No malentendamos la naturaleza de la oración, particularmente en la tradición judía. El propósito principal de la oración no es hacer una petición. El propósito principal es alabar, adorar y cantar. Cómo la esencia de la oración es la canción, el hombre no puede vivir sin una canción'".[22]

Tengo discos de música cristiana en nuestro hogar, en ambos vehículos y en mi oficina. Los estudios han indicado que cuando los niños escuchan música, son capaces de ejecutar habilidades computacionales cognitivas, como resolver rompecabezas matemáticos por computadora con mayor rapidez.[23] Otros estudios han mostrado que pasar 30 minutos al día escuchando música tiene un efecto benéfico en la presión sanguínea.[24] Algunas investigaciones incluso han demostrado que escuchar música clásica de autores como Mozart puede incrementar los puntajes de CI.[25]

El poder de la música inspirada como los himnos y los cánticos espirituales, no solamente edifican y levantan el espíritu de una persona, sino que pueden aliviar las emociones y la angustia o estrés espiritual. David probó esto cuando tocaba el arpa y el rey Saúl quien era mentalmente atormentado era refrescado y restaurado (1 Samuel 16:23).

CUMPLA CON SUS CICLOS DE VIDA

Salmos 90:12 dice: "Enséñanos de tal modo a contar nuestros días, que traigamos al corazón sabiduría". Todas los seres vivos se mueven en ciclos. La luna experimenta cuatro ciclos, que marcan un mes. La tierra rodea al sol en 365.25 días, haciendo un año. Así como la tierra experimenta cuatro estaciones distintas —primavera, verano, otoño e invierno— nuestra vida se mueve de la juventud de la primavera, al crecimiento del verano, a la madurez del otoño y a los últimos días de nuestra existencia representados por el invierno.

Cada ciclo de vida humano tiene un nuevo nivel de madurez y responsabilidad espiritual. La madurez espiritual no se transmite automáticamente al nacer, sino que se enseña por el ejemplo, la instrucción de la Palabra y la oración. Por eso es que Pedro escribió que los creyentes deberían: "Antes bien, creced en la gracia y el conocimiento de nuestro Señor y Salvador Jesucristo" (2 Pedro 3:18). Pida en oración que usted y sus hijos cumplan todos sus días, cada uno de ustedes llenando su ciclo de vida en específico y su destino.

■ ■ ■ ✡ ■ ■ ■

LO QUE *Dios* SABÍA

Siendo el Creador, Dios comprendía el desarrollo físico, emocional y espiritual de cada ser humano, e inicio marcos específicos de tiempo para ciclos de vida especiales, dándole a cada persona la oportunidad de aprender, madurar y experimentar un nuevo nivel de gracia y bendición. Dios tenía el propósito de que celebráramos estos ciclos de vida y afirmáramos a cada persona en la fe y les diéramos aliento.

LO QUE LOS *judíos* DEVOTOS SABEN

La instrucción del niño comienza temprano en la vida. Los principales ciclos de la vida para un niño varón: ocho días, trece años, veinte años, treinta años y el matrimonio; son temporadas significativas que deben celebrarse. La vida es una celebración, desde el nacimiento hasta el día de nuestra partida.

LO QUE LOS *cristianos* DEBERÍAN SABER

Los creyentes debemos comprender el significado es estos importantes ciclos de vida y poner énfasis especial en estas épocas y celebraras con una fiesta.

1. Ocho días después de nacido

A los gentiles no se nos requiere que circuncidemos a nuestros hijos excepto por posibles razones de salud. No obstante, los ocho días después del nacimiento del hijo deberían ser marcados como un momento especial de agradecimiento a Dios, en el que organicemos una comida con la presencia de familiares y amigos.

De seguir el patrón judío, el bebé debe ser presentado aproximadamente a los treinta días. Para ese tiempo, el bebé ya se ajustó físicamente a estar en el mundo y a escuchar la voz de los demás.

2. A los trece años

Es posible que esta sea la edad de la responsabilidad, y es importante honrar este tiempo de entrar a la adultez con una celebración, y no con la actitud de: "A partir de ahora estás a tus propias expensas... es momento de madurar... ya no eres un niño". Los padres cristianos pueden arreglar una ceremonia especial y una comida en casa o reservar un salón privado para la familia y los amigos, y celebrar.

- Que los amigos le lean cartas en las que expresen lo que su hijo o hija significa para ellos.

- Mamá y Papá deben darle palabras de afirmación a su hijo en público sin llegar a avergonzarlos (ya son adolescentes).

- Obséquienles una Biblia especial de estudio para honrar su nueva entrada a la adultez.

- Regáleles un artículo (posiblemente firmado) de parte de la persona que más admiran o respetan.

- Que un líder espiritual al que amen o respeten esté presente para pronunciar una bendición del favor de Dios sobre ellos.

- Comience a tratarlos con respecto y a darles responsabilidades que nunca hayan tenido antes.

3. A los veinte años

A los veinte, ha llegado una nueva madurez. Ya no son adolescentes sino han entrado a un nuevo nivel en sus emociones, su intelecto y sus decisiones.

- Para su hija organice un evento solamente para mujeres.

- Para su hijo organice un evento solamente para hombres.

4. A los treinta

Este es un momento significativo de madurez en la vida del hombre o de la mujer por lo que hay que marcarlo con una celebración. Todos pueden recordar el sentimiento de llegar a los treinta. Para algunos, los introduce a la realidad de que están envejeciendo. En lugar de que sea un "momento depresivo" debemos recordar que el ministerio de Jesús comenzó a los treinta años y que los sacerdotes comenzaban a ministrar en el templo a esa edad. ¡Los treinta son una buena edad!

5. El matrimonio

La mayoría de las parejas cristianas que se preparan para el matrimonio tienen sus propias costumbres y tradiciones para esta hermosa celebración que cambiará su vida. Algunas parejas ahora le piden a los rabinos mesiánicos que pronuncien una bendición especial en hebreo durante la ceremonia. Otros simplemente piden que los bendigan con la bendición sacerdotal de Números 6:24-26, que fue, y sigue siendo, pronunciada sobre Israel.

> Jehová te bendiga, y te guarde;
> Jehová haga resplandecer su rostro sobre ti,
> y tenga de ti misericordia;
> Jehová alce sobre ti su rostro,
> y ponga en ti paz.

Los creyentes siempre deben celebrar la vida, del *vientre* a la *tumba*, de la concepción a que entremos en la eternidad y a nuestro hogar eterno. Entonces se puede decir: "Estimada es a los ojos de Jehová la muerte de sus santos" (Salmos 116:15).

Capítulo 6

LOS NOMBRES SON PROFÉTICOS Y PUEDEN REVELAR EL DESTINO DE UN NIÑO

CÓDIGO 6:
El nombre que le ponga a sus hijos es importante

Y el varón le dijo: No se dirá más tu nombre Jacob, sino Israel; porque has luchado con Dios y con los hombres, y has vencido.

—GÉNESIS 32:28

DESDE EL TIEMPO DE ABRAHAM, AL NACER un niño hebreo, el elemento más importante del suceso era el *significado* del nombre dado al bebé por el padre o ambos padres. La circuncisión demostraba la inclusión al pacto judío, pero el nombre del niño muchas veces se identifica con su destino profético o con el propósito de Dios en su vida. Los nombres pueden estar vinculados a un evento en particular en la vida de los padres o a una circunstancia inusual en el nacimiento del niño. El significado del nombre era sumamente importante para los antiguos hebreos, y todavía lo es para las familias judías en la actualidad.

LA COMPETENCIA ENTRE DOS PROCREADORAS DE BEBÉS

Jacob tenía dos esposas, Raquel y Lea. Raquel no podía concebir. No obstante, Lea era bastante fértil. ¡Cuando Lea no estaba dando a luz, su sierva y la de Raquel llenaban el hueco! Era como tener una competencia de procreación para ver cuál esposa podía acumular más partos. El proceso concluyó con doce hijos, a los que se les dieron nombres específicos que los identificaban en su personalidad y de manera profética.

LOS HIJOS DE JACOB

Orden de nacimiento	Significado del nombre	Declaración de la madre	Referencia bíblica
Los primero hijos de Lea			
1. Rubén	Ved, un hijo	Ahora me amará mi marido	Génesis 29:32
2. Simeón	Oír	Dios me oyó	Génesis 29:33
3. Leví	Unido	Mi marido se unirá conmigo	Génesis 29:34
4. Judá	Alabado	Alabaré al Señor	Génesis 29:35
Los hijos de Raquel a través de su sierva Bilha			
5. Dan	Juez	Me juzgó Dios y me oyó	Génesis 30:6
6. Neftalí	Luchas	Con luchas de Dios he contendido	Génesis 30:8
Los hijos de Lea a través de su sierva Zilpa			
7. Gad	Una tropa	Una tropa viene	Génesis 30:11
8. Aser	Feliz	Las mujeres me dirán dichosa	Génesis 30:13
Los otros hijos de Lea			
9. Isacar	Contratar	Di mi sierva a mi marido	Génesis 30:18
10. Zabulón	Morada	Ahora morará conmigo mi marido	Génesis 30:20
Los hijos que dio a luz Raquel			
11. José	Añadir	Dios ha quitado mi afrenta	Génesis 30:24
12. Benoni o Benjamín	Tristeza	Dijo el nombre de su hijo al morir en Efrata	Génesis 35:18
	Hijo de mi mano derecha	Nombre dado por Jacob	

Cada uno de los doce hijos recibió un nombre con base en las circunstancias de su nacimiento y las oraciones hechas por su madre.

EL PODER DE UN NOMBRE

El perfil de personalidad de un niño se desarrolla a través del ADN que ambos padres y sus antepasados le transmiten. Sin embargo, el sistema de valores, la autoestima y la afirmación que moldean la manera en que un niño piensa de sí mismo y la manera en que trata a los demás, proviene de las semillas plantadas a lo largo de los años por sus padres o sus familiares. Esto se entiende en la fe judía y es confirmado por medio de la Escritura. Los padres tienen tres responsabilidades al nombrar y disciplinar a un hijo.

1. Seleccionar un nombre que tenga un significado espiritual trascendente y del que el niño pueda estar orgulloso.

2. Alentar y afirmar al niño de manera consistente durante el proceso de instrucción paterna.

3. Determinar las acciones apropiadas para la disciplina con base en la personalidad única de cada niño.

En muchas culturas, antes del nacimiento del niño, los padres se ponen de acuerdo en la selección de un nombre especial. El niño suele llevar el nombre de un amado miembro de la familia, pariente, amigo especial o persona famosa. Los cristianos a menudo seleccionan nombres bíblicos como Abigail, Sara, Marta y María para las niñas y nombres como Timoteo, Pedro, Pablo, Marcos o Lucas para los niños. La lista la encabezan los nombres de personajes bíblicos que hicieron grandes hazañas, aparecen en historias famosas o tienen un alto carácter moral. Pocas veces se seleccionan los nombres de Judas, Ichabod o Betsabé, sin duda por los incidentes negativos vinculados con su vida.

Todos los nombres tienen significado. En ocasiones en la Escritura cuando Dios estaba rectificando el destino futuro de una persona, le cambió el nombre. A Abram le cambió el nombre a Abraham, y a Saraí a Sara (Génesis 17:5, 15). A Oseas del siervo de Moisés le fue cambiado a Josué (Números 13:16). Cristo le cambió el nombre a Simón y le puso Pedro, y a Saulo, Pablo (Mateo 16:18; Hechos 13:9). Uno de los cambios de nombre más notables fue cuando Dios le cambió el nombre a Jacob y lo llamó Israel. El nombre Israel significa: "El que prevalece, o el que gobierna con Dios", haciendo referencia a la manera en que Jacob luchó exitosamente con el ángel (Génesis 32).

Estos cambios de nombre fueron importantes porque el nuevo nombre los identificaba como una persona en pacto con Dios o revelaba un destino profético que Dios había diseñado para su futuro.[1]

El nombre orginal (significado)	El nuevo nombre (significado)
Abram: muchos	Abraham: padre de muchos
Sarai: contenciosa	Sara: dama o princesa
Oseas: salvación	Josué: Dios es salvación
Simón: él ha oído	Pedro: piedrecilla
Saúl: solicitado	Pablo: pequeño; humilde

Génesis 35 ilustra el significado profético del nombre de un hijo. La esposa amada de Jacob, Rebeca, murió al dar a luz un hijo. Mientras entregaba el espíritu, sugirió que le llamaran al bebe *Ben-oni*, que significa: "hijo de mi tristeza". El padre rechazó la sugerencia, y le puso al niño *Benjamín*, que significa: "hijo de mi mano derecha". Jacob no deseaba identificar a su último hijo con la triste muerte de su madre durante su nacimiento.

Ocasionalmente, Dios participaba directamente para escoger el nombre de un niño. En Lucas 1, el ángel Gabriel le dijo a un sacerdote del templo, Zacarías, que tendría un hijo llamado Juan. Nueve meses después la gente comenzó a llamar al recién nacido como su padre. Zacarías se rehusó e insistió en darle a su hijo el nombre revelado por el ángel: el nombre de Juan (Lucas 1:59-63). Al concebir, a María se le informó que el nombre de su hijo debería ser Jesús, o *Yeshua* en hebreo que significaba "salvación" (Lucas 1:31). El nombre de Juan se deriva del nombre hebreo *Yochanan*, que significa "Dios es misericordioso".

En el antiguo Israel, los niños que nacían en momentos de desastre nacional o calamidad muchas veces eran nombrados como recordatorio de esa tragedia. En los días de Elí el sumo sacerdote, el arca del pacto fue capturada, y los dos hijos de Elí, Ofni y Finees, fueron asesinados en batalla (1 Samuel 4:11). La esposa de Finees comenzó con trabajos de parto al escuchar las noticias. Le puso al niño *Ichabod* que quiere decir: *la gloria de Dios se ha ido*, porque el arca de Dios fue capturada (1 Sanuel 4:21).[2]

NOMBRAR A SUS HIJOS

Al seleccionar el nombre de su hijo, los padres deben comprender el significado del nombre. Después del nacimiento de nuestro hijo, mi esposa y yo seleccionamos el nombre de Jonathan que significa: "Jehová ha dado". El segundo nombre de mi hijo es Gabriel, para conmemorar al ángel que anunció el nacimiento de Cristo (¡porque lo trajimos a casa en Navidad!). Doce años antes de que naciera mi hija, la vi en un sueño, y me dijo su nombre: Era Amanda, que significa: "la que debe ser amada". Este fue el nombre que le dimos doce años después del sueño el 2 de agosto de 2001, el día en que nació.

Yo llevo el nombre de mi padre: Perry Stone Sr. Mi abuelo le puso a mi padre el nombre de Perry. Su segundo nombre, Fred, fue a petición del doctor. Mi papá me dijo: "Para cuando llegó el doctor Hatfield, quien tuvo que viajar diez kilómetros sobre setenta centímetros de nieve, yo ya había nacido. El doctor dijo: 'Por todas las dificultades que pasé para llegar aquí, quiero que le pongan al niño como segundo nombre Fred, un actor famoso que me gusta mucho'". Cierta vez investigué el nombre de Perry y encontré el nombre en el texto del Antiguo Testamento. Se escribe *periy*, y significa *fruto* (Proverbios 11:30). Como nuestro ministerio es mundial y estamos viendo el fruto para el Reino de Dios, ¡mi nombre se ajusta a mi destino!

Este concepto de recibir un nuevo nombre no está aislado solamente a la historia bíblica. Una de las bendiciones futuras para los creyentes en el cielo es que todos los creyente recibirán "comer del maná escondido [...] una piedrecita blanca, y [...] un nombre nuevo" (Apocalipsis 2:17). Cuando Cristo regrese como el Rey de reyes a reinar sobre la Tierra, también recibirá "un nombre escrito que ninguno conocía sino él mismo" (Apocalipsis 19:12). ¡Todos entraremos al reino de mil años del Mesías con nombres nuevos!

Seleccionar el nombre apropiado debe ir sazonado con oración e investigación y los padres deben estar de acuerdo. La evidencia bíblica es clara con respecto a que el pueblo judío entendía el significado de los nombres y tenían cuidado de seleccionar nombres que se ajustaran al niño. En las listas que siguen, he escrito algunos nombres y sus significados tanto para hijos como para hijas. Algunos son comunes entre los cristianos y otros entre la comunidad judía. Como podrán ver estos nombres tienen un significado positivo.

NORMES BÍBLICOS PARA NIÑOS

Nombre bíblico o hebreo	Referencia bíblica	Significado
Adán	Génesis 2:19	Hombre, humanidad
Aarón	Éxodo 4:14	Exaltado
Abraham	Génesis 17:5	Padre exaltado
Aser	Génesis 30:13	Feliz, bendecido
Barak	Jueces 4:6	Relámpago
Bernabé	Hechos 13:43	Hijo de consolación
Benjamín	Génesis 35:18	Hijo de mi mano derecha
Booz	Rut 2:1	Rapidez
Dan	Génesis 30:6	Dios es el juez
Daniel	Daniel 1:6	Dios es mi juez
David	Rut 4:22	Amado
Eleazar	Éxodo 6:25	Mi Dios ha ayudado
Elías	1 Reyes 17:1	Mi Dios es Dios
Eliseo	1 Reyes 19:16	Mi Dios es salvación
Enoc	Génesis 5:21	Dedicado
Efraín	Génesis 41:52	Fructífero
Ezequiel	Ezequiel 1:3	Dios fortalece
Gabriel	Daniel 8:16	Dios es mi fuerza
Gedeón	Jueces 6:11	Leñador o cantero
Isaac	Génesis 17:19	Risa
Isaías	2 Reyes 19:2	Dios es salvación
Jacob	Génesis 25:26	El que toma del calcañar
Jafet	Génesis 5:32	Alargado
Jeremías	Jeremías 1:1	Dios ha levantado
Jetro	Éxodo 3:1	Abundancia

Nombre bíblico o hebreo	Referencia bíblica	Significado
Joel	Joel 1:1	Dios es Dios
Juan	Mateo 3:1	Dios es misericordioso
Jonatán	Jueces 18:30	Dios ha dado
José	Génesis 30:24	Él añade
Josué	Deuteronomio 1:38	Dios es salvación
Judá	Génesis 29:35	Alabado
Leví	Génesis 29:34	Conectado, adherido
Mateo	Mateo 9:9	Regalo de Dios
Miguel	Daniel 12:1	Quién es como Dios
Natán	2 Samuel 5:14	Regalo, dador
Nehemías	Nehemías 1:1	Consolado por Dios
Noé	Génesis 5:29	Descanso, consuelo
Abdías	1 Reyes 18:3	Siervo de Dios
Filemón	Filemón 1	Afectuoso
Felipe	Hechos 6:5	Amigo de caballos
Rubén	Génesis 29:32	Ved, un hijo
Samuel	1 Samuel 1:20	Dios ha escuchado
Set	Génesis 4:25	Lugar, señalado
Simeón	Génesis 29:33	Dios ha escuchado
Salomón	1 Reyes 1:30	Paz
Esteban	Hechos 6:5	Corona
Tomás	Juan 20:27	Gemelo
Timoteo	1 Timoteo 1:2	Honrar
Zacarías	Zacarías 1:1	Recordar a Dios

NORMES BÍBLICOS PARA NIÑAS

Nombre bíblico o hebreo	Referencia bíblica	Significado
Abigail	1 Samuel 25:3	Mi padre es gozo
Ana	Lucas 2:36	Gracia
Berenice	Hechos 25:13	La que tiene la victoria

Nombre bíblico o hebreo	Referencia bíblica	Significado
Betania	Mateo 21:17	Casa de higos
Beula	Isaías 62:4	Desposada
Débora	Jueces 4:4	Abeja
Elisabet	Lucas 1:41	Mi Dios es un juramento, abundancia
Ester	Ester 2:7	Posiblemente signifique estrella en persa
Eunice	2 Timoteo 1:5	Buena victoria
Eva	Génesis 3:20	Respirar, o vivir
Hadasa	Ester 2:7	Arrayán
Ana	1 Samuel 1:2	Misericordiosa, llena de misericordia
Jemima	Job 42:14	Paloma
Juana	Lucas 8:3	Dios es misericordioso
Judit	Génesis 26:34	Judía
Cétura	Génesis 25:1	Incienso
Lidia	Hechos 16:14	De Lidia
Marta	Lucas 10:38	Señora de la casa
María	Mateo 1:20	Mi amador, mi amor
Miriam	Éxodo 15:20	Una forma de María (ver arriba)
Moriah	Génesis 22:2	Visto por Dios
Naama	1 Reyes 14:31	Agradable
Noemí	Rut 1:2	Placentera
Ofra	1 Reyes 4:14	Cervatillo
Priscila	Hechos 18:2	Antigua
Raquel	Génesis 29:6	Oveja, la hija
Rhoda	Hechos 12:13	Rosa
Rizpa	2 Samuel 3:7	Carbón, piedra caliente
Rut	Rut 1:4	Amiga
Salomé	Marcos 16:1	Paz
Safira	Hechos 5:1	Zafiro
Sara	Génesis 17:15	Princesa, noble

Nombre bíblico o hebreo	Referencia bíblica	Significado
Sarón	Cantares 2:1	Una planicie fértil
Seba	1 Reyes 10:1	Juramento
Súa	1 Crónicas 7:32	Riqueza
Susana	Lucas 8:3	Lirio, rosa
Tabita	Hechos 9:36–43	Gacela
Tamar	Génesis 38:6	Palmera
Céfora	Éxodo 2:21	Ave

LAS PALABRAS QUE DECIMOS

Afirmar positivamente a un niño es importante para su desarrollo mental y emocional. La afirmación es un reconocimiento a que el niño esté estudiando, tomando buenas decisiones y siguiendo instrucciones apropiadamente. La afirmación se realiza con palabras. De acuerdo con los ejemplos de la Torá, una vez que una bendición salía de la boca de una persona justa, la bendición solamente podría ser revertida si el pueblo (o la nación) caían en pecado o en desobediencia a Dios. Por ejemplo, cuando Balac, el rey de Moab, contrató al vidente Balam para pronunciar una maldición sobre la nación de Israel, Balaam abrió su boca para maldecir, pero de su boca fluyó una bendición profética del favor de Dios. Cuando Balac solicitó que Balam revirtiera la bendición, el viejo profeta dijo:

He aquí, he recibido orden de bendecir; el dio bendición, y no podré revocarla.

—NÚMEROS 23:20

¡Balam y otros descubrieron que no se puede bendecir lo que Dios ha maldecido, y no se puede maldecir lo que Dios ha bendecido! Proverbios 18:21 nos dice: "La muerte y la vida están en poder de la lengua, y el que la ama comerá de sus frutos". Salomón menciona la "lengua" diecinueve veces en Proverbios. Revela que las palabras sanas son vida y bendición, pero que las palabras negativas, mentirosas provocan ruina y aflicción al alma (Proverbios 26:28).

En el Nuevo Testamento se nos instruye a que "vuestro sí sea sí, y vuestro no sea no" (Santiago 5:12). Cuando alguien pide su opinión, muchas veces es fácil decir todo lo que usted sabe acerca de una persona o situación. Frases como: "Ya supiste que...", o: "Ya te enteraste lo último de...", o: "¿Y que has escuchado de..." comúnmente se dicen entre ministros mientras *tienen comunión* tomando un café. Recuerdo hace algunos años que escuché que un ministro amigo nuestro había caído en inmoralidad en un momento de debilidad. Como habíamos sido ordenados en la misma denominación, sabía que se mencionaría su nombre entre grupos de ministros. El Espíritu Santo me dijo: "No quiero que digas una sola palabra acerca de este hombre [...] ni siquiera participes en una conversación sobre él. Él me ha pedido perdón y está pasando por un proceso de restauración. ¡Deja el asunto entre él y Yo!". Desde ese momento, me rehusé a escuchar, repetir u oír nada con respecto a este hombre. Mi conciencia estaba clara con respecto a Él y a Dios.

LAS ACCIONES QUE REALIZAMOS

Noé tenía tres hijos: Sem, Cam y Jafet (Génesis 6:10). Mientras Noé estaba construyendo el arca para salvar a su familia del diluvio que se aproximaba, Dios le dio esta promesa:

> Mas estableceré mi pacto contigo, y entrarás en el arca tú, tus hijos, tu mujer, y las mujeres de tus hijos contigo.
>
> —GÉNESIS 6:18

Noé entendió que la voluntad de Dios era la preservación de toda su familia y no solamente de sí mismo. Los tres hijos y sus esposas estaban predestinados a repoblar la tierra después del diluvio. Cuando vino el tiempo del diluvio, Dios ordenó: "Entra tú y toda tu casa en el arca" (Génesis 7:1). Después de pasar más de un año en su zoológico flotante "se acordó Dios de Noé, y de todos los animales" (Génesis 8:1). Al salir del arca "bendijo Dios a Noé y a sus hijos, y les dijo: Fructificad y multiplicaos, y llenad la tierra" (Génesis 9:1). Esta bendición le fue impartida a Noé y a sus tres hijos.

Después, Noé plantó una viña y se emborrachó con el vino. Está escrito que Cam "vio la desnudez de su padre" (v. 22). Sin embargo, Sem y Jafet caminaron de espaldas en la tienda para cubrir a su padre. De chico solía escuchar a la gente enseñar que Dios había maldecido a Cam por lo que hizo. No hay lugar en el registro bíblico de que Cam haya sido maldecido. De hecho dice:

> Maldito sea Canaán; siervo de siervos será a sus hermanos.
>
> —GÉNESIS 9:25

¿Por qué fue maldecido Canaán y no Cam? Canaán era el más joven de los cuatro hijos de Cam (Génesis 10:6). Cuando Noé maldijo a Canaán, ¿por qué no maldijo también a los otros tres hijos de Cam? La respuesta es que es probable que de hecho Canaán haya pecado con Noé mientras estaba borracho. Sabemos que Canaán se estableció en la Tierra Prometida antes de la llegada de Abraham y fue el padre de numerosas tribus que también vivieron en esa región.

El punto es que Cam nunca fue maldecido, ¡porque Cam había sido bendecido por Dios! Sin embargo Canaán, colocó una maldición terrible sobre sus descendientes a causa del pecado que cometió y la maldición bajo la que vivió. Las acciones de los padres pueden afectar a las generaciones futuras.

PRESERVAR SU NOMBRE

Proverbios 22:1 dice: "De más estima es el buen nombre que las muchas riquezas, y la buena fama más que la plata y el oro". Salomón escribió: "Mejor es la buena fama que el buen ungüento; y mejor el día de la muerte que el día del nacimiento" (Eclesiastés 7:1). Su carácter, palabras, acciones, ética de trabajo y la manera en que trate a los demás afecta su nombre. Cuando escucho el nombre *Judas* pienso en un traidor. El nombre *Coré* me recuerda la rebelión, y el nombre *Jezabel* me trae una imagen de una mujer controladora y egoísta.

Al guardar sus palabras y acciones, puede proteger su buen nombre. Al darle a su hijo un nombre lleno de significado, puede ayudar a orientarlo hacia un destino futuro, lleno de expectativas y emoción.

LO QUE *Dios* SABÍA

El significado de los nombres es sumamente importante para Dios, y muchas veces el destino de una persona está ligado al significado del nombre. José tuvo dos hijos en Egipto: Efraín y Manasés. El nombre *Manasés* le fue dado porque Dios le había hecho olvidar a José todo su trabajo. *Efraín significa*: "Dios me ha hizo fructificar" (Génesis 41:51-52). Estos hijos indicaron un nuevo comienzo para José. Los nombres de los creyentes redimidos son escritos en un libro en el cielo, y Dios nos ha prometido un nuevo nombre en el cielo (Apocalipsis 2:17). Si los nombres son importantes para Dios, entonces los nombres y su significado deberían ser importantes para nosotros.

LO QUE LOS *judíos* DEVOTOS SABEN

Los judíos devotos entienden la importancia de dar un nombre lleno de significado a sus hijos. Tradicionalmente, el nombre de un hijo no se revela sino hasta el día de su circuncisión. El anuncio es altamente esperado y muchas veces acompañado de lágrimas y regocijo cuando se anuncia el nombre del hijo delante de la familia y los amigos.

LO QUE LOS *cristianos* DEBERÍAN SABER

Las Escrituras indican que debemos nombrar de una manera adecuada a nuestros hijos, instruirlos en los caminos de Dios, orar por ellos y bendecirlos con nuestras palabras por medio de la imposición de manos. El proceso es una progresión que planta las semillas del crecimiento espiritual en la mente y el espíritu de nuestros hijos. Cuando crezcan, no se desviarán de lo que usted haya plantado en ellos.

Capítulo 7

SECRETOS BÍBLICOS PARA LA MUJER QUE QUIERE TENER UN HIJO

CÓDIGO 7:
Dios puede hacer que el vientre estéril se regocije

El hace habitar en familia a la estéril, que se goza en ser madre de hijos. Aleluya.

—SALMOS 113:9

A NIVEL MUNDIAL, UNA DE CADA SEIS PAREJAS tiene dificultades para tener hijos.[1] La infertilidad, definida como la incapacidad biológica de concebir tiene varias causas; algunas relacionadas con el hombre y otras relacionadas con el cuerpo de la mujer. Para cualquier pareja joven que desea fuertemente tener hijos, el vientre estéril muchas veces es un misterio inexplicable. Los padres esperanzados no obstante viven continuamente preguntando: "¿Por qué nosotros no, Señor?". ¡Según las Escrituras, hay una promesa de que el vientre estéril producirá hijos!

La nación hebrea nació de la esterilidad. No solamente el desierto estéril y vacío floreció como una rosa (Isaías 35:1), sino que la semilla del árbol genealógico de la familia de Israel fue plantada por hijos cuyas madres eran estériles. Los primeros tres patriarcas fueron Abraham, Isaac y Jacob. La esposa de Abraham, Sara, tenía noventa años sin haber podido tener hijos (Génesis 11:30). El hijo de Abraham, Isaac, se casó a los cuarenta años (Génesis 25:20), sin embargo, su esposa Rebeca era estéril (v. 21). El hijo de Isaac, Jacob, estuvo casado durante muchos años, y su esposa favorita, Raquel, no podía concebir (Génesis 29:31). De repente sucedió un milagro de concepción en los vientres de Sara, Rebeca y Raquel.

Sara dio a luz a Isaac, Rebeca a Jacob y el primer hijo de Raquel fue José. Estos tres hombres: Isaac, Jacob y José; fueron las piedras angulares para edificar una nueva casa espiritual llamada Israel. Sus madres no fueron las únicas tres mujeres en la Biblia cuyos vientre estaban cerrados y que requirieron un milagro especial para tener hijos.

PARTO SOBRENATURAL

Durante el tiempo de los jueces, un ángel visitó a una mujer estéril de la tribu de Dan y le prometió un hijo que debería ser apartado como nazareo (Jueces 13:2-5). Y así fue como el poderoso juez y libertador de Israel, Sansón, nació. Años más tarde, otra mujer estéril llamada Ana, oró sinceramente por un hijo, y el Señor abrió su vientre y le dio a Samuel (1 Samuel 1:20). Antes del nacimiento de Cristo, Elisabet, una mujer de edad avanzada y esposa de un sacerdote del templo llamado Zacarías, había orado durante años por un hijo. El ángel Gabriel visitó al padre en el altar de oro del templo y le anunció que él y su esposa tendrían un hijo llamado Juan, el cual sería primo de Cristo y el precursor que anunciaría la llegada del Mesías (Lucas 1:7, 24).

Cada hijo entró en escena en un momento crucial de la historia de Israel. Sansón nació durante el tiempo del largo sometimiento de Israel a los filisteos (Jueces 14). Samuel fue exaltado cuando Dios quitó de en medio al sacerdocio corrupto de Elí y sus hijos (1 Samuel 3:11-13). Durante el nacimiento de Juan, los rituales del templo se habían vuelto formales y de alguna manera sin sentido para el judío promedio. La *iglesia* de Juan estaba en el desierto, su mensaje era el arrepentimiento y sus convertidos eran judíos insatisfechos con los rituales religiosos carentes de justicia (Mateo 3:1-8). Cada uno de estos hijos del vientre estéril escribió su propio capítulo en el libro del destino de Israel:

- Isaac *transfirió* el destino de la nación cuando la bendición de Esaú fue transferida a Jacob.

- Jacob *transportó* a la nación al mudarla de Canaán a vivir en Egipto.

- José *trasplantó* a la nación por medio de reubicarla en Egipto durante una hambruna global.

- Sansón *dejó atónita* a la nación por medio de su fuerza sobrenatural y sus victorias individuales.

- Samuel *revivió* a la nación, trayendo nueva esperanza y vida por medio de su ejemplo y de ungir al rey David.

- Juan el Bautista *preparó la transición* de la era de la ley y los profetas a la era de la gracia y la misericordia.

Las mujeres estériles dieron a luz a seis de los hombres más ilustres en la historia bíblica de Israel. Cada niño llegó en un momento crucial en el reloj del destino de Israel y dejó su marca en el tiempo y la eternidad, salvando, liberando y dirigiendo a su propio pueblo para llevar a cabo la voluntad de Dios en la tierra. Isaac continuó la visión de Abraham por medio de Jacob, y Jacob extendió la promesa de Isaac por medio de sus doce hijos. José preservó a la nación durante la hambruna, y el nombre de Sansón esta en la lista de los hombres y mujeres de fe (Hebreos 11:32) por haber liberado a Israel del sometimiento a los filisteos. Los seis hombres nacieron de madres que oraron por un hijo.

LA PERCEPCIÓN DE LA ESTERILIDAD

Pocas mujeres en la sociedad contemporánea están al tanto del estigma que una vez acompañó a la infertilidad o a la esterilidad. Desde los tiempos bíblicos antiguos, hasta los últimos años del siglo XIX, la mujer estéril cargaba sobre su espalda un estigma social: de alguna manera estaba bajo una maldición de Dios. En la época romana, una mujer estéril era una ofensa en contra del estado. Los antiguos chinos no podían permitir que una mujer estéril muriera en su casa.

Era una costumbre antigua que la mujer estéril ofreciera de manera legal su sierva a su marido para procrear, como se narra en Génesis 29 y 30. En los tiempos de la Biblia, la mujer hebrea estéril era sometida a una gran angustia y aflicción si continuaba siendo estéril. Después de la revelación de la Torá, sabían acerca de las muchas promesas y bendiciones que estaban puestas sobre el hijo primogénito y deseaban que su primer bebé fuera varón (Números 18:15-16).

Siempre me ha intrigado por qué las mujeres estériles de la Biblia siempre dieron a luz un hijo y no una hija. Me he preguntado si los antiguos entendían algo acerca del momento oportuno para la concepción que no comprendemos en la actualidad. ¿Había ciertas cosas que hacían para ayudar a asegurarse de que el bebé fuera un niño y no una niña?

Mi esposa cierta vez me dijo acerca de la teoría de un doctor para tener un niño. El doctor dice que los espermatozoides que llevan el cromosoma Y (un niño) avanzan más rápido que los que llevan el cromosoma X (para niña). El doctor sugiere que para concebir a un niño la pareja debe tener relaciones sexuales no más de veinticuatro horas antes de la ovulación a no más de doce horas después de la ovulación.[2] Algunos doctores creen que tener relaciones sexuales al principio del ciclo menstrual da mayores posibilidades de producir un hijo. Hay una leyenda sobre un antiguo grabado chino encontrado hace más de setecientos años en una tumba real en Pekín, que revelaba que una mujer puede concebir un hijo con base en la edad de la mujer y el mes de la concepción.[3] Otros sugieren que es necesaria la presencia de potasio en el cuerpo de la mujer para concebir un varón.[4] Estoy seguro de que las sugerencias son interminables. No obstante, desde la perspectiva del pacto, la oración y el favor de Dios son las dos claves principales para concebir un hijo.

Hay varias promesas dinámicas en la Torá que las mujeres deben leer y aceptar. Revelan que Dios evitará un aborto y que hará que el vientre estéril conciba. Dar a luz es una parte normal del ciclo de vida humano para la mujer. El Señor dijo:

> No habrá mujer que aborte, ni estéril en tu tierra; y yo completaré el número de tus días.
>
> —Éxodo 23:26

El apóstol Pablo también reveló una promesa especial de protección para la mujer durante el parto:

> Porque Adán fue formado primero, después Eva; y Adán no fue engañado, sino que la mujer, siendo engañada, incurrió en transgresión. Pero se salvará engendrando hijos, si permaneciere en fe, amor y santificación, con modestia.
>
> —1 Timoteo 2:13–15

Estas escrituras no son opiniones humanas sobre el tema, sino que son promesas maravillosas inspiradas por Dios. Los judíos ortodoxos creen en familias numerosas, creen que tener muchos hijos es señal de la bendición de Dios como está escrito:

> Y te amará, te bendecirá y te multiplicará, y bendecirá el fruto de tu vientre.
>
> —Deuteronomio 7:13

> He aquí, herencia de Jehová son los hijos;
> cosa de estima el fruto del vientre.
> Como saetas en mano del valiente,
> así son los hijos habidos en la juventud.
> Bienaventurado el hombre que llenó su aljaba de ellos;
> no será avergonzado
> cuando hablare con los enemigos en la puerta.
>
> —Salmos 127:3–5

Israel era el plan de Dios, la visión de Abraham y el sueño de Jacob, creciendo a partir de los vientres estériles de las tres matriarcas. Cuatrocientos años después de la visión de Abraham, la simiente de un hombre había producido seiscientos mil hombres hebreos de guerra que marcharon a través del Mar Rojo con sus esposas e hijos (Éxodo 12:37). En la actualidad se estima que hay quince millones de judíos en la tierra, con aproximadamente 5.5 millones de judíos viviendo en Israel. ¡Nada mal para un hombre cuya esposa apenas pudo concebir hasta los noventa años!

Los niños, especialmente los varones eran importantes para los antiguos. El apellido y el legado son continuados por medio del hijo. Sin embargo, muchas parejas, estarían felices de solamente escuchar la risa de un recién nacido sin importar que fuera niña o niño, resonando en los pasillos de su hogar. La voz de la infertilidad ha apagado la risa. Las maravillosas noticias son que hay promesas en la Palabra de Dios que revelan que Dios puede hacer que la estéril se regocije y dé a luz, y así lo hará.

CUATRO PROMESAS PARA UNA MUJER ESTÉRIL

La fe judía comprende la importancia de leer, creer y orar las Escrituras. Muchas veces los cristianos leemos un pasaje, pero pocas veces lo confesamos en voz alta o repetimos lo que hemos leído, y rara vez, si es que alguna vez lo hemos hecho, cantamos una promesa de la Palabra de Dios. No obstante Isaías habló acerca de la estéril cantando:

> Regocíjate, oh estéril,
> la que no daba a luz;
> levanta canción y da voces de júbilo,
> la que nunca estuvo de parto.
>
> —ISAÍAS 54:1

¡Como la Biblia revela el pacto de Dios con la humanidad, entonces estas cuatro promesas para una mujer que desea tener hijos deben verse como promesas de pacto, y es necesario que se lean, se declaren, se crean, se canten y se confiesen!

La primera promesa: Dios abrirá el vientre de la mujer estéril

> Y te amará, te bendecirá y te multiplicará, y bendecirá el fruto de tu vientre.
>
> —DEUTERONOMIO 7:13

> Bendito serás más que todos los pueblos; no habrá en ti varón ni hembra estéril, ni en tus ganados.
>
> —DEUTERONOMIO 7:14

> El hace habitar en familia a la estéril, que se goza en ser madre de hijos. Aleluya.
>
> —SALMOS 113:9

Específicamente, Dios promete que no habrá mujer estéril entre los que sigan su Palabra y estén en pacto con Él. David escribió que Dios promete maternidad. Así que pinte el cuarto y compre una cuna. La fe sin obras está muerta, así que deje que el Señor vea su fe en acción.

La segunda promesa: La mujer embarazada no tendrá aborto natural

Millones de mujeres que aman a Dios han experimentado abortos naturales. Esto le pasó a mi propia esposa a los treinta y ocho años. Después de haber perdido al bebé, dijo: "Perry, no creo que pueda volver a embarazarme". Leí Éxodo 23:26 y comencé a declarar y a creer que Pam no abortaría. Meses después se embarazó. El doctor le informó que a su edad el *feto* podría tener daño físico o mental. Comenzamos a confesar y a declarar las promesas de que el vientre estéril se regocijaría y que Dios bendeciría el fruto de su vientre (Deuteronomio 7:13). Hoy en día tenemos una hija bien saludable, inteligente y en constante crecimiento. Yo tenía cuarenta y dos y Pam tenía casi cuarenta cuando nació nuestra hija. ¡Los amigos cariñosamente nos apodaron Abraham y Sara!

La promesa de no tener abortos naturales no es una garantía automática solamente porque esté escrita en las Escrituras. Todas las promesas bíblicas de Dios primero se deben comprender, luego deben creerse y ser confesadas verbalmente para que sean activadas en su situación particular (Mateo 18:19). Se requiere la acción de fe. La fe toma lo invisible y se aferra a ello hasta que lo imposible se vuelve posible.

Tercera promesa: La mujer se salvará en el parto

Antes de revelar en la Torá la promesa de la protección durante el parto, la esposa de Jacob, Raquel, murió en el parto. Esta promesa fue reforzada en el Nuevo Testamento por la promesa de que la creyentes sería librada en el parto (1 Timoteo 2:13-15).

Cuando una mujer entra en trabajo pesado de parto, existe cierto peligro físico. Sin embargo, los creyentes nuevamente deben apropiarse de esta promesa, recordándole a Dios que el niño necesita a su madre y que Él ha prometido reprender a la muerte mientras la mujer pasa por los momentos de trabajo de parto para dar a luz.

Cuarta promesa: El niño será bendecido

La cuarta promesa para los padres es que la voluntad de Dios es bendecir al niño con un buen intelecto, un cuerpo saludable y una inclinación espiritual de seguir a Dios. "Aumentará Jehová bendición sobre vosotros; sobre vosotros y sobre vuestros hijos" (Salmos 115:14).

Se escribió de Sansón: "Y el niño creció, y Jehová lo bendijo" (Jueces 13:24). Leemos de Juan el Bautista: "Y el niño crecía, y se fortalecía en espíritu" (Lucas 1:80). De Cristo leemos que: "Y el niño crecía y se fortalecía, y se llenaba de sabiduría; y la gracia de Dios era sobre él" (Lucas 2:40).

¡Como usted es un fruto espiritual de la simiente de Abraham, sus hijos también serán bendecidos!

EL SECRETO DE ORAR PARA TENER UN HIJO

Si usted tiene un fuerte deseo de concebir un hijo, entonces la Escritura da un patrón de intercesión y oración utilizado por una mujer estéril llamada Ana que capturó la atención de Dios y lo movió a abrir su vientre. También examinaremos el *secreto* no tan conocido que entendió Ana, el cual motivó el favor divino hacia ella. Hubo un proceso de tres etapas que Ana utilizó al orar para concebir un hijo:

1. Hizo una oración de gran desesperación.
2. Hizo un voto especial a Dios.
3. Prometió entregarle el niño al Señor.

Una oración de profunda desesperación

El deseo de Ana por un hijo encendió una pasión ardiente en su espíritu que la movió a orar con desesperación. Su oración se movió de la simple solicitud por un hijo (una petición) a una con desesperación y lágrimas, que es llamada *intercesión*. La intercesión empuja la oración a un nuevo nivel, ya que la oración no es solamente palabras de la cabeza, sino trabajo del espíritu humano. Ana se estaba cansando de que las demás estuvieran teniendo hijos y exasperada de no tener resultados. Su determinación inextinguible se levantó como un torrente de corrientes de agua labrando una nueva cuenca. La Biblia registra su oración:

Ella con amargura de alma oró a Jehová, y lloró abundantemente.

—1 SAMUEL 1:10

Los creyentes muchas veces hacen una oración general pidiéndole a Dios favor especial. Sin embargo, las oraciones más eficaces se hacen al combinar una petición con una carga de intercesión. Pablo menciona que en los momentos en los que tenemos una carga, el Espíritu Santo intercede por nosotros, lo cual sale en forma de gemidos (Romanos 8:26). Ana se conectó con un pozo de intercesión que la llevó a las lágrimas. Sabemos que las lágrimas y el quebrantamiento mueven a Dios a nuestro favor, porque dice que nuestras oraciones son preservadas en incensarios de oro en el cielo (Apocalipsis 5:8) y que nuestras lágrimas están registradas en su libro celestial (Salmos 56:8). Dios no puede menospreciar o rechazar un espíritu contrito y humillado (Salmos 51:17).

Las lágrimas indican un espíritu contrito y humillado, que mueve a Dios hacia esa persona (Salmos 34:18). La palabra *contrito* en hebreo es *dakka*, que significa "ser desmenuzado como polvo". Esto hace referencia a un momento en que nos sentimos completamente impotentes sin la intervención de Dios. La oración de Ana estaba llena de desesperación y era tan intensa que cuando Elí, el sumo sacerdote, vio sus labios moviéndose, pensó que estaba ebria (1 Samuel 1:14-15). Una oración sincera de desesperación, acompañada con lágrimas conmoverá el corazón del Omnipotente. Se nos promete que: "Por la noche durará el lloro y a la mañana vendrá la alegría" (Salmos 30:5).

Un voto especial a Dios

Durante su intercesión, Ana hizo un voto especial a Dios (un voto es una promesa que lo obliga a uno) si le daba un hijo.

> E hizo voto, diciendo: Jehová de los ejércitos, si te dignares mirar a la aflicción de tu sierva, y te acordares de mí, y no te olvidares de tu sierva, sino que dieres a tu sierva un hijo varón, yo lo dedicaré a Jehová todos los días de su vida, y no pasará navaja sobre su cabeza.
>
> —1 SAMUEL 1:11

Este voto fue parte del *secreto* de Ana para llamar la atención de Dios. En la época de Ana, el sacerdocio hebreo era corrupto: Ofni y Finees, los hijos del sumo sacerdote, estaban caminando en pecado (1 Samuel 2:22-24), y Dios estaba preparándose para remover el sacerdocio de Elí de Israel. Ana se dio cuenta de que Dios necesitaba un nuevo sacerdocio, un verdadero hombre de Dios que condujera a Israel y lo sacara de la apostasía y dirigiera el regreso a la Torá. Ana hizo el voto de que si Dios le daba un hijo, ella a cambio le daría a Dios un profeta, un nazareo consagrado. Número 6:2-20 registra el voto nazareo que ella estaba haciendo para su hijo que todavía no había nacido. Un nazareo no podía beber vino o licor, debía evitar cadáveres y nunca cortarse el cabello. Después de prometer que lo apartaría como nazareo, entonces hizo una promesa sorprendente para una mujer estéril que está pidiendo un primogénito. Ana prometió: "Yo, pues, lo dedico también a Jehová; todos los días que viva, será de Jehová" (1 Samuel 1:28). Esto significaba que el niño sería criado alrededor del tabernáculo de Moisés y que nunca sería criado en su propia casa. Este *principio de préstamo* fue la tercera clave para obtener la atención de Dios.

Prestar al Señor

Después de hacer esta promesa, quedó encinta y dio a luz a un niño varón llamado Samuel, que en hebreo puede significar "Dios ha escuchado" o puede ser una contracción de *sha'ulme'el*, que significa "pedido a Dios". Una vez que Samuel fue destetado, lo cual sucedió cerca de los dos años, Ana trajo a su unigénito al tabernáculo y lo presentó para una vida de ministerio a Dios. Esto no parece justo. Ella quería un hijo, lo concibió, y luego se lo presta de regreso a Dios para visitarlo solamente una vez al año. Pero, la historia no termina allí. Leemos:

> Y Elí bendijo a Elcana y a su mujer, diciendo: Jehová te dé hijos de esta mujer en lugar del que pidió a Jehová. Y se volvieron a su casa.
> Y visitó Jehová a Ana, y ella concibió, y dio a luz tres hijos y dos hijas. Y el joven Samuel crecía delante de Jehová.
>
> —1 Samuel 2:20–21

Ana, quien había sido estéril, dio a luz a otros cinco hijos por haber devuelto a su primogénito, prestándoselo a Dios para el ministerio. Dios tomó la semilla que Ana plantó y la multiplicó en cinco bendiciones más. Ella solamente pidió un hijo, pero en lugar de eso disfrutó de criar a cinco niños: tres hijos y dos hijas.

PROMESAS PARA LA INFÉRTIL

La historia de Ana revela tres verdades que son prácticas para cualquier mujer que desee un hijo pero que esté experimentando infertilidad.

1. La oración del corazón, las lágrimas y la intercesión capturarán la atención del Señor.

La intercesión cambia circunstancias, las circunstancias transforman a la gente y la gente cambia a las naciones. Abraham intercedió por Lot, y su sobrino fue rescatado de la destrucción de Sodoma (Génesis 18). Después de que Israel adoró al becerro de oro, Dios planeó destruir a los hebreos y permitir que Moisés fundara una nueva nación. Moisés intercedió y Dios cambió de opinión, preservando a Israel en el desierto (Éxodo 32). Aarón estuvo entre los vivos y los muertos intercediendo, y Dios detuvo la plaga maligna que estaba destruyendo a los Israelitas (Números 16:48). Si usted desea un hijo, no ore pasivamente: "Señor, ayúdame a tener un bebé". Pase tiempo a solas en oración, y permita que su corazón se abra delante de Dios en profunda intercesión. Sus labor de lágrimas se convertirá en lágrimas de alegría cuando escuche llorar a su recién nacido.

2. Hay poder en el voto de dedicar un niño completamente al Señor.

El Todopoderoso escogió a Abraham, sabiendo que instruiría a sus hijos en rectitud (Génesis 18:19). Noé fue apartado porque Dios sabía que los tres hijos de Noé seguirían a Dios y con el tiempo volverían a poblar la tierra (Génesis 9:1). Hay ocasiones en las que Dios desea que una persona se "pare en la brecha" llenando un vacío espiritual (Ezequiel 22:30). La disposición de los padres a enseñar, instruir y criar a sus hijos en el temor del Señor le trae gran gozo al Padre celestial. Aunque en la mayoría de los casos de infertilidad se considera que existe una causa médica o biológica que está evitando la concepción, *Dios* no esta evitando el nacimiento de los niños. Más bien, Él se mueve a abrir el vientre de quienes le van a enseñar a sus hijos el camino de rectitud.

3. Ana descubrió lo que Dios necesitaba (un profeta) y prometió darle a Dios lo que necesitaba.

Cuando Dios necesitó al constructor de un arca, nació Noé. Cuando necesitó a un hombre para salvar a los hebreos de la hambruna, nació José. Cuando necesitó un libertador, llegó Moisés. Cuando necesitó un juez, Débora estaba en la tierra. Los vacíos espirituales en el Reino de Dios le da a Dios las oportunidades de traer al mundo líderes futuros.

Dios le dijo a Jeremías: "Antes que te formase [...] te di por profeta a las naciones" (Jeremías 1:5).

Cuando Ana se dio cuenta de que Israel estaba en un declive espiritual y que el equipo ministerial en el tabernáculo se encontraba en pecado, prometió que su hijo cambiaría el curso de la nación a través de poner un ejemplo público de un voto nazareo. Dios necesitaba una voz, y Samuel hablaría. Dios necesitaba un nazareo, y Samuel cumpliría el voto. Dios necesitaba un profeta, y Samuel lo sería. Dios necesitaba un ejemplo, y Samuel lo viviría. La necesidad de Dios se convirtió en la pasión de Ana, y cuando la intercesión chocó con la necesidad, nuevamente la risa de un bebé resonó en la tienda, como en los días de Abraham y Sara.

LO QUE ESTO SIGNIFICA PARA UNA MUJER ESTÉRIL

Estas historias inspiradas "acontecieron como ejemplo" (1 Corintios 10:11). Ana brinda un poderoso patrón de oración para que la mujer estéril pueda usarlo. Comienza con un fuerte deseo por un hijo que nada lo pueda apagar, así como Raquel clamó: "Dame hijos, o si no, me muero" (Génesis 30:1). Al seguir el patrón de Ana:

1. Una mujer debe creer y reclamar las promesas de que el vientre estéril se regocijará. Escriba las promesas bíblicas para el parto en una tarjeta y colóquelas con un imán en su refrigerador o en el espejo de baño, donde los pueda ver en la mañana y en la noche y confiéselos en voz alta.

2. Una mujer y su marido, juntos, deben comprometerse y hacer el voto de instruir y criar a los hijos en un ambiente familiar de fe, oración y amor, enseñándole a los hijos el pacto redentor a una edad temprana. Esta instrucción debe continuar hasta que salgan de casa para comenzar su propio viaje, y luego comienza de nuevo con los nietos.

3. Los padres deben creer que su hijo (o hijos) tiene un propósito y un destino que cumplir en la vida. David dijo que Dios lo conocía a Él y sus características

físicas y que incluso conocía el número de sus días antes de nacer (Salmos 139:13-16). El vientre estéril cantará porque una voz para el futuro se está desarrollando en el vientre de una mujer que ora.

■ ■ ■ ✡ ■ ■ ■

LO QUE *Dios* SABÍA

Dios le ordenó a Adán que llenara la tierra (Génesis 1:28) y le dio a Noé y a sus hijos la misma instrucción después del diluvio (Génesis 9:1). Llenar la tierra solamente puede darse por medio de la reproducción. Un hijo continúa el apellido de la familia, mientras que los hijos y las hijas continúan con el legado familiar. En la Torá, Dios deseó que el nombre del hombre y la herencia familiar continuara de generación en generación (Deuteronomio 25:5-6). Esto solamente se puede hacer por medio de la procreación. La bendición familiar de Dios sigue intacta y manda: "Fructificad y multiplicaos" (Génesis 1:22).

LO QUE LOS *judíos* DEVOTOS SABEN

Los judíos saben que toda su nación provino de vientres estériles que fueron bendecidos con hijos que tenían un destino. Las comunidades ortodoxas reconocen que los niños son una herencia de Dios (Salmos 127:3) y comienzan con la planeación de su familia de inmediato después de casarse. Los judíos devotos también creen que Dios ha prometido en la Torá bendecirlos con hijos que llevarán el nombre de la familia de generación en generación. Este concepto es tan importante que se les enseña a los judíos ortodoxos que no se casen fuera de la fe, y que nunca se casen con un gentil para preservar su linaje judío.

LO QUE LOS *cristianos* DEBERÍAN SABER

Yo conozco el poder de la fe y la oración relacionados con el nacimiento de un hijo. En varias ocasiones se nos ha pedido que oremos por mujeres que estaban imposibilitadas médicamente para concebir, y en cada caso, a la vuelta del año, las mujeres estaban sosteniendo bebés en sus brazos, dedicándolos al Señor. Cualquier matrimonio que tenga un fuerte deseo de tener hijos primero debe estar de acuerdo completamente con la voluntad de Dios y las promesas del pacto de Dios. Aunque buscar ayuda médica no es una falta de fe y puede ser efectivo, en la Escritura, todas las mujeres estériles concibieron a través de la oración y la fe. Nunca subestime el poder de la oración y la compasión de Dios para escuchar y responder. Ana pone el ejemplo de cómo llamar la atención de Dios.

Capítulo 8

LECCIONES DE LA MEZUZÁ PARA MARCAR SU CASA PARA DIOS

CÓDIGO 8:
Cada casa debería estar marcada con la Palabra de Dios

Oye, Israel: Jehová nuestro Dios, Jehová uno es. Y amarás a Jehová tu Dios de todo tu corazón, y de toda tu alma, y con todas tus fuerzas. Y estas palabras que yo te mando hoy, estarán sobre tu corazón; y las repetirás a tus hijos, y hablarás de ellas estando en tu casa, y andando por el camino, y al acostarte, y cuando te levantes. Y las atarás como una señal en tu mano, y estarán como frontales entre tus ojos; y las escribirás en los postes de tu casa, y en tus puertas.

—DEUTERONOMIO 6:4–9

VENÍAN 119 ESTADOUNIDENSES CONMIGO CUANDO NUESTROS TRES autobuses turísticos cruzaron el Jordán a través del puente Allenby, la frontera entre Jordania e Israel. Cuado mis pies tocaron suelo israelí de inmediato quedé llenó de emoción, la cual continuó durante horas, y que llegó a su clímax al llegar a Tiberias para pasar la noche. En el hotel, al estar fuera de mi habitación noté un objeto extraño que estaba adherido al lado derecho del marco exterior de la puerta. Era un objeto metálico fijo de unos diez centímetros de largo. Más tarde descubrí que estos objetos religiosos están puestos en la jamba derecha externa del marco de la puerta de los hogares de los judíos devotos, y afuera de las habitaciones de los hoteles cuyos dueños son judíos en Israel. El objeto misterioso era conocido como mezuzá [*mezuzah*].

Cuando conocí su significado, coloqué una mezuzá en el marco de la puerta de mi casa. La mezuzá se desarrolló a partir del mandamiento de la Torá que ordena que los hebreos colocarán la Palabra de Dios en los postes y en las puertas de su casa. Esta instrucción debía ser obedecida cuando Israel tomara posesión de sus hogares en la tierra prometida como leemos en Deuteronomio 6:4-9.

¿De qué manera puede una persona "atar" la Palabra de Dios a sus manos y a su frente entre sus ojos y escribirla en las puertas y en los postes de su casa? De estos mandamientos, surgieron varias costumbres judías. La primera fue la creación del tefilín [*tefillin*], también llamado *filacteria*. Este es una pequeña caja cuadrada con una tira larga de cuero suave. La caja contiene cuatro compartimentos con cuatro pasajes de la Torá: Deuteronomio 6:4-9; Deuteronomio 11:13-21; Éxodo 13:1-10; y Éxodo 13:11-16. Estos versículos para el tefilín son escritos por un escriba en un pequeño pergamino kosher con una tinta negra especial.

El tefilín tiene dos cajas, cada una está unida a las tiras de cuero negro. Una se ata alrededor del bíceps a la altura del corazón y la otra sobre la frente, pero nunca debajo de la línea donde comienza el cabello. Entonces las tiras se enrollan alrededor de los dedos, la palma, la muñeca y el brazo. Se repiten dos bendiciones al colocar el tefilín en el bíceps y en la frente. En el tiempo de Cristo, las filacterias eran usadas por los judíos respetuosos de la Torá. Jesús, siendo judío, probablemente las utilizó. Sin embargo, reprendió a ciertos fariseos por hacerlas más grandes con el fin de hacerse ver más espirituales que otros y ser vistos de los hombres (Mateo 23:5). La mayoría de los jóvenes judíos comienzan a usar el tefilín justo antes de su décimo tercer cumpleaños.

El segundo artículo creado a partir de Deuteronomio 6:4-8 fue la mezuzá. Una mezuzá kosher contemporánea contiene las palabras del *Shema* (Deuteronomio 6:4-9) y un pasaje de Deuteronomio 11:13-21 escrito por un escriba entrenado en un pequeño pergamino hecho de un animal kosher (vaca u oveja). El nombre de Dios se escribe al reverso del pergamino, y el pequeño rollo es enrollado y colocado dentro del estuche de la mezuzá.

El estuche suele estar decorado y se hace de cerámica, piedra, cobre, plata, vidrio, madera e incluso peltre. Los diseños varían y no tienen significado espiritual alguno, sino que el pergamino mismo contiene la esencia de la mezuzá. La mayoría de las mezuzás en la parte externa tienen la letra *sin*, la letra vigésima primera del alfabeto hebreo, que representa la primera letra del nombre de Dios, *Shaddai*. El nombre *Shaddai* es un nombre que sirve como acrónimo para "Guardián de las puertas de Israel". La caja está diseñada para proteger al pergamino del clima y otros elementos que podrían dañar la tinta.[1]

EL PROPÓSITO DE LA MEZUZÁ

La palabra *mezuzah* es la palabra hebrea para *jamba*. Algunos han sugerido que el propósito de la mezuzá era recordarle al pueblo judío continuamente sobre la sangre del cordero, que, al ser aplicada al dintel y los postes del marco de la puerta en Egipto evitó que el ángel destructor entrara en la casa y matara al primogénito. No obstante, esta teoría es una opinión y no está basada en el entendimiento rabínico del propósito de la mezuzá.

Algunos judíos, identificados como los *místicos*, tienden a ver la mezuzá como cierto tipo de amuleto diseñado para guardar de los espíritus malignos, pero este ciertamente no era el propósito original. Es un recordatorio para los que viven en la casa de que ese hogar ha sido dedicado a Dios, y que los que lo habitan deben estar comprometidos con caminar de acuerdo con la Palabra de Dios. Es considerado un objeto que le recuerda a Dios que proteja la casa. El Talmud enseña que una mezuzá adecuada *puede* traer larga vida y protección a la casa. Una historia del Talmud relata que un rey le dio un diamante de regalo a un rabino, y que el rabino le dio a cambio al rey una mezuzá, lo cual ofendió al rey. El rabino le dijo al rey: "Voy a tener que contratar guardias para proteger mi casa gracias al regalo que me acaba de dar, pero el regalo que le hice protegerá su hogar".

Cómo colocar una mezuzá

Así como hay leyes sumamente estrictas con respecto a la manera en que los escribas deben escribir y preparar los pergaminos sagrados, hay lineamientos estrictos sobre cómo colocar una mezuzá y las oraciones que se deben hacer.

Primero, la mezuzá debe colocarse en la jamba del lado derecho de la puerta vista de frente desde afuera. En las casa judías, cada puerta tiene una mezuzá, excepto el baño (o a menos que la puerta haya sido tapiada). La mezuzá se coloca a la altura de los hombros, debajo del dintel de la puerta. Los judíos askenazi colocan la mezuzá con una ligera inclinación hacia el interior de la habitación. La costumbre sefaradí es colocar la mezuzá completamente vertical.

También es costumbre besarse la mano derecha y tocar la mezuzá al entrar a una casa. Le recuerda a la persona que entra a la casa que guarde la Palabra de Dios en su sentarse y su levantarse, en su entrar y en su salir (Deuteronomio 11:19).

La oración

Antes de colocar la mezuzá, se dice una oración especial:

> *Bendito eres, Adonai, nuestro Dios, gobernante del universo, que nos santificas con sus mandamientos santos y nos has mandado colocar una mezuzá.*

Como comentario personal, cada vez que entro y salgo de mi casa paso junto a la mezuzá. Es un recordatorio físico de que mi hogar y mi familia están dedicados a Dios. También me recuerda que soy un representante del Señor en mi llamado y en mi trabajo, y que debo esforzarme por seguir los requisitos de su pacto. Cuando regreso por la noche, veo la mezuzá que me recuerda que nuestra casa es la morada del Señor, y que en todo lo que hago debo glorificarlo, poniendo el ejemplo de fe en mi familia y enseñándoles las Escrituras a mis hijos. Por lo tanto, para mí, el propósito de la mezuzá es evidente: es un recordatorio diario del pacto con Dios, con mi familia y el lugar de mi morada.

A través de la mezuzá, la persona está marcando sus puertas (o entradas) con la Palabra de Dios. Poco después de habernos casado, compramos una casa. Solamente por *diversión*, le pegué a la jamba del marco de la puerta de entrada a la casa desde el garaje varias pegatinas con versículos. Salíamos a menudo en viajes largos de casi once semanas. Después de algunos años, estaba pintando el sótano y quite las pegatinas, pensando: "Estas pegatinas no están protegiendo esta casa". ¡A la semana siguiente entraron a robar a nuestra casa por la misma puerta de donde quité las pegatinas!

Sentí como si me hubieran dado una lección. No eran solamente pegatinas; llevaban impresas las promesas del pacto de protección de Dios. Una pegatina jamás podría detener a un ladrón. No obstante, si Dios ve que yo creo en su promesa porque pongo su Palabra en mi casa, probablemente sea movido a levantar ayuda o asistencia de manera sobrenatural para proteger mi propiedad. De hecho, se robaron algunos artículos, pero la computadora nueva que acababa de comprar, en la que tenía la lista de correo de nuestro ministerio no se la llevaron. Me acordé de la noche en la que un pequeño grupo de amigos le impusieron manos a la computadora para dedicarla a la obra del Señor. Los ladrones no se llevaron la computadora, lo cual, por lo menos, me hizo pensar.

Obviamente no necesitamos pegatinas con versículos en las paredes para protección, ya que la oración ferviente forma una valla de protección. Sin embargo, la mezuzá es una herramienta tangible de fe que marca la casa para Dios.

LO QUE *Dios* SABÍA

El Señor sabía que la nación hebrea necesitaba un recordatorio continuo de su amor por ellos y su compromiso con Él. Dios continuamente le advirtió a Israel que no olvidara sus palabras o su pacto (Deuteronomio 4:9, 23, 31). Para los judíos, marcar sus puertas y los marcos de sus puertas con versículos de la Torá es un recordatorio diario del pacto de Dios con ellos y su obligación de enseñarles a sus hijos y nietos los mandamientos de Dios. También les recuerda la disposición de Dios de proteger su casa.

LO QUE LOS *judíos* DEVOTOS SABEN

Varios artículos religiosos como el talit (e manto de oración), el tefilín (filacteria) y la mezuzá, fueron desarrollados a partir de los mandamientos en la Torá y distinguen al pueblo judío de sus contrapartes gentiles. La mezuzá no solamente identifica a un hogar judío, sino que también identifica a los de la casa como seguidores de los mandamientos, y como creyentes en un solo Dios verdadero. La tradición de besar la mezuzá no es un requisito de la Torá, pero revela profundo respeto y amor por la Palabra de Dios.

LO QUE LOS *cristianos* DEBERÍAN SABER

Pablo escribió que nuestros cuerpos son ahora el templo del Espíritu Santo (1 Corintios 3:16). La Palabra de Dios debe morar en nosotros y ser manifestada por medio de nuestra conducta externa. No obstante, nuestro hogar es un santuario miniatura y debería estar dedicado al Señor. En los primeros años de la iglesia, muchos cristianos se reunían semanalmente en casa (Romanos 16:5). Mientras que los gentiles no se les exige en el Nuevo Testamento que marquen sus casa con la Escritura, no hay nada que evite que el creyente gentil marque su casa con la Palabra de Dios, siguiendo la tradición de colocar una mezuzá en el marco de la puerta.

Capítulo 9

SECRETOS DE SALUD SORPRENDENTES DE LA DIETA KOSHER DE TIERRA SANTA

CÓDIGO 9:
Comer del menú del restaurante de Dios lo mantiene saludable

Porque Jehová tu Dios te introduce en la buena tierra, tierra de arroyos, de aguas, de fuentes y de manantiales, que brotan en vegas y montes; tierra de trigo y cebada, de vides, higueras y granados; tierra de olivos, de aceite y de miel; tierra en la cual no comerás el pan con escasez, ni te faltará nada en ella; tierra cuyas piedras son hierro, y de cuyos montes sacarás cobre.

—DEUTERONOMIO 8:7–9

MAYO DE 1985 MARCÓ MI PRIMER VIAJE a Tierra Santa. ¡Al llegar a Amón, Jordanía, mi emoción liberó tanta adrenalina que no pude dormir durante casi cuarenta y ocho horas! Años después, comencé a volar directo a Tel-Aviv para pasar tres noches en el Mar de Galilea. Cada año me di cuenta de que para el tercer día de visita, me sentía energizado, sumamente alerta y experimentaba una sensación sorprendente de bienestar. Más tarde descubrí tres factores importantes que creo contribuyeron con este tipo de *éxtasis natural*. Me enteré de que el Mar de Galilea se encuentra a casi 200 metros debajo del nivel del mar. Hay niveles mayores de oxígeno en el aire por centímetro cúbico en el Mar de Galilea. Algunos sugieren que quizá sea 2% mayor que en otras zonas, con la excepción del Mar Muerto, el lugar más bajo de la Tierra. Respirar el aire rico en oxígeno beneficia la respuesta mental y produce un buen descanso durante la noche. Escuché la sugerencia de que los estudiantes de Galilea obtienen buenas notas a causa de que el aire les ayuda a estar despiertos mentalmente, ya que el cerebro depende del oxígeno más que cualquier otro órgano del cuerpo.

Segundo, toda la comida en el hotel era preparada con alimentos frescos comprados de granjas de todo el país. Esto incluía jugos de fruta fresca, cereales, aceitunas, pepinillos, tomates, diferentes variedades de queso, verduras crudas, arenque encurtido; ¡y este apenas era el desayuno! Pocas carnes se freían, y la mayor parte de las carnes y pescados se asaban u horneaban. Además de que algunas cocinas utilizaban solamente aceite de oliva en sus procesos.

Tercero, la mayor parte de la comida que se preparaba era *kosher*, un término conocido por los judíos pero que es pocas veces conocido, mencionado o entendido por la mayoría de los gentiles. Los judíos religiosos y muchos judíos no religiosos a menudo comen de un menú kosher. La palabra kosher o *kashrut*, significa "correcto" o "apropiado". Kosher no es un estilo de cocina o un método para cocinar, sino son alimentos que cumplen con los requerimientos de las leyes dietéticas judías, incluyendo leyes que señalan el tipo de comida que debemos evitar por completo. Estos *mandamientos kosher* le fueron revelados a Moisés en el desierto, y se pueden encontrar en Levítico 11 y Deuteronomio 14. Los requisitos kosher básicos son:

- La leche, la carne y el huevo de ciertas especies están permitidos y de otras prohibidos.
- Los animales deben ser sacrificados de cierta manera, y solamente se pueden comer ciertas partes.
- La leche y la carne jamás se deben combinar y se tienen que usar utensilios distintos para cada uno.

- La mayoría de los granos y verduras son kosher, pero primero deben ser examinados para ver si no contienen insectos impuros antes de su preparación.
- Los animales de pezuña hendida y que rumian son kosher, como las vacas, las ovejas, los venados y las cabras.
- La mayoría de las aves domésticas son kosher como el pollo, el pavo, el pato y el ganso.
- El pescado con escamas y aletas está permitido, como el salmón, el atún, el lenguado, el arenque y el lucio.[1]

Había seis tipos de alimentos en Egipto: pepinos, puerros, cebollas, ajos, pescado y melones (Números 11:5). En Deuteronomio 8:8, Dios le proveyó a la nación hebrea siete tipos de alimentos que podían disfrutar una vez que poseyeran la Tierra Prometida. Los siete tipos de comida eran:

- Trigo
- Cebada
- Uvas
- Higos
- Granadas
- Aceitunas
- Miel

Los siete alimentos de Tierra Santa

Es importante señalar el valor y los beneficios a la salud física que se reciben al comer en proporciones adecuadas estos alimentos que se encuentran en la Tierra Prometida.[2]

1. Trigo

Muchos productos de trigo en la actualidad —nuestros cereales por ejemplo— han sido procesados, removiéndoles muchos de sus valiosos nutrientes. Esto incluye al trigo, que ha sido blanqueado para hacer harina para pan, fideos, pastas, pan dulce y galletas. Este proceso humano remueve 40% de los nutrientes significativos de los granos. En tiempos antiguos, Israel no tenía otro proceso adicional a separar la paja del grano y moler el duro grano para hacer harina. El trigo sin procesar contiene tanto cascarilla de trigo como germen, que contienen fibra y manganeso. Los estudios revelan que una dieta alta en fibra es buena para el colon y el sistema digestivo y que ayuda a combatir algunos tipos de cáncer.[3]

2. Cebada

En el antiguo Israel, la cebada se cosechaba al principio de la primavera. La cebada se utiliza en sopas y es un grano maravilloso con un alto valor nutricional. La fibra de la cebada provee de bacteria benigna a los intestinos, contiene beta glucan (que ayuda a disminuir el colesterol) y puede ayudar a prevenir que los niveles de azúcar se eleven en pacientes con diabetes. La cebada también contiene selenio (un combatiente del cáncer), triptofán, cobre, manganeso y fósforo, todos nutrientes vitales para la salud personal.[4]

3. Uvas

Israel era, y es, una tierra cubierta de viñedos. Se ha sabido durante muchos años que las uvas contienen flavonoides, que son eficaces para combatir las enfermedades cardiacas. Beber jugo de uva incrementa el óxido nítrico, que trabaja con el cuerpo para reducir la formación de trombos. El jugo de uva tiene un alto contenido de antioxidantes, los cuales reducen los radicales libres en el cuerpo. Las uvas contienen un alto valor de vitaminas y minerales, incluyendo la vitamina B_6, vitamina B_1 (tiamina), vitamina C, manganeso y potasio. Las hojas de parra también se cocinan y se rellenan de carne, especialmente en la dieta griega-mediterránea.[5]

4. Higos

En Israel, los higos han sido un producto básico durante miles de años. Sabemos que la higuera fue uno de los árboles principales del huerto de Edén (Génesis 3:7). Los higos son una delicia dulce al paladar y son altos en potasio. El potasio es importante para producir energía en nuestro cuerpo y ayuda a las membranas celulares. Las investigaciones indican que los higos son efectivos para bajar la presión arterial alta. En el Mediterráneo, las hojas de higuera han sido utilizadas para reducir y disminuir los niveles de insulina en pacientes diabéticos y pueden ayudar a disminuir los triglicéridos en el torrente sanguíneo.[6]

5. Granadas

La granada es considerada un fruto santo por varias razones. Según los rabinos, hay 613 estatutos y mandamientos que la Torá le exige a los judíos. La tradición dice que hay 613 semillas individuales en una granada madura. Por lo cual, la granada es una imagen de los mandamientos de Dios. Los capiteles de ambas columnas a la entrada del templo de Salomón eran granadas labradas a mano. El borde del manto del sumo sacerdote estaba adornado con campanas de oro y pequeñas granadas de oro labrado (1 Reyes 7:18; Éxodo 28:34).

Investigaciones recientes han revelado que la granada es extremadamente rica en antioxidantes, y que el jugo de granada es excelente para evitar que las plaquetas en la sangre se junten para formar trombos. Otra investigación indica que 240 mililitros de jugo de granada diariamente durante tres meses incrementa la cantidad de oxígeno que le llega al músculo del corazón. Otros sugieren que la fruta puede ayudar a prevenir el cáncer de próstata y reducir el cáncer de seno. Es uno de los mejores frutos presentes en la dieta de Tierra Santa, con numerosos beneficios a la salud.[7]

6. Aceitunas

La aceituna ha sido una producto básico en Israel desde sus inicios. La aceituna, el aceite de oliva, la hoja del olivo e incluso la madera del olivo todo ello ha sido usado como alimento, medicina y para tallar figuras para millones de turistas. Los beneficios de salud de la aceituna y del aceite de oliva incluyen la reducción en presión sanguínea. Las aceitunas y el aceite de oliva también ayudan a la salud del corazón. Entre los árabes y los beduinos de Medio Oriente es común beber una pequeña cantidad de aceite de oliva cada mañana. Un amigo árabe me dijo: "¡Es bueno para aceitar los huesos!". Es bastante más saludable cocinar con aceite de oliva que utilizar otros aceites de cocina con grasas animales.[8]

7. Miel

En el Antiguo Testamento en cuarenta y seis ocasiones se menciona que la tierra de Israel es la *tierra donde fluye leche y miel*. Algunos sugieren que era un término para identificar la prosperidad económica que experimentaría Israel una vez que poseyera la Tierra Prometida. La leche comúnmente proviene de las vacas o las cabras, y la miel de las abejas. La dieta de Juan el Bautista incluía miel (Marcos 1:6). La miel ha sido investigada como tratamiento efectivo para la tos. Contiene antioxidantes que ayudan a proteger las células humanas. La miel también es un edulcorante natural y le provee de energía al cuerpo humano.[9]

LA ACEITUNA Y EL ACEITE DE OLIVA

En los tiempos de Moisés había 8,580 levitas de treinta años arriba ministrando en el tabernáculo (Números 4:47-48). Para el tiempo en que Salomón construyó el templo, su población incrementó a 38,000 (1 Crónicas 23:3). Los levitas vivían cerca del tabernáculo y el templo, sirviendo en el ministerio a tiempo completo. Uno de los propósitos de los numeroso sacrificios y ofrendas ofrecidas en el tabernáculo y el templo era proveer de alimento a los sacerdotes y sus familias.

Para preparar una ofrenda quemada, Dios le instruyó a Moisés que preparara la carne con flor de harina mezclada con un cuarto de *hin* (cinco litros) de aceite de oliva. El aceite de oliva es reconocida como uno de los mayores regalos de Dios a la humanidad. Está en el centro de la dieta mediterránea. Primero, el aceite de oliva contiene ácidos grasos monoinsaturados altos en antioxidantes. Dos cucharadas de aceite de oliva puro cada mañana pueden reducir el colesterol malo (LDL) y aumentar el colesterol bueno (HDL). El aceite de oliva extra virgen producida por la primera prensa de las aceitunas contiene vitamina E, DHA y aceites omega-3 y omega-9, que ayudan a la buena salud general.

Hay cuatro extracciones de aceite de las aceitunas para producir diferentes tipos de aceite de oliva.

- *Extra virgen*: es la primera prensa de las aceitunas y se considera la de mejor calidad.

- *Virgen*: aceite que se produce en la segunda prensa.

- *Puro*: el aceite de oliva etiquetado como "puro" ha pasado por cierta forma de procesamiento y filtrado.

- *Extra liviano*: este aceite ha sido fuertemente procesado y conserva muy poco de su sabor original.[10]

En Israel, el tipo de aceite usado en los restaurantes judíos y en los hogares religiosos, así como en la preparación de la comida kosher, es aceite de oliva. El aceite de oliva extra virgen tiene un alto punto de humeo, 210 grados Celsius, y no se degrada tan rápido como otros aceites al recalentarlo. Este es el único tipo de aceite que mi esposa ha usado para preparar alimentos durante muchos años. La mayoría de los restaurantes de comida rápida en Estados Unidos utilizan aceite de cocina que eleva el colesterol malo y reduce el bueno. El aceite vegetal parcialmente hidrogenado contiene grasas trans que los doctores dicen que no son saludables. Ese aceite poco saludable es una combinación de aceite vegetal y gasa hidrogenados. La mejor opción para cocinar es el aceite de oliva.

Salado con sal

La sal contiene sodio, y demasiada sal puede elevar la presión arterial y provocar otras complicaciones. No obstante, en Levítico 2:13, Dios dijo que todas las ofrendas de grano deberían ir sazonadas con sal. La sal que se produce en la actualidad contiene cierto tipo de yodo (yoduro de potasio o de sodio) que se le añade para ayudar a reducir la deficiencia de yodo en los seres humanos. Antes de ello, muchos estadounidenses sufrían de bocio como resultado de una falta de yodo en el cuerpo.

Las dos fuentes principales de sal son la sal de roca y la sal marina. En Israel, la zona del Mar Muerto tiene una enorme cantidad de sal. En la parte sur del mar hay grandes montones de cristales de sal, acumulados silenciosamente a lo largo de la orilla como monumentos de sal. En el banco occidental de la orilla sur del Mar Muerto hay varias montañas grandes, que bajo una investigación más cercana, resultan ser montañas de sal. Varias empresas mineras pequeñas remueven sal de estas montañas para usarla como sal de mesa. La fuerte sal del Mar Muerto es recogida y empacada para usarse en agua de baño con propósitos terapéuticos. Josefo escribió: "No se puede encomiar de más al Mar Muerto [...] los viajeros se llevan toda la sal que pueden porque sana el cuerpo humano y se utiliza en muchas medicinas". La sal del Mar Muerto contiene una alta concentración de minerales, incluyendo magnesio, potasio, bromo y calcio, y demasiados químicos como para usarla como sal de mesa. La sal marina normal contiene 90% de sodio, mientras que la sal del Mar Muerto solamente contiene 10% de sodio. Sin embargo, por medio de un moderno proceso de filtrado, la sal marina se puede separar del agua de mar normal y ser utilizada para sazonar alimentos. La sal marina contiene trazas de varios minerales que el cuerpo necesita, y es la forma más saludable de sal disponible.

Hace algunos años solía predicar dieciséis semanas consecutivas sin descanso. Transpiraba con facilidad, y después de cada servicio notaba que la parte de atrás de la chaqueta de mis trajes oscuros quedaba manchada de blanco, donde la sal (y el potasio) se habían acumulado después de haberse evaporado mi transpiración. En cierta ocasión al estar ministrando, me debilité ¡y casi me desmayo! Después descubrí que mis niveles de electrolitos, sal y potasio estaban extremadamente bajos. Comencé a tomar suplementos de vitaminas y minerales para mantener un balance en mis niveles de minerales. Los atletas de alto rendimiento y los que hacen ejercicio intenso pueden perder entre uno y dos gramos de sal por hora, que de no ser reemplazada apropiadamente puede llevar a una hiponatremia, que es una baja concentración de sodio en la sangre. La gente que transpira mucho necesita reemplazar la cantidad apropiada de sodio. La sal marina contiene potasio, que es importante para mantener un nivel de energía efectivo. Aunque consumir mucha sal no es bueno, Dios ordenó que las ofrendas de carne fueran sazonadas con sal.

Remover la sangre de la carne

Al sacrificar un animal kosher, como una vaca, cabra u oveja, se debe seguir un proceso importante ordenado por Dios. En Génesis 9:3-4 Dios instruyó a Noé: "Todo lo que se mueve y vive, os será para mantenimiento: así como las legumbres y plantas verdes, os lo he dado todo. Pero carne con su vida, que es su sangre, no comeréis". La manera judía de preparar carne kosher es utilizar un cuchillo afilado y matar al animal rápidamente por medio de un corte profundo en la garganta. En la cocina judía, se tiene que drenar toda la sangre del animal, y luego la carne se sumerge en agua durante una hora. Luego, se rocía con sal y se deja reposar cerca de otra hora. Luego se enjuaga y esta lista para usarse para cocinar.

La segunda instrucción bíblica con respecto a la carne es evitar comer grasa animal (Levítico 7:23). Las grasas animales contienen altos niveles de colesterol, grasas trans y grasas saturadas. Al comer la grasa se incrementan las posibilidades de que la persona experimente problemas cardiacos, ya que el cuerpo humano tiene dificultades para procesar las grasas trans que generan acumulación de colesterol en las arterias. El carnicero judío también remueve el nervio ciático y la grasa que rodea el hígado y los órganos vitales. Los científicos han descubierto diferencias bioquímicas entre esta grasa y la grasa comestible que rodea los músculos y la piel.[11] Es claro que hay dos partes del animal que está prohibido comer: la sangre y la grasa (Levítico 3:17).

Hay otro requisito inusual que prohíbe comer la leche y la carne juntos (Deuteronomio 14:21). Los judíos místicos explican que la leche representa la vida y la carne, muerte; por lo cual combinarlos produce un choque espiritual. Las plantas contienen el tipo de nutrientes adecuado para mantener a las personas saludables, mientras que las carnes rojas pueden tomar horas para digerirse, y permanecer en el colon durante mucho tiempo. Se cree que los egipcios tenían la costumbre de hervir el animal en la leche de la madre; y que con esto Dios estaba separando a su pueblo de las costumbres egipcias. Otro ejemplo de las reglas de separación de Dios es donde la Torá prohíbe mezclar lana y lino, quizá porque los sacerdotes paganos mezclaban los dos textiles en las vestiduras que usaban durante la adoración a los ídolos. Por lo que, algunas normas no hacen sentido en la actualidad, pero el propósito principal era distinguir y separar al pueblo de Dios de las naciones malvadas que lo rodeaban.

Ciertos animales son, sin duda, poco saludables para el consumo humano; sin embargo son populares, especialmente en los estados del sur de los EE. UU. Uno de ellos es el cerdo, la fuente de todos los tipos de productos de cerdo. Ningún tipo de cerdo es kosher, y todos los cerdos se encuentran en la lista de carnes *prohibidas* en la Torá. Hace años, los *montañeses* cocinaban con manteca, que era en realidad la grasa de cinco a quince centímetros de espesor que se encontraba debajo de la piel del cerdo. Nadie se debería sorprender de que a los treinta y cinco años tantos individuos estén experimentando arterias tapadas y problemas cardiacos. Los cerdos eran consumidos por los antiguos egipcios y estaban relacionados con el dos egipcio *Seth* pero no aparece en la lista de los seis alimentos que comían los hebreos en Egipto. Nuevamente, Dios separó a su pueblo de las prácticas de los egipcios.

Algunos remedios *montañeses*

Los *abuelos* nos dejaron algunos *remedios caseros*: curas peculiares de la montaña que pocas veces funcionaban. Como el agua que bebían provenía de manantiales o pozos, las mamás y papás entendían el peligro de las solitarias y los parásitos., por lo cual creían *religiosamente* en el uso de el aceite de ricino, el aceite de hígado de bacalao y las sales de Epsom. Las familias rurales muchas veces preparaban sus alimentos de lo que producían sus propias hortalizas. En cada cena usualmente había cierto tipo de comida encurtida, ya fueran pepinillos, berros, huevos o incluso frijoles o maíz, por que creían en el uso del vinagre. Las investigaciones de la empresa estadounidense Heinz Company indican que solamente la solución de vinagre al 5% mata 99% de las bacterias, 82% del moho común y 80% de los gérmenes y virus.[12] La gente de las montañas quizá haya ejercido poca sabiduría al comer ciertos tipos de carnes, pero, por otro lado, consumían muchas verduras y comprendían los beneficios de los alimentos encurtidos.

Recomendaciones de salud del Dr. Moisés

Se han escrito varios libros y artículos confirmando los beneficios médicos y de salud que acompañan a comer del menú del restaurante de Dios. Desde que la joven nación hebrea era una gran comunidad de familias que vivió en los confines de un desierto ardiente durante cuarenta años, Dios también preparó los lineamientos para prevenir que se difundieran enfermedades o virus contagiosos en el campamento. Todo el significado y valor de estas normas de *salud e higiene personal* no se comprendería sino hasta muchos siglos después.

El escritor S. I. McMillen, en su libro *None of These Diseases* [Ninguna de estas enfermedades], comenta sobre los extraños remedios utilizados en tiempos de Moisés en Egipto:

> Se indican varios cientos de remedios para distintas enfermedades en el Papiro Ebers (escrito en Egipto). Los medicamentos incluyen "sangre de lagartija, diente de cerdo, carne podrida, grasa hedionda, humedad de las orejas del cerdo, leche, manteca de ganso, pezuña de asno, manteca animal de varias fuentes, excremento animal (incluyendo el de los seres humanos, burros, antílopes, perros, gatos e incluso moscas).[13]

Habiendo sido criado en Egipto durante cuarenta años, Moisés seguramente conocía estas curas; no obstante, en la Torá no se encuentra ninguno de estos ridículos remedios. Más bien, Dios el Creador dio varios *códigos sanitarios* únicos que prevenían el contagio de gérmenes y enfermedades.

¡Una característica notable es que Dios creía en lavar! Dios les instruyó a los sacerdotes que se lavaran las manos y los pies antes de ministrar y ofrecer los sacrificios (Éxodo 30:18-21). Se tenían que lavar las piernas y las entrañas de los sacrificios (Levítico 1:9-13). Una persona que tocaba un cuerpo muerto debía lavar su ropa y su cuerpo (Levítico 11:24-28). Después de tocar una costra, una llaga con flujo, a un posible leproso o a cualquiera que tuvieran una enfermedad de la piel o infección, la persona que hubiera hecho contacto con el individuo afligido debía lavarse a sí mismo y su ropa en agua; y en algunos casos en aguas corrientes (Levítico 15:13).

En los círculos médicos antiguos era desconocido que ciertas enfermedades, infecciones y gérmenes se transmiten de una persona a otra a través del contacto físico. Dios mandó que se utilizara agua para limpiar y purificar a una persona. La importancia de lavarse se entendió hasta principios del siglo XX en el Hospital del Centro Médico de Viena, cuando los doctores observaron que una de cada seis mujeres moría al dar a luz a causa de infecciones. En cada caso antes del procedimiento, los doctores se habían lavado las manos en cierta jofaina de agua. Más tarde se descubrió que la jofaina era la fuente de las infecciones. En la actualidad, los doctores se restriegan las manos con un jabón o solución jabonosa, hecha con alcohol, en agua tibia corriente, ayudando así a prevenir pasar las infecciones de un paciente a otro. Este procedimiento sencillo le fue revelado a Moisés 3500 años antes.[14]

En tiempos antiguos se desconocía que las bacterias de un cuerpo muerto podían transmitir enfermedades, infecciones y gérmenes. A lo largo de la Torá, Dios enfatizó la importancia de lavarse al entrar en contacto con cualquier persona o cosa considerada ceremonialmente impura, como al tocar el cadáver de un animal o una persona. A la persona se le instruía que lavara tanto su ropa como su cuerpo en agua corriente y que sería considerada impura hasta la noche. Levítico 15 menciona una lista de las cosas que hacían que una persona quedara impura, y que hiciera que fuera necesario hacerla pasar por el ritual de la purificación:

■ Cualquier flujo corporal o llaga (Levítico 15:2-3).

- Tocar la cama, silla o ropa de la persona que hubiera tenido el flujo (Levítico 15:4-6).

- Que la escupieran (Levítico 15:8).

- Además, la ley contemplaba que cualquier olla de barro que fuera contaminada debía ser destruida y se debían lavar los vasos de madera contaminados (Levítico 15:12).

La ley del lavamiento evitaba la transmisión de enfermedades durante la convivencia tan cercana de los israelitas al vivir todos juntos en tiendas en el desierto. Lavarnos también evita la transmisión de gérmenes y virus de una persona a otra en nuestra época.

No olvide su pala

Mientras estuvieron en el desierto, a los hebreos se les instruyó que llevaran una pala de madera a un costado de su vestidura exterior. De forma que cuando necesitaran *aliviar sus cargas,* podían salir a uno de los extremos del campamento, hacer un pequeño agujero y después cubrir el excremento con tierra (Deuteronomio 23:12-13). Este proceso más bien extraño, era en realidad un código sanitario de vida o muerte.

En el tiempo de Moisés, seiscientos mil hombres, sin contar mujeres y niños, estaban acampando juntos en un desierto árido y rocoso. Si se hubieran permitido tener cañerías abiertas cerca de sus tiendas, en poco tiempo la disentería, la tifoidea y otras enfermedades se hubieran propagado como fuego en matorrales secos. En naciones como la India y Haití, las cañerías están abiertas, lo cual es la fuente principal de varias enfermedades y dolencias que se propagan entre el pueblo. Dios estableció una manera sencilla y al mismo tiempo saludable de desechar los residuos humanos, y con ello evitar la transmisión de enfermedades peligrosas entre su pueblo.

Todo está en la Torá

Estas leyes dietéticas y sanitarias no son un código obsoleto de una tribu nómada. Las investigaciones modernas indican que la dieta kosher ayuda a tener un estilo de vida saludable y que puede prevenir enfermedades y dolencias. Estos hechos deberían demostrar que la Torá no es un libro antiguo que haya sido abolido por las Escrituras del Nuevo Testamento. Al seguir el menú de la cocina de Dios y sus códigos básicos de salud, una persona se siente mejor, vive más tiempo y es más fuerte.

■ ■ ■ ✡ ■ ■ ■

LO QUE *Dios* SABÍA

El Creador comprendía la manera en que funciona el cuerpo humano y los alimentos que podrían nutrirlo o acortarle la vida También estaba al tanto de la manera en que los gérmenes y las enfermedades se transmitían entre la población, y estableció normas específicas para comer y vivir en comunidad. Estos códigos asombrosos fueron revelados hace 3500 en una época en la que los hombres más sabios e inteligente de las naciones antiguas no podrían haber conocido los secretos entendidos por Dios.

LO QUE LOS *judíos* DEVOTOS SABEN

Comer a la manera de Dios le ayudará al sistema inmunológico natural del cuerpo, fortalecerá los órganos y las células y puede ayudarle a añadir algunos años a su vida. Al seguir estas normas bíblicas de salud también prevendrían la transmisión de enfermedades de una persona a otra.

LO QUE LOS *cristianos* DEBERÍAN SABER

De acuerdo con Pablo, los gentiles pueden comer lo que se les ponga enfrente, pero deben evitar comer sangre y la carne de un animal que no haya sido sacrificado apropiadamente o que no haya sido desangrado de manera adecuada (1 Corintios 10:27; Hechos 15:20). Se deben bendecir todos los alimentos antes de comer. Aunque no hay estipulaciones específicas en el Nuevo Testamento sobre lo que un gentil deba comer, las investigaciones médicas confirman que comer a la manera de Dios producirá una mejor salud a largo plazo.

Capítulo 10

LOS PRINCIPIOS ESPIRITUALES DE LA RIQUEZA Y LA PROSPERIDAD

CÓDIGO 10:
Hay un pacto de riqueza entre Dios y su pueblo

Te pondrá Jehová por cabeza, y no por cola; y estarás encima solamente, y no estarás debajo, si obedecieres los mandamientos de Jehová tu Dios, que yo te ordeno hoy, para que los guardes y cumplas.

—DEUTERONOMIO 28:13

SOLAMENTE MENCIONE LA FRASE "RIQUEZA DE LOS judíos" y observé las reacciones. Algunos creen que el término es un estereotipo preconcebido introducido por algunos gentiles, mientras que otros visualizan una vasta conspiración secreta judía que planea un Nuevo Orden Mundial. Otros sugieren un secreto diferente: cierto *factor desconocido X* o *factor de genialidad* especial codificado en el ADN judío que le da a este grupo la ventaja en las inversiones económicas y la planeación financiera. Pocos individuos reconocen la fuente real del éxito de los judíos en los negocios globales: un pacto de riqueza establecido en la Torá.

Por cierto, no todos los judíos son acaudalados. Los judíos rusos que regresan a Israel muchas veces llegan en la pobreza, y los judíos que viven en naciones extranjeras han tenido que soportar persecución, oposición y antisemitismo con el propósito específico de obstaculizar su progreso económico e influencia en los negocios. Otras naciones han reconocido el genio creativo y la destreza en los negocios de los judíos en campos como la religión, las finanzas, las artes, las ciencias y la medicina. Como grupo étnico, los judíos han sobrevivido en contra de las probabilidades, y, como la mítica ave fénix, se han levantado de las cenizas de la virtual extinción y han reconstruido su nación (Israel) y prosperan donde han sido plantados. Los judíos practicantes de la Torá saben que hay un pacto de prosperidad en el pacto de Dios con la nación hebrea:

> Guardaréis, pues, las palabras de este pacto, y las pondréis por obra, para que prosperéis en todo lo que hiciereis.
>
> —Deuteronomio 29:9

El plan de prosperidad de Dios comenzó con Abraham y le fue transmitido a Jacob y a José mucho antes de la revelación de la Torá:

> Entonces él me respondió: Jehová, en cuya presencia he andado, enviará su ángel contigo, y prosperará tu camino.
>
> —Génesis 24:40

> Y vio su amo que Jehová estaba con él, y que todo lo que él hacía, Jehová lo hacía prosperar en su mano.
>
> —Génesis 39:3

Durante el tiempo de los reyes de Israel, Dios le recordó a Israel su pacto de prosperidad:

> Guarda los preceptos de Jehová tu Dios, andando en sus caminos, y observando sus estatutos y mandamientos, sus decretos y sus testimonios, de la manera que está escrito en la ley de Moisés, para que prosperes en todo lo que hagas y en todo aquello que emprendas.
>
> —1 Reyes 2:3

> Creed en Jehová vuestro Dios, y estaréis seguros; creed a sus profetas, y seréis prosperados.
>
> —2 Crónicas 20:20

Las palabras *prosperar* y *prosperidad* hacen salir fuertes opiniones de los creyentes y los no creyentes. ¿La prosperidad es la cantidad de dinero en su cuenta de cheques o de ahorros? ¿El valor de su casa, los modelos y costo de sus coches, y el tipo de ropa en su ropero es lo que lo identifican como una persona próspera? De hecho, la definición de la palabra *próspero* depende de la *persona* cuya definición se utilice.

El mundo, el cristiano promedio y las Escrituras, cada uno da cuenta de una percepción distinta de prosperidad. Para el no creyente, la prosperidad es la habilidad aprendida que lo capacita a uno a escalar hasta la cima de la escalera del éxito en los negocios y amasar un portafolio cuantioso de riqueza personal. Para algunos cristianos, cualquier predicación que incluya un mensaje de prosperidad significa un énfasis desproporcionado sobre el dinero o las cosas, lo cual opaca la visión del creyente porque termina afligido con los "afanes de este siglo" (Marcos 4:19). Otros cristianos tienden a hacer de la prosperidad el latido de su ministerio, probando que *funciona* a través de las cosas que acumulan.

El significado más puro de la palabra *prosperar* se encuentra en las Escrituras mismas. La palabra *prosperar* está escrita cuarenta y nueve veces en la traducción al inglés de la Biblia, mientras que la palabra *próspero* se registra ocho veces, y *prosperidad* se encuentra diecisiete veces. En el Antiguo Testamento la palabra hebrea que se traduce como *prosperar* es *tsalach* y que puede significar "salir, atravesar y lograr éxito". Dios prosperó a Israel cuando *sacó* a los hijos de Israel de la cautividad egipcia, les ordenó que *atravesaran* el Jordán y les prometió tener *éxito* si lo seguían. A Josué se le instruyó:

> Nunca se apartará de tu boca este libro de la ley, sino que de día y de noche meditarás en él, para que guardes y hagas conforme a todo lo que en él está escrito; porque entonces harás prosperar tu camino, y todo te saldrá bien.
>
> —JOSUÉ 1:8

En la traducción al inglés de la Biblia, este es el único pasaje en el que se encuentra la palabra éxito ["todo te saldrá bien]. La raíz de la palabra significa "ser inteligente", pero también significa: "actuar con inteligencia, instruir o ser un experto". En la actualidad, podríamos decir que el éxito se refiere a la habilidad intelectual de tomar decisiones competentes que lleven a resultados positivos, o a mayor prosperidad. Mi definición completa de prosperidad es: "La habilidad de seguir la voluntad de Dios para dejar la condición actual, tomar buenas decisiones e inspirar decisiones que pavimenten el camino de una vida abundante". La prosperidad en verdadero sentido bíblico es mucho más que hacer y ahorrar dinero, o acumular un portafolio inmenso de acciones, bonos y fondos. La prosperidad afecta mucho más que su posición económica. Toda su vida es un viaje continuo de un momento importante al otro. Su viaje debe ser bendecido:

> Y ellos le dijeron: Pregunta, pues, ahora a Dios, para que sepamos si ha de prosperar este viaje que hacemos.
>
> —Jueces 18:5

> Rogando que de alguna manera tenga al fin, por la voluntad de Dios, un próspero viaje para ir a vosotros.
>
> —Romanos 1:10

Los creyentes le pedían a Dios un viaje próspero (exitoso), incluyendo solicitar el favor de Dios en tiempos de guerra. La victoria durante la batalla era una señal de que Dios estaba confirmando su pacto con Israel para la tierra que les había prometido.

> Y persistió en buscar a Dios en los días de Zacarías, entendido en visiones de Dios; y en estos días en que buscó a Jehová, él le prosperó. Y salió y peleó contra los filisteos, y rompió el muro de Gat, y el muro de Jabnia, y el muro de Asdod; y edificó ciudades en Asdod, y en la tierra de los filisteos.
>
> —2 Crónicas 26:5

Éxito durante el viaje y victoria en las guerras eran dos indicaciones de *prosperidad*. Una tercera señal que significaba el favor de Dios era tener éxito al trabajar con las manos, como se indica cuando los cautivos que regresaron de Babilonia le pidieron a Dios que los prosperara al reconstruir el santo templo:

> Y en respuesta les dije: El Dios de los cielos, él nos prosperará, y nosotros sus siervos nos levantaremos y edificaremos, porque vosotros no tenéis parte ni derecho ni memoria en Jerusalén.
>
> —Nehemías 2:20

La Palabra de Dios y su voluntad revelan que a los creyentes se les ha prometido bendición y éxito por medio del trabajo de sus manos (Salmos 1:3). En el antiguo Israel, las señales de las bendiciones de Dios incluían una cosecha anual abundante, árboles fructíferos, tener lluvias en invierno y primavera y el nacimiento de muchos hijos. Cada año estos beneficios visibles eran testificados por las tribus y naciones que los rodeaban como una indicación del pacto de prosperidad del Dios hebreo con su pueblo escogido.

> Sino acuérdate de Jehová tu Dios, porque él te da el poder para hacer las riquezas, a fin de confirmar su pacto que juró a tus padres, como en este día.
>
> —Deuteronomio 8:18

La palabra hebrea para *riquezas* en este pasaje es *chayil* y se refiere a recursos, bienes y riquezas. Dios les estaba garantizando a los hebreos recursos abundantes como recompensa por seguir su pacto. Este ciclo de bendición se repetiría cada año. Por ejemplo, la lluvia hacía que los granos crecieran, produciendo una cosecha abundante de granos y frutos. Los animales producían la leche, el queso y la carne. Los productos y alimentos animales se podían disfrutar personalmente o venderse por una ganancia. ¡Por lo tanto el ciclo de la bendición comenzaba con algo tan simple como la lluvia! Sin lluvia, había sequía, seguida de hambruna; por lo tanto la lluvia representaba prosperidad.

Las promesas de prosperidad que da Dios en su Palabra han sido leídas por creyentes durante siglos; no obstante, la enseñanza de la prosperidad ha resurgido apenas recientemente. ¿Por qué las generaciones anteriores no enfatizaron o enseñaron los principios de bendición y éxito en los negocios que los judíos devotos han conocido durante 3,500 años? Habiendo venido de cuatro generaciones de ministros, responderé esta pregunta con base en mi experiencia y mis observaciones personales.

UNA MENTALIDAD DE POBREZA

Tanto mis abuelos como sus padres fueron mineros de carbón en Virginia Occidental. A principio de la década de 1930, la minería era un trabajo laborioso que se llevaba a cabo con un pico y una pala. Mi bisabuela Rexroad y mi abuelo Bava trabajaban en las minas y predicaban por la noche. En ciertas ocasiones, sus ganancias por ministrar sería un puñado de cebollas viejas y leche de vaca caliente. Cuando mi abuelo Bava realizaba reuniones de avivamiento en la década de 1930, la ofrenda eran solamente cinco centavos. Durante la década de 1930, la gente común tenía pocos ingresos qué gastar, ¡pero algunos además no sentían la necesidad de ayudar a un ministro que ya tenía empleo! Durante muchos siglos hubo una "mentalidad de pobreza" entre muchos creyentes del Evangelio Completo, con base en la idea preconcebida de que cualquier acumulación de dinero estaba prohibida o que era destructiva espiritualmente.

Los pioneros de la fe del Evangelio Completo eran bastante piadosos en su moral y carácter y sumamente sencillos en su estilo de vida. Su ingreso provenía de cultivar la tierra, trabajo en las fábricas, minería y chapuzas. En los comienzos, los mensajes se centraban en santidad y santificación; por lo tanto, cualquiera que adquiriera riqueza era visto con suspicacia por *amar las cosas del mundo* (ver 1 Juan 2:15). Sin embargo, a medida que avanzó el tiempo y las iglesias se mudaron de carpas de lona y pequeñas bodegas a santuarios más grandes los miembros y los ministros reconocieron que se requería dinero para darle lugar al crecimiento de la iglesia y alcanzar a las masas. La expansión del ministerio incluía la impresión de Biblias y literatura cristiana, edificar institutos bíblicos, escuelas cristianas, iglesias en el extranjero y orfanatos, aunado a enviar misioneros, evangelizar y discipular a las masas. Con el tiempo la radio, la onda corta y la televisión llevó a satélites evangélicos, programas cristianos y emisiones en vivo por internet. Cada nuevo canal ministerial se edificó sobre el camino pavimentado con las finanzas de generaciones anteriores.

A medida que los ministerios crecieron, también la necesidad económica. El mandamiento bíblico de los diezmos y ofrendas en los primeros días era muchas veces ignorado o pocas veces se hacía énfasis en él. Cuando una verdad se esconde o se ignora, Dios siempre trae una temporada en la que se restaura esa verdad. La restauración del pacto de bendición de Dios ha sido hecha. *¡Es la voluntad de Dios para su pueblo que sea bendecido en cuerpo, alma y espíritu y prosperar en su vida personal con el fin de ser una bendición para otros!* Claramente, tanto la Torá como el Nuevo Testamento revelan las promesas de prosperidad para los creyentes que sigan las reglas de conducta y entrega a Dios y su Palabra.

LA HISTORIA DEL HEBREO MÁS RICO

Salomón, el hijo de David, es señalado como uno de los líderes hebreos más ricos de la historia y uno de los hombres más sabios que jamás vivió. De joven, Salomón fue escogido para reemplazar a su padre, David, como rey (1 Reyes 1:30-39). En lugar de pedir riqueza, popularidad y el favor de los hombres, Salomón le pidió sabiduría a Dios:

> Y dijo Dios a Salomón: Por cuanto hubo esto en tu corazón, y no pediste riquezas, bienes o gloria, ni la vida de los que te quieren mal, ni pediste muchos días, sino que has pedido para ti sabiduría y ciencia para gobernar a mi pueblo, sobre el cual te he puesto por rey, sabiduría y ciencia te son dadas; y también te daré riquezas, bienes y gloria, como nunca tuvieron los reyes que han sido antes de ti, ni tendrán los que vengan después de ti.
>
> —2 CRÓNICAS 1:11-12

Salomón escribió los primeros veintinueve capítulos de Proverbios y escribió Eclesiatés; libros identificados como *literatura sapiencial*. Proverbios consta de 31 capítulos; los últimos dos fueron añadidos por una persona desconocida (posiblemente el rey Ezequias). Los Proverbios enseñan principios prácticos de sabiduría para la vida diaria. A lo largo del libro, se enfatizan tres palabras de manera constante: *la ciencia* se menciona cuarenta y tres veces, *entendimiento* aparece cincuenta y cinco veces, y la palabra *sabiduría* cincuenta y cuatro. Estas tres palabras clave abren las puertas de la sabiduría de Salomón para la prosperidad espiritual, emocional, mental y financiera. Seguir el patrón de tres pasos de Salomón llevará a una persona promedio a estar sobre el promedio. Salomón sabía que:

- La ciencia es la acumulación de información.
- El entendimiento es la organización de esa información.
- Y la sabiduría es su aplicación.

Los padres, educadores y maestros pueden transmitir conocimiento o ciencia por medio de leerles libros a sus hijos o estudiantes (o de recomendarles libros qué leer), a través del ejemplo personal, y enseñándoles de manera directa. La ciencia o el conocimiento se pueden recibir mediante las experiencias de la vida. No obstante, la ciencia sin entendimiento, es como una computadora con un disco duro lleno de información y que nunca se enciende. Podemos presumir de la gran cantidad de información almacenada, pero hasta que la información no sea consultada e impresa desde la *laptop*, es solamente una computadora acumulando información. Uno debe pasar de la información a la iluminación o entendimiento.

El entendimiento es la capacidad de acomodar la información (o datos) recibidos por medio del estudio y la experiencia personal en su estructura apropiada. Si aprendemos y no practicamos lo que hemos aprendido, nuestro conocimiento se vuelve en fe sin acción: está muerto (Santiago 2:17). Cien estudiantes pueden sentarse a los pies de un maestro y obtener conocimiento, pero no todos reciben entendimiento de cómo activar la información o hacerla funcionar en las situaciones de la vida. Por ejemplo, todos los fumadores saben que fumar es un hábito que con el tiempo puede causar cáncer. Esto está documentado médicamente. No obstante, algunos fumadores piensan que el cáncer nunca los va a afectar. Esta no es una falta de información, sino de entendimiento.

Cristo encontró una *discapacidad de entendimiento* entre sus oyentes. A menudo, los que escuchaban sus parábolas no llegaban a entender su significado. Sus discípulos cercanos a menudo se reunían para pedirle a Cristo que explicara el entendimiento (la historia dentro de la historia). En Mateo 13:13, Cristo dijo: "Por eso les hablo por parábolas: porque viendo no ven, y oyendo no oyen, ni entienden". La palabra griega para *entienden* en este pasaje significa: "juntar todas las piezas de algo y comprenderlo mentalmente". Una persona puede escuchar una parábola, pero no comprender el significado.

Una vez que hemos recibido entendimiento y podemos tomar el significado y propósito de nuestra información, entonces podemos aprender a *aplicar* esa información. Esto lleva a la tercera clave de Salomón: la necesidad de sabiduría. La verdadera sabiduría es la habilidad de aplicar el conocimiento con el fin de ayudar a las personas y las cosas a funcionar de manera apropiada y en su divino orden.

Hay dos tipos de sabiduría: *carnal* (humana) y *espiritual* (divina). Israel ha usado la sabiduría humana en muchas ocasiones durante guerras previas. Durante una batalla en Israel en la década de 1940, un ejército árabe controlaba una ciudad. Armado con un cañón y dos pequeñas ojivas, el líder judío notó un camión que transportaba tubos de metal que se había descompuesto. También había varias ruedas de vagones viejos tiradas cerca de ahí. Un israelí tuvo la idea de hacer cañones falsos. Él y otros construyeron varios cañones falsos y de noche los colocaron alrededor de la ciudad. El único cañón real fue colocado en una colina cuya cima quedaba sobre la ciudad. En la mañana el judío le llamó al líder árabe dentro de la ciudad, amenazándolo con atacar la ciudad si no se rendía. El árabe respondió: "Ustedes los judíos no tienen armas". El hombre ordenó que se dispara la primera de las únicas dos ojivas que tenían, la cual golpeó el muro. El líder árabe miró sobre el muro y vio varios cañones sin darse cuenta de que eran falsos. ¡Y entregó la ciudad![1]

En otra ocasión, la marina egipcia envió un gran buque de guerra contra la ciudad israelí de Haifa. Los judíos no tenían barcos navales, pero tenían el cascarón vacío de un barco atracado en el puerto. Se les ocurrió la idea de crear misiles y armas falsos de papel maché sobre la cubierta del barco y pintar el barco como señuelo para interceptar el navío egipcio. Para el momento en que el barco egipcio llegó, vieron algo inesperado: ¡los israelíes tenían un barco con misiles grandes! Un grupo de soldados israelíes interceptaron a los egipcios en un pequeño bote, exigiendo que el capitán se rindiera o serían "volados en pedazos" por el nuevo barco de Israel. El navío de guerra de los egipcios se rindió. Este es un ejemplo de sabiduría carnal utilizada con un propósito positivo, para derrotar a un adversario.[2]

La verdadera sabiduría espiritual es la capacidad de resolver los problemas de la vida a través de activar los principios y promesas de la Palabra de Dios. Esta es "sabiduría de lo alto" que nos llega por medio del mejor maestro de todos, el Espíritu Santo. Con esta ayuda podemos aplicar la Palabra a una situación particular, y así crear una solución o encontrar la respuesta necesaria al problema. Los judíos devotos comprenden la importancia de la sabiduría y reconocen que utilizar los principios de sabiduría revelados en el libro de Proverbios desarrolla carácter, integridad y honestidad: los trillizos fantásticos que son necesarios para verdaderamente tener éxito en las cuestiones familiares, las relaciones y los negocios.

Vemos un ejemplo de la sabiduría de Salomón en 1 Reyes 3:16-28. Dos mujeres acudieron a Salomón con un niño, y ambas decían ser la madre del niño. Una señalaba a la otra diciendo: "Ella se acostó sobre su hijo anoche y lo mató, y ahora dice que mi hijo es suyo". La otra mujer repitió la misma historia, acusando a su adversaria de matar accidentalmente a su hijo y después decir que el bebé vivo era suyo.

Salomón observó la situación y solicitó una espada. Dijo: "Voy a cortar al niño por la mitad, y así cada una podrá tener la mitad del niño vivo".

De inmediato, una de ellas gritó: "No, no lo haga. Déle el niño a la otra; ¡no quiero ver morir al niño!". Salomón le entregó el niño a la mujer que gritó. Después de todo, solamente la verdadera madre hubiera querido que el niño viviera sin importar quien lo criara. Esta fue una manifestación de sabiduría espiritual.

PROVERBIOS Y LOS PRINCIPIOS DE SABIDURÍA

Es común que los ayos judíos se dirijan a sus estudiantes con las palabras "hijo mío". Los principios de sabiduría de Salomón a menudo eran dichos de esta manera. Varios proverbios comienzan diciendo: "Hijo mío", y luego dan estas instrucciones:

- Oye, hijo mío, la instrucción de tu padre — Proverbios 1:8.

- Hijo mío, si los pecadores te quisieren engañar, no consientas — Proverbios 1:10.

- Hijo mío, no andes en camino con ellos — Proverbios 1:15.

- Hijo mío, si haces tuyas mis palabras y atesoras mis mandamientos — Proverbios 2:1.

- Hijo mío, no te olvides de mi ley, y tu corazón guarde mis mandamientos —Proverbios 3:1.

- No menosprecies, hijo mío, el castigo de Jehová, ni te fatigues de su corrección — Proverbios 3:11.

- Hijo mío, no se aparten estas cosas de tus ojos; guarda la ley y el consejo — Proverbios 3:21.

Salomón con toda claridad expresa que un hijo sabio y un hombre sabio no consentirían consejo equivocado o seguir el estilo de vida impío de un pecador. Le aconseja al creyente que no olvide los mandamientos y que no menosprecie la corrección cuando tome decisiones equivocadas. Estos mandamientos contradicen los ligeros valores morales de muchos adolescentes estadounidenses que se rinden bajo la presión de sus compañeros y siguen las modas más recientes, experimentando con el sexo, las drogas y el alcohol. Aunque muchos han sido criados en una familia recta, con el tiempo se olvidan de las instrucciones piadosas y se rebelan en contra de la corrección. Estas acciones descuidadas son sinónimos de ignorancia con fertilizante de rápido crecimiento.

SALOMÓN: SIGA LA VERDAD O ENFRENTE LAS CONSECUENCIAS

Habiendo experimentado abundante riqueza, fama, éxito y bendiciones, Salomón brindó palabras de sabiduría a las generaciones futura acerca de las consecuencias severas de violar los mandamientos de Dios y los principios de sabiduría: usted puede seguir la verdad, o puede rebelarse y pagar las consecuencias.

La violación	El principio de sabiduría	La consecuencia bíblica
Ser inmoral con una mujer	Proverbios 5:3–10	Perder el honor y que otros se apoderen de las riquezas de uno.
Dormir demasiado	Proverbios 6:10–11	Vivir en la pobreza con necesidad contínua.
Obtener dinero mal habido	Proverbios 10:2–3	Finalmente perder su sustancia.
Salir como fiador	Proverbios 11:15	Terminará perjudicándolo.
Tener una actitud avara	Proverbios 11:24	Solamente guía a la pobreza.
Provocar a ira a la familia	Proverbios 11:29	Heredará tormentas (una tempestad en el hogar).
Obtener dinero sin trabajar	Proverbios 13:11	Sus finanzas lentamente disminuirán.
No escuchar la corrección	Proverbios 13:18	Recibirá pobreza y vergüenza.
Tomar demasiado para sí	Proverbios 14:23	Lo hará empobrecer y padecer necesidad.

La violación	El principio de sabiduría	La consecuencia bíblica
Ser demasiado perezoso	Proverbios 19:15	Padecerá hambre.
No escuchar el clamor del pobre	Proverbios 21:13	Cuando clame no será escuchado.
Amar el placer	Proverbios 21:17	No será exitoso o rico.
Borrachera o glotonería	Proverbios 23:21	Tendrá pobreza, se volverá soñoliento y vivirá en harapos.
Tratar de hacerse rico rápidamente	Proverbios 28:22	Es una inclinación maligna que de hecho genera pobreza.

SALOMÓN DICE

Salomón comprendía que recibir una recompensa por su trabajo estaba ligado a ciertas reglas. De niño jugaba un juego llamado "Simón dice". Olvídese de lo que Simón dice, y descubra lo que Salomón dice.

Salomón dice: Levántate, tú perezoso.

> Perezoso, ¿hasta cuándo has de dormir?
> ¿Cuándo te levantarás de tu sueño?
> Un poco de sueño, un poco de dormitar,
> y cruzar por un poco las manos para reposo;
> así vendrá tu necesidad como caminante,
> y tu pobreza como hombre armado.
>
> —PROVERBIOS 6:9–11

Salomón escribió en contra del peligro de ser un "perezoso" (Proverbios 13:4; 26:16). Un perezoso es una persona floja mental y físicamente. Un perezoso continuamente deja las cosas para después, posponiendo para más tarde lo que tiene que hacer en el momento (Proverbios 20:4). Un perezoso se acuesta tarde, se levanta tarde y siempre llega tarde a la escuela, al trabajo o a sus citas (Proverbios 6:9). Es casi igual de fácil motivar a un perezoso que a un elefante dormido. Los perezosos siempre tienen carencias y nunca cumplen con sus objetivos financieros. Son las personas que siempre sueñan con hacer, tener y obtener, pero que nunca lo llegan a hacer (Proverbios 13:4). La manera de derrotar la pereza es desarrollando diligencia:

El alma del perezoso desea, y nada alcanza;
mas el alma de los diligentes será prosperada.

—PROVERBIOS 13:4

Salomón dice: Sea diligente y encontrará oro.

Con toda diligencia guarda tu corazón,
porque de él brotan los manantiales de la vida.

—PROVERBIOS 4:23; LBLA

La palabra común hebrea *charuwts* para *diligente* es única. Puede hacer referencia a cavar para buscar oro o a trillar un campo. La idea es perseguir algo con determinación, pasión y habilidad con una meta final en mente (obtener el oro o la cosecha). La diligencia es una virtud tan importante que la persona que la desarrolle puede estar delante de reyes (Proverbios 22:29).

La diligencia tiene una gemela llamada persistencia. Nuestra sociedad quiere comer tres comidas al día y adelgazar, ejercitarse al mismo tiempo que descansar en el sillón reclinable viendo televisión, bajar de peso durmiendo y obtener su sueldo sin trabajar duro. Salomón dice: "La mano negligente empobrece; mas la mano de los diligentes enriquece" (Proverbios 10:4). La razón por la que algunos estadounidenses no son diligentes en el trabajo es que demasiados de ellos están trabajando en empleos que no disfrutan. Los trabajadores más diligentes son los que fundaron el negocio (o ministerio), o los que les pagan bien por sus habilidades y toman a pecho su deseo de ver crecimiento y resultados. Una buena recompensa financiera motiva a los trabajadores talentosos y diligentes a procurar resultados positivos y crecimiento financiero en su lugar de trabajo.

Si hay una palabra que resuma el estilo de vida judío en el plano de los negocios es *diligencia*. Algunas personas trabajan *más duro*, mientras que otras trabajan *con más inteligencia*. Trabajar dieciséis horas al día durante seis semanas cada semana puede hacerle obtener el premio de "Trabajó lo más duro y el mayor número de horas", pero nunca recibirá el premio de "Trabajó con mayor inteligencia". Trabajar dieciocho horas al día durante seis días consecutivos finalmente lo llevará a la cama para un largo descanso inoportuno o a una caja de madera para unas *vacaciones* permanentes.

Recuerdo un tiempo en el que predicaba continuamente todas las noches desde tres hasta once semanas consecutivas. En una ocasión ministré durante cuatro meses, todas las noches sin descanso. Al final del cuarto mes, mis nervios estaban demasiado sensibles y mi cuerpo estaba tan cansado que no podía orar personalmente por las personas que pasaban al frente con alguna necesidad. Estaba trabajando *duro*, pero no de manera *inteligente*. Sin embargo, en la actualidad, por medio de nuestra transmisión semanal *Manna-fest*, la internet, los libros, discos, videos y nuestra revista *Voice of Evangelism* [Voz de la evangelización], puedo alcanzar a más personas alrededor del mundo en treinta días de lo que pude alcanzar antes durante veinticinco años de ministrar a las iglesias locales. Eso es trabajar con inteligencia.

Según Salomón:

- El diligente no estará ocioso ni será lento con su trabajo — Proverbios 10:4.

- El diligente conservará su empleo, pero el perezoso siempre perderá el suyo — Proverbios 12:24.

- El diligente siempre terminará lo que empiece, pero el perezoso hará un trabajo a medias — Proverbios 12:27.

- El diligente planea para su futuro con la prosperidad financiera en mente — Proverbios 21:5.

- El diligente y el solícito estarán delante de los grandes y los reyes — Proverbios 22:29.

- El diligente llevará cuentas, tendrá los registros al día y conocerá cómo va su negocio — Proverbios 27:23.

Es difícil ser diligente sin un sueño, una visión o una meta. Véalo, establézcalo, asegúrelo y tenga éxito con ello.

Salomón dice: Aprenda a cuidar su lengua.

No siempre se trata de lo *que* dice sino de la *manera* y el *tono* en que lo dice. Se han infligido más daños irreparables por medio de palabras descuidadas durante una acalorada discusión que en cualquier otra forma de conflicto.

Salomón enseñó en Proverbios 18:21 que: "La muerte y la vida están en poder de la lengua". Menciona la lengua diecinueve veces en

Proverbios, muchas veces advirtiendo sobre su poder destructivo (Proverbios 25:23), y revela que: "El que guarda su boca y su lengua, su alma guarda de angustias" (Proverbios 21:23). Santiago, quien fuera uno de los escritores del Nuevo Testamento, dio un discurso sobre el peligro de no controlar la lengua, diciendo que es una pequeña cosa que inicia incendios (Santiago 3:5-6). Enseñó que los creyentes no deberían hacer juramentos, sino responder con un simple sí o no (Santiago 5:12). En otras palabras, mantener la conversación veraz, breve y al grano. Las respuestas suaves quitan la ira (Proverbios 15:1).

Un consejo sabio: *Si no quiere que nadie lo lea, no lo escriba. Si no quiere que nadie lo repita, no lo diga; y si no quiere que nadie lo vea, no lo enseñe.* Los enemigos políticos investigan artículos publicados en las escuelas, viejas fotografías y entrevistan a los amigos cercanos para descubrir algún comentario escrito o hablado que pueda ser utilizado en contra del candidato opositor. Los políticos han perdido cargos por palabras descuidadas pronunciadas en el momento inoportuno. Salomón dice que la sabiduría incluye cuidar lo que se dice, ya que una vez que las palabras han salido de los labios no se pueden devolver. Proverbios 17:27 dice: "El que ahorra sus palabras tiene sabiduría; de espíritu prudente es el hombre entendido".

A lo largo de Proverbios, Salomón reveló el poder de la lengua y los efectos de las palabras:

- Los hombres son seducidos por las palabras lisonjeras de la mujer – Proverbios 6:24.

- Las palabras de una persona justa son como plata pura – Proverbios 10:20.

- Los que hablan precipitadamente son como una persona blandiendo una espada – Proverbios 12:18.

- Los que son justos siempre hablarán sabiduría - Proverbios 15:2.

- Los que se burlan del pobre serán ellos mismos castigados - Proverbios 17:5.

- La vida y la muerte son liberadas a través del poder de las palabras - Proverbios 18:21.

- Una persona que puede controlar lo que dice prevendrá los problemas - Proverbios 21:23.

- Una reprensión sincera es mejor que la lisonja - Proverbios 28:23.

Los lineamientos de Salomón para la sabiduría nacieron de sus propias experiencias espirituales y humanas. Era reconocido como el hombre más rico del mundo, y reyes y reinas buscaban ocasión para sentarse a sus pies para escuchar su enseñanza y sus proverbios, y descubrir los secretos de su sabiduría.

Salomón dice: Límpiese las orejas para que me pueda escuchar ahora.

Salomón dijo que *escucháramos* (Proverbios 4:1), *guardáramos* (Proverbios 7:1) y *no olvidáramos* (Proverbios 3:1) las instrucciones y mandamientos de Dios. Todo el conocimiento comienza con escuchar. Hay dos maneras de escuchar: una con sus oídos externos y otra con su espíritu. Todos tienen oídos para escuchar, pero algunos necesitan entendimiento espiritual después de escuchar.

Por ejemplo, quinientas personas pueden llenar una iglesia y escuchar el mismo mensaje. Después, si se les pregunta lo que aprendieron o lo que recibieron algunos lo explicarán claramente, mientras que otros reconocerán: "No entendí nada". No obstante, todos escucharon lo mismo. Este ejemplo ilustra los tres tipos de *oídos*. Los cuales son:

- *Oídos limpios*: los que pueden escuchar claramente la verdad, recibirla y seguir todas las instrucciones.

- *Oídos tapados*: los que no pueden recibir la información a causa de tradiciones preconcebidas o prejuicios.

- *Oídos de crítica*: los que se rehúsan a escuchar porque tienen una actitud de crítica hacia el mensaje o el mensajero.

El conocimiento entra a la mente por medio de leer y escuchar. Un deber *limpiarse los oídos*, remover los obstáculos e ideas preconcebidas que evitan que la Palabra de Dios avance los cuarenta y seis centímetros que separan su cabeza de su corazón. Luego, guarde (o preserve) lo que haya escuchado por medio de cuidar de su corazón con toda diligencia (Proverbios 4:23, LBLA). Cristo enseñó que el adversario intenta robar la Palabra de Dios que usted escuche antes de que la semilla pueda echar raíces y producir resultados (Marcos 4:15-17). El tercer paso es siempre recordar las reglas y nunca olvidar que la *falta de sabiduría* es lo que evita que usted busque la sabiduría. A los hebreos se les advirtió que después de establecerse en la Tierra Prometida, nunca deberían olvidar que fue Dios y su pacto lo que les dio el poder de obtener riquezas (Deuteronomio 8:17–18). Moisés le advirtió ocho veces al pueblo que no olvidara el pacto (Deuteronomio 4:9, 23, 31; 6:12; 8:11, 14, 19; 25:19).

Salomón sabía que el conocimiento comienza por medio de escuchar, que el entendimiento empieza a través de hacer y que la sabiduría se manifiesta mediante la diligencia.

LO QUE HE APRENDIDO DE CREYENTES RICOS

Habiendo ministrado en más de treinta y cinco estados y diez países extranjeros, he conocido personalmente a miles de cristianos a quienes los ejecutivos seculares los clasificarían como ricos conforme a los estándares estadounidenses. Algunos son dueños de negocios personales, son presidentes y vicepresidentes de empresas, o disfrutan de carreras con un alto sueldo en las ciudades más importantes. Aunque nunca he buscado riqueza personal o favores de parte de amigos prominentes, he aprendido muchos principios de conducta y habilidades operativas que estos creyentes devotos practican. He incorporado varios conceptos clave en esta sección que yo llamo: "Ideas nuevas que Perry ha obtenido de las experiencias de sus amigos", o: "¡Lo que aprendí a la buena, después de que ellos lo descubrieron a la mala!".

REVELACIÓN #1 DE PERRY: Conviértase en un especialista.

Si usted se siente inclinado hacia cierta dirección o inspiración particular para su vida, entonces aprenda de quienes ya han estado donde usted quiere ir. Estudie sus éxitos y sus fracasos. Este es el primer paso de Salomón; recolectar información o conocimiento. Debe obtener abundancia de conocimientos hasta que la gente lo busque y quiera pagarle por lo que usted sabe.

Mi padre guardaba una larga fila de revistas, sermones y artículos de grandes predicadores desde la década de 1940 a 1960. Después de entrar al ministerio, pasé cientos de horas estudiando la vida y los mensajes de grandes hombres y mujeres que fueron antes que yo: sus sermones, métodos, talentos, éxitos e incluso sus fracasos. Luego de más de treinta y tres años de ministerio y más de cuarenta mil horas de estudio bíblico, he sido etiquetado por muchos como un ministro profético de vanguardia y maestro de las raíces hebreas del cristianismo. Este no es un título que yo mismo me haya dado, sino son los comentarios de quienes me han conocido durante muchos años. Lo cual sucedío porque me enfoqué en dos temas: profecía y raíces hebreas; y he mantenido una visión clara hasta ahora.

Si usted desea convertirse en un *especialista* en cualquier campo de estudio, necesita *pasión* por su sueño y una *carga* si es que quiere aceptar el llamado de Dios para entrar el ministerio. En el mundo de los negocios, los ejecutivos le pagan a la gente por los problemas que resuelva, ¡y no por los que genere! "La discreción te guardará; te preservará la inteligencia" (Proverbios 2:11). Es menos probable que los jefes despidan a la persona cuyo conocimiento sea necesario para el crecimiento y la rentabilidad del negocio. "El que ahorra sus palabras tiene sabiduría; de espíritu prudente es el hombre entendido" (Proverbios 17:27). Persiga con pasión lo que le emocione y capture su imaginación.

Revelación #2 de Perry: Haga inversiones y compras sabias
La mejor inversión es la que genera retorno positivo. Se desperdicia demasiado dinero en artículos sobre preciados que en el futuro se venderán por poco dinero en una venta de garage. Por lo cual, al gastar cantidades sustanciales de dinero, el comprados debería considerar el valor futuro, o el valor de reventa de los artículos que compre.

Uno de mis pasatiempos es asistir a subastas comunitarias, usualmente una o dos veces al año. Solamente compro algo si lo puedo usar o si mantendrá o incrementará su valor. Mi hermana Melanie, ha vendido solamente por diversión algunos de estos artículos en su sitio de subastas en eBay. Una vez compré varios juguetes viejos, incluyendo cincuenta coches de juguete Hot Wheels por $70 dólares. Melanie vendió los coches en casi $500. A causa de mi enfoque en el ministerio, no tengo tiempo de vender estos artículos, pero le doy una comisión a Melanie después de la venta.

Si está invirtiendo en acciones, bonos o bonos del tesoro, nunca dependa solamente de las palabras de una sola persona. Estudie y conozca la información interna de las inversiones, e infórmese antes de poner grandes sumas de dinero en el mercado. "Da al sabio, y será más sabio; enseña al justo, y aumentará su saber" (Proverbios 9:9). La información trae conocimiento, y el conocimiento incrementa el entendimiento. No olvide que si es demasiado bueno para ser verdad, probablemente lo sea un truco.

REVELACIÓN #3 DE PERRY: Inicie un negocio en casa.

Las computadoras y los sitios de internet facilitan la operación de un pequeño negocio desde casa. De hecho, miles de millones de dólares fluyen por la internet cada año, y la cantidad va en aumento. Por ejemplo, un hombre compró revistas viejas con fotografías de guitarras antiguas. Utilizando la computadora de su casa, enmarcó estas fotografías y ahora las vende. Quedé sorprendido cuando su esposa me dijo que en promedio gana $100,000 al año haciendo esto como un trabajo adicional.

Las ideas de las redes multinivel son populares, pero la gente debe tener cuidado de no quedar consumidos por este estilo de negocio al punto que olvide asistir a la iglesia y deje de lado pasar tiempo con la familia. Así como Dios les dios a Moisés los planos para el tabernáculo, y a David los del templo, también proveyó los recursos para estos edificios sagrados. Los hebreos tomaron el oro y la plata de los egipcios (Salmos 105:37), y David adquirió despojos adicionales por medio de sus esfuerzos de guerra (1 Crónicas 28:11-19). Con una idea inspirada, un poco de dinero y diligencia, una persona puede generar ingresos en el mercado de hoy utilizando la internet.

REVELACIÓN #4 DE PERRY: Los contactos pueden ahorrar dinero.

Hace algunos años evaluamos los gastos anuales de nuestro ministerio y vimos que se gastaban cientos de miles de dólares en comunicados por correo y en cajas para nuestro club de cintas de audio y los pedidos diarios. Me puse en contacto con un empresario árabe de Israel que durante muchos años había ayudado a las redes cristianas con ofertas especiales como una ofrenda de amor. Lo que hizo fue viajar al extranjero y contratar a una empresa productora de cajas para que surtiera los comunicados, haciendo que el ministerio ahorrara más de $80,000 dólares en un solo embarque grande.

Estos ahorros proveyeron ingresos adicionales que se aplicaron a dos contratos de televisión con dos estaciones importantes. En lugar de tener que pagar la factura por unas cajas, quedamos complacidos de poder invertir en alcanzar a miles de personas más por medio de nuestra emisión semanal *Manna-fest*.

He aprendido que Dios trae *conexiones del Reino* a su vida: a la persona que tiene la llave para abrir la puerta de oportunidad que usted necesita. Estos conectores enlazan a la gente con gente, personas con lugares, y personas con el mismo propósito. Cristo dijo que cuando le damos a otros: "Con la misma medida con que medís, os volverán a medir" (Lucas 6:38).

Durante siglos, los negocios judíos han trabajado en cooperación con otras fuentes judías y entienden el concepto de lo que yo llamo *una hermandad unificada de propósitos económicos*. Cuando se necesitan artículos para fábricas, tiendas de ropa, joyería o plateros, los judíos conocen a otros colaboradores judíos que pueden proveer los recursos. Alguien muchas veces tiene la solución para su situación, las respuestas a sus preguntas y la provisión para su pasión. "No dejes a tu amigo, ni al amigo de tu padre" (Proverbios 27:10). Aprenda a conservar y hacer amistades de calidad con personas de buen carácter.

REVELACIÓN #5 DE PERRY: Sus dones pueden crear lo que necesita.

Dios utiliza los dones espirituales y naturales en su vida para bendecir a otros, incluyendo su familia. Tanto José como Daniel podían interpretar sueños proféticos extraños, y sus dones únicos los llevaron delante de reyes. David tenía una habilidad natural para utilizar la onda, y su talento lo llevó a la batalla, donde mató a Goliat y lo convirtió instantáneamente en héroe nacional. Cada uno de nosotros tenemos un talento o varios talentos únicos que pueden ser liberados para bendecirnos y ser una bendición para los demás.

¡En cierto momento, mi abuelo escribió o tenía los derechos de cientos de canciones! El famoso cantante de música country cristiana Ricky van Shelton grabó una de sus canciones. No me había dado cuenta de que llevaba la composición en mi ADN hasta que una amiga me ayudó a *sacarlo de mí.* Ella es una compositora fabulosa, y cuando hicimos equipo, yo escribí las palabras y ella la música. La primera canción que escribimos fue "Close to the Cross, but Far From the Blood" [Cerca de la cruz, pero lejos de la sangre]. Años después de que la escribimos fue grabada por los McKameys, un grupo de música gospel reconocido en todo el país. Durante un servicio dominical en Tampa, Florida, a principios de la década de 1990, de pronto me sentí inspirado con un coro: "Let the veil down; let the praise go up" [Que el velo caiga y se levante la alabanza]. Más tarde, Keith Dudley le añadió las estrofas, y esta canción inspiradora fue grabada por Judy Jacobs, y ha sido escuchada en todo el mundo.

Pronto, cantantes famosos de gospel comenzaron a pedir que les mostráramos nuestras canciones y que les permitiéramos grabarlas. Cantantes tan famosos como Karen Wheaton, John Starnes, Mike Purkey, Gold City Quartet y muchos otros han grabado nuestras canciones. Hace algunos años, imagine mi sorpresa cuando abrí un sobre de ASCAP Music y vi un cheque por regalías a mi nombre por más de $4,000 dólares ¡solamente por una canción! Este talento lo tenía escondido, hasta que fue impulsado a la superficie por una persona que operaba en el mismo don.

Hace algunos años, contraté a una joven para que nos ayudará a responder correspondencia electrónica y ordinaria y también llamadas telefónicas. Semanas después mi esposa me dijo: "¿Sabías que es una gran cantante?". No lo sabía, pero más tarde la escuché a ella y a su esposo en nuestra iglesia local. Invitamos a esta pareja a ministrar en nuestra convención principal y más tarde les *torcimos el brazo* para que grabaran un disco. Este disco fue de tanta inspiración para el Cuerpo de Cristo que ha producido otros cuatro, cada uno con canciones dinámicas y una manera de cantar explosiva. Gracias a esto, Gina Bean ha bendecido a miles con su música, y el ingreso que reciben ella y su esposo Larry por la música los ayuda a proveer para sus necesidades y ministerio. Ella es la cantante favorita de música gospel de mi hija. Proverbios 18:16 dice: "La dádiva del hombre le ensancha el camino y le lleva delante de los grandes".

Revelación #6 de Perry: No se compare con los demás.

Uno de los peores errores que cometemos es cuando comparamos lo que estamos haciendo con lo que otros están logrando. La Biblia dice que no es sabio compararnos con otros (2 Corintios 10:12). Los ministros frecuentemente comparan la asistencia de su iglesia con otras congregaciones de la comunidad. Esto no es sabio. Si no está experimentando resultados o una explosión de crecimiento como otros, tenderá a sentir que está fracasando y no podrá ver los otros éxitos que quizá esté logrando. No es sabio, ya que el crecimiento, el ensanchamiento y las bendiciones suceden en ciertos momentos durante su ciclo de vida, y su temporada de crecimiento es probable que esté siendo diferida para un momento futuro.

En el antiguo Israel, David fue ungido rey cuando era adolescente y el rey Saúl seguía en el trono de Israel. David esperó pacientemente varios años, permitiendo que su *tiempo* llegara, antes de ser exaltado como rey. Cuando vea lo que los demás están logrando, tenderá a copiar sus métodos, lo cual no siempre funcionará en su propia situación. Conténtese donde se encuentre a medida que avance cada día con la visión y el sueño que están creciendo en usted. La prosperidad y el éxito no vienen de manera instantánea, como ganarse la lotería, pero son cultivados a diario como flores en un jardín que necesitan agua y luz del sol.

Revelación #7 de Perry: No edifique sin calcular el costo.

En Lucas 14:28, Cristo dijo: "Porque ¿quién de vosotros, queriendo edificar una torre, no se sienta primero y calcula los gastos, a ver si tiene lo que necesita para acabarla?". He construido dos oficinas grandes para el ministerio; una es de dos mil trescientos metros cuadrados y la última de cuatro mil metros cuadrados. Al comprender nuestra necesidad de expansión, recordé las palabras de Cristo "calcula los gastos". Tomé una lección de Salomón. Su padre, David, apartó una porción del oro y la plata para el mobiliario sagrado antes de que Salomón comenzara el proceso de construcción (1 Crónicas 28:11-19). Comencé a apartar ingresos adicionales con el único propósito de prepararnos para los nuevos edificios. Al hacer esto, solamente pedimos un préstamo de $100,000 dólares en una de las ocasiones. Ambos edificios fueron terminados y consagrados libres de deudas.

La misma regla se aplica al comprar nuestro tiempo aire de televisión, que suma un total de más de tres millones de dólares al año. Con un año de anticipación, comenzamos a apartar incrementos en los ingresos para pagar el pago de tiempo aire de todo un año. Esto alivia la tensión y la carga de pagar las cuentas mensuales y estar preocupados en caso de que suceda un problema financiero. También he seguido la instrucción de dos pasajes más relacionados con el aspecto empresarial de nuestro ministerio. Primero, Pablo escribió que no fuéramos perezosos, sino fervientes en espíritu; sirviendo al Señor (Romanos 12:11). Segundo, se nos dice que no debamos nada a nadie, sino el amarnos unos a otros (Romanos 13:8). Salomón dice: "El que toma prestado es siervo del que presta" (Proverbios 22:7). La mayoría de las familias están pagando la hipoteca de la casa y el préstamo del coche. No obstante, la deuda excesiva puede meterlo debajo de una carga con cadenas de pesadez. No tome decisiones financieras importantes vinculadas con pedir prestado o con echarse una deuda encima, y no construya a menos que calcule primero los gastos y pueda pagar las cuentas.

TRABAJAR DESDE UN SUEÑO

Usted una vez fue un sueño en el corazón de su madre y de su padre. Su nacimiento cumplió ese sueño, y a medida que crecía, los sueños crecieron también. Tarde en la noche al acurrucarlo en la cama, soñaban con su futuro, su destino. ¿A qué universidad asistiría? ¿Con quién se casaría? Si disfrutarían nietos, y qué tan viejos estarían *ellos* cuando los nietos estuvieran acostados en el mismo lugar que usted.

Ahora *usted* está soñando los mismos sueños que soñaron sus padres, excepto que usted tiene sueños nuevos para una nueva generación en el tiempo y la historia. ¿De qué manera hará realidad el sueño para su futuro que ve en su mente, pero que no ve delante de sus ojos? El cumplimiento de su sueño es un proceso similar a cultivar y cosechar un huerto. Es un proceso de cuatro partes:

1. Debe *plantar* su sueño o su visión en su espíritu y su mente.

2. Luego lo debe *alimentar* a través de energizar el sueño o la visión con la Palabra de Dios.

3. Es necesario que lo *desyerbe* por medio de remover dudas, incredulidad y todos los obstáculos y distracciones.

4. Finalmente, puede *comer* de él. Este es el resultado final: disfrutar del fruto de sus labores.

Las inversiones del antiguo Israel

La definición de riqueza ha cambiado a lo largo de la historia secular. Al examinar la Torá y la historia judía, descubrimos que Dios definió tres bienes de intercambio principales que los hebreos comenzaron a acumular como inversiones personales desde el principio de su historia, asegurándolas así para generaciones futuras. Eran oro, semovientes y tierras.

Oro

A lo largo de la historia, el oro ha permanecido como un bien de intercambio probado, especialmente durante tiempos difíciles de la economía. El oro ha sido comercializado en forma de pepita y se ha transformado en joyería y monedas. En las culturas antiguas, mucho del oro local se encontraba escondido en los templos de los dioses. Estos eran lugares seguros, ya que se suponía que las poblaciones temían la ira de los dioses y nunca entrarían a los edificios sagrados a robar de las arcas del templo.

La historia revela que de hecho los imperios se invadían entre sí con el propósito de acumular el oro o el material de riqueza de la otra nación. Esto sucedió en la historia de Israel; primero, cuando los babilonios entraron a Jerusalén y se robaron los vasos de oro y plata del templo y nuevamente en 70 a. D. cuando la Décima Legión Romana saqueó el templo sagrado y enviaron la riqueza de la casa de Dios de vuelta a Roma. En su libro *War Cycles – Peace Cycle* [Ciclos de guerra; ciclos de paz] de Richard Nelly Hoskins señala que los cuatro grandes imperios de la profecía bíblica iniciaron guerras entre ellos para cancelar sus deudas con la nación a la que estaban invadiendo y apoderarse de su oro y su plata. Medo-Persia invadió Babilonia, y más tarde los griegos derrocaron a los medos y a los persas. Años más tarde los romanos derrotaron a los griegos y formaron el Imperio Romano. Cada imperio se encontraba bajo pesados impuestos y se aliviaban de sus cargas fiscales y deudas, o las cancelaban, por medio de invadir y derrotar a sus acreedores.[3] Desde el principio, el oro continuamente ha mantenido su atracción como un metal precioso.

En tiempos modernos, el oro como bien de intercambio incrementa de valor durante tiempos económicos difíciles. En 1999, un amigo sugirió que en unos pocos años el oro se vendería a $1,000 dólares la onza. Después de estudiar la importancia del oro, mi esposa y yo cobramos un bono especial de retiro y con lo obtenido compramos monedas de oro de una onza de un numismático. Las compramos a $256 dólares cada una. Años más tarde, la misma moneda resultó valuada en más de $1,050 dólares.

Suele ocurrir que cuando el oro sube de valor, la plata lo sigue. A finales de 1990 un caballero le ofrendó a nuestro ministerio cientos de monedas de plata de una onza para que fueran vendidas para fondear viajes misioneros. Me las quedé durante un tiempo, y terminé vendiéndolas a $4.25 por moneda, y con ello financiamos dos esfuerzos misioneros importantes. Si me hubiera esperado unos años más, las monedas se hubieran vendido a $15 dólares cada una; un incremento triple. Esto hubiera provisto los recursos para dos viajes misioneros más (incluyendo los costos inflacionarios de viajar al extranjero). Durante los últimos años, el oro por sí solo ha dado rendimientos más altos que DOW, SNP y NASDAQ.

Semovientes

En la historia de la creación, los animales que Dios menciona por nombre tres veces son ganado (Génesis 1:24-26). Lo mismo es verdad con respecto al relato del diluvio. Dios ordenó que trajeran "una pareja de cada especie [...] de ganado" (Génesis 6:20, nvi). Abraham era riquísimo en "ganado, en plata y en oro" (Génesis 13:2). Jacob estaba interesado en invertir en ganado cuando trabajó con Laban (Génesis 30:29-43). Cuando los israelitas se mudaron a Egipto en tiempo de hambre, se llevaron su ganado con ellos (Génesis 46:6). Dios protegió el ganado de los israelitas cuando la plaga golpeó a Egipto (Éxodo 9:4-7), y salieron de Egipto con "muchísimo ganado" (Éxodo 12:38). ¿Por qué el ganado era la inversión más buscada de entre los semovientes por el pueblo judío?

Un buey (o toro) es una vaca macho, y el término básico *vaca* o *ganado*, se suele referir a las hembras. Los bueyes eran presentados como sacrificio para las ofrendas de paz (Números 7:7-83). El buey no produce leche; la hembra sí. En la Escritura, la tierra de Basán al norte de Israel era conocida por su numeroso ganado. Israel era la tierra que fluía "leche y miel", una frase que indica prosperidad, pero que también indica que la leche era un bien de intercambio necesario para el pueblo hebreo.

Inversiones en tierras

Dios le prometió a Abraham, Isaac y Jacob una tierra espaciosa en el corazón del Medio Oriente del tamaño aproximado de Nueva Jersey y que en la actualidad se conoce como *Israel*. Esta tierra tiene siete tipos diferentes de topografía que podrían atraer a cada estilo de persona. Por ejemplo:

- Se puede esquiar sobre nieve en el monte Hermón, en los Altos del Golán, al norte.

- Se puede nadar y pescar en el Mar de Galilea al norte de Israel.

- Se puede disfrutar la playa y el sol de la costa mediterránea de Tel Aviv.

- Puede flotar en el Mar Muerto o disfrutar un spa en el desierto de Judea.

- Puede visitar una hermosa granja en el valle de Meguido.

- Puede viajar a setecientos setenta y dos metros de altitud a la ciudad sagrada de Jerusalén.

- Puede disfrutar las montañas calizas escarpadas de la zona central de la nación.

¡La tierra de Israel lo tiene todo! Pocas naciones en el Medio Oriente tienen la variedad de paisajes, lagos, ríos y granjas que tiene Israel. Israel es la "posesión perpetua" de los descendientes de Abraham (Génesis 13:15; 15:18), a la que Dios mismo le estableció las fronteras "desde el río de Egipto hasta el río grande, el río Eufrates" (Génesis 15:18). Solamente en Deuteronomio, más de veinticinco pasajes identifican la tierra como posesión de Dios, quien se la dio a Israel como su herencia. Solamente cuando Israel rompió su pacto con Dios fueron "arrancados" de la tierra y esparcidos entre las naciones gentiles (Deuteronomio 28:63–68).

Toda nación requiere un *documento constitutivo*, y para Israel fue la Torá. Requiere *un gobierno*, y para Israel eran los profetas, sacerdotes y reyes bajo el liderazgo de Dios: la teocracia máxima. Sobre todo, el país necesita una *tierra*, y Dios proveyó el bien raíz que se requería. La tierra en general es una inversión poderosa. Considere los beneficios materiales, agrícolas y financieros enraizados en la tierra:

- El alimento crece de la tierra.
- Los minerales están enterrados debajo de la tierra.
- El oro, la plata y las piedras preciosas son extraídos de la tierra.
- Los animales pacen y se alimentan de la tierra.
- Los árboles frutales dan su fruto en la tierra.
- La madera se recolecta de la tierra.
- Los arroyos y ríos fluyen a lo largo de la tierra.
- Pozos de agua y mantos acuíferos fluyen debajo de la tierra.
- Las casas se construyen en la tierra.
- Las flores florecen en la tierra.
- Las verduras se cultivan en la tierra.

Los precios de los bienes raíces ciertamente fluctúan; no obstante, la historia revela que una persona no puede equivocarse al querer poseer un pedazo de tierra de calidad que pueda ser cultivada, utilizada para pacer ganado o construir sobre ella en el futuro.

Mi abuelo italiano era un hombre trabajador quien, como a mi abuela le gustaba decir para embromarlo, "¡tenía tantos hierros en el fuego que ninguno de ellos estaba caliente!". Era minero, compositor, editor de revistas, y aun así se daba el tiempo de pastorear una congregación en Gorman, Maryland, la cual fue construida en 1959. Vivió en Davis, Virginia Occidental, una pequeña comunidad de aproximadamente setecientas personas. Durante su vida adquirió varios bienes raíces, junto con apartamentos, que los convirtió en seis propiedades en renta. Muchas veces yo iba con él cuando iba de apartamento en apartamento para hacer reparaciones menores y hablar con los inquilinos. De niño recuerdo que él decía: "Si invierte en algo, invierte en tierra. La gente siempre necesita tierra y un lugar para vivir. Nunca te vas a equivocar al tener una propiedad, si es que es una buena propiedad".

Mi abuelo se retiró a los setenta y nueve años y vivió hasta los ochenta y cuatro años. Hasta su partida, recibía un ingreso mensual de los cinco apartamentos y continuamente los mantenía rentados. Las rentas le ayudaban en su ingreso y lo ayudaban en época de impuestos. Sin embargo, el mayor beneficio lo vi cuando murió. Mi abuela vendió todas las propiedades, vivió de la venta y le dejó a sus dos hijas dinero adicional en su testamento después de morir a los ochenta y seis años. Mi abuelo siempre quería asegurarse de que su amada esposa de sesenta y siete años tuviera todo lo necesario, en caso de que partiera él primero.

Cuando nos mudamos a Cleveland, Tennessee, un especialista en bienes raíces me mostró un terreno de grandes proporciones. Señalando hacia un campo vacío, predijo: "Dentro de veinte años aquí habrá una salida de la carretera interestatal. El pueblo crecerá hacia acá con tiendas y estaciones de servicio. Si pides prestado el dinero para comprar la tierra el día de hoy, en veinte años serás un multimillonario y no tendrás que recibir una sola ofrenda porque vas a poder vivir de tus ingresos". En ese momento, apenas me alcanzaba para pagar mi coche y la casa. Sonreí, le agradecí el consejo y seguí adelante con mi ministerio. Pasaron veintiocho años. La salida de la interestatal está justo ahí, con siete hoteles y tres tiendas de misceláneos rodeadas de cuatro restaurantes. Recientemente, esa propiedad que solía costar $2,000 dólares el acre, se estaba vendiendo por $100,000 a $300,000 dólares por acre. De hecho, la gran extensión que me sugirió que comprara, recientemente se vendió en aproximadamente $5,000,000 de dólares.

En la década de 1980, un cristiano de Carolina del Norte vendió una propiedad en $90,000 dólares y le dio el ingreso al programa de construcción de su iglesia. Después de mucha oración, sintió que debía comprar otra propiedad. Llevó a cabo las investigaciones para saber qué minerales podrían estar presentes en la tierra que quería adquirir. Se sorprendió de descubrir que tenía titanio, y que una empresa japonesa estaba interesada en comprarle la propiedad. La ganancia potencial era de un millón de dólares.

LA TIERRA; UN BIEN DE INTERCAMBIO GENERACIONAL

Muchas de las primeras familias del antiguo Israel cultivaban pequeñas porciones de tierra que eran pasadas de una generación a otra. El clan familiar (llamado *mishpahah*) solía constar de varias generaciones que compartían la misma ascendencia, vivían en la misma casa o compartían responsabilidades de trabajo en la misma propiedad. Dios proveyó un método para redimir la tierra en caso de que la granja familiar fuera vendida debido a problemas económicos de modo que la familia original pudiera recuperarla. Este ciclo de redención llamado jubileo ocurría cada cincuenta años (Levítico 25). Cuando uno probaba ser el propietario original, la tierra regresaba a manos de la familia original. Esto brindaba un método para asegurar la herencia familiar de generación en generación. A los esclavos hebreos se les permitía regresar con sus familias durante el ciclo del jubileo.

Si la casa familiar era vendida debido a la mala fortuna financiera, los que la habían vendido tenían un año para redimirla. Si no lo lograban, entonces el comprador podía poner el nombre de su familia en la escritura, y heredar la casa de generación en generación (Levítico 25:30-31). Si un hermano judío estaba sufriendo económicamente, sus compatriotas hebreos debían ayudarlo y proveer sus necesidades sin cobrarle ninguna tasa de interés sobre el dinero prestado o los alimentos (Levítico 25:35-37). Estaba prohibido tomar prenda de los pobres (Deuteronomio 24:12–13). ¡Muchos hogares no serían nunca embargados si la nación practicara la ayuda a los necesitados y permitiera los préstamos sin tasas de interés!

Como fue Dios el que bendijo a los patriarcas con oro (y plata), semovientes y tierras, entendemos que estos son los tres bienes de intercambio principales para inversiones a largo plazo. En el pasado, los enemigos de Israel se apoderaron de su oro, robaron su ganado y ocuparon su tierra solamente para que Dios reuniera a los judíos de vuelta en su tierra Israel y les devolviera su ganado y sus riquezas. El donativo de tierra permanente dado a los judíos fue establecido en Abraham, reafirmado de generación en generación y fue nuevamente confirmado en 1948 cuando Israel fue reestablecido como nación.

La clave más importante para la prosperidad

Se han escrito muchos libros tratando de explicar el sorprendente éxito del pueblo judío. No obstante, muchos autores no encontraron la clave más importante que abre la puerta del éxito judío; y es que los judíos devotos que siguen las instrucciones de Dios delineadas en las Escrituras tienen un pacto único con Dios que incluye riqueza, prosperidad y bendición. Estas bendiciones de pacto dependen de su disposición a llevar a cabo y cumplir con las órdenes de Dios.

La pobreza humana es más que las circunstancias de nuestra crianza o del ambiente que nos rodeaba al crecer. Muchas veces es resultado de generaciones carentes de entendimiento, que han fallado en recibir el pacto redentor y transformador de vida por medio de Cristo. Los mandamientos del Señor para la vida práctica, moral y social no son solamente para un estilo de vida al tanteo. La redención de una vida de pecado puede de hecho incrementar sus años de vida en la Tierra por medio de romper los hábitos malsanos y cambiar malas actitudes. Por ejemplo, muchas ciudades perdidas están enfrascadas en un ciclo de pobreza debido a las adicciones y hábitos erróneos de los que las habitan. Salomón escribió:

> Porque el bebedor y el comilón empobrecerán, y el sueño hará vestir vestidos rotos.
> —Proverbios 23:21

> Pobreza y vergüenza tendrá el que menosprecia el consejo; mas el que guarda la corrección recibirá honra.
> —Proverbios 13:18

Creo que la razón por la que la pobreza domina sobre tantas vidas es porque la gente nunca ha entrado en un pacto de redención transformador de vida que viene a través del nuevo pacto. El pacto redentor de Cristo puede traer liberación de vicios y adicciones costosos, y reforma la manera de pensar y el espíritu humano. El fundamento de los principios de vida de Dios está escrita en la Torá.

- Las leyes civiles y judiciales nos instruyen en nuestra relación con los demás.

- Las leyes morales nos instruyen sobre nuestra conducta personal.

- Las leyes de los sacrificios nos instruyen acerca de la manera de poner a Dios primero en nuestra vida espiritual.

La manera en que tratemos a los demás refleja nuestro carácter. La manera en que nos tratemos a nosotros mismo refleja nuestras convicciones. La manera en que tratemos la bendición y el favor de Dios es un reflejo de nuestra relación de pacto con Él. Las bendiciones espirituales tienen condiciones. Una de las condiciones importantes para recibir la plenitud de los pactos bíblicos es la disposición de perdonar a los que nos han ofendido. Si el sacrificio de sangre era el ADN espiritual de un pacto, entonces el perdón es la arteria que mantiene la sangre fluyendo.

LA TEMPORADA DE *TESHUVAH*

El perdón es un tema importante en el judaísmo. En el Nuevo Testamento, Cristo, Pablo y otros enfatizaron que para experimentar las bendiciones espirituales y materiales y una vida abundante, debemos estar dispuestos a perdonar a los que nos hayan ofendido. La mayoría de los cristianos no saben acerca de la temporada que los judíos llaman *Teshuvah*; una palabra que proviene de la raíz hebrea *shuwb*, que significa *volverse* o *arrepentirse*.

El Año Nuevo civil judío comienza en otoño, ya sea en septiembre o octubre. El último mes del calendario civil es Elul. La temporada de Teshuvah comienza el primer día de Elul y continúa durante cuarenta días, y concluye el Día de la Expiación, que se celebra el décimo día del mes judío Tishri.

El concepto de Teshuvah se originó con Moisés. Según el *Midrash* judío, Moisés estuvo en el monte Sinaí durante cuarenta días para recibir los mandamientos y la ley oral (Éxodo 24:13-18). Volvió al campamento de Israel el décimo séptimo día de Tamuz y rompió las tablas de piedra (Éxodo 32:19). Según la tradición, Moisés permaneció en el campamento otros cuarenta días hasta que terminó de quemar el becerro de oro, molerlo y hacer que la gente se lo bebiera mezclado con agua (v. 20). Después de reacomodar a las tribus en el orden establecido, Dios le instruyó a Moisés que subiera de nuevo al monte el primer día de Elul. Se hizo tocar el shofar (la trompeta) en todo el campamento para advertirle a la gente que no se acercara al monte y que no volviera a pecar. Dios ascendió en los toques de trompeta, como se dice: "Dios subió en un tronar, el Señor en el sonido del shofar".[4] Por lo cual, los cuarenta días de Teshuvah conmemoran el segundo viaje de Moisés a la cima de la montaña, donde pasó otros cuarenta días, cuando Dios le reveló sus mandamientos por segunda vez (Éxodo 34:28).

Los cuarenta días de *Teshuvah* están divididos en dos partes. La primera parte consta de los veintinueve días del mes de Elul. Cada día se hace sonar un shofar, recordándole al pueblo que se arrepienta. Durante el primer viaje de Moisés, el pueblo se cansó de esperarlo e hicieron el becerro de oro. La segunda vez, los trompetazos les recordaron que Dios estaba en medio de ellos y que tuvieran cuidado con sus acciones. Durante los veintinueve días de Elul, el pueblo judío sigue varias costumbres.

1. El pueblo recita oraciones especiales, llamadas *Selichot* para pedirle perdón a Dios. Estas oraciones se recitan en algunas comunidades temprano en la mañana, y en las comunidades más antiguas, durante la semana anterior a Rosh Hashanah.

2. Se escriben cartas para corregir ofensas y pedirse perdón. Muchas veces al final de las cartas se escribe el deseo: "Que seas inscrito en el Libro de la Vida".

La primera parte de *Teshuvah* tiene que ver con el arrepentimiento *personal* hacia Dios y el hombre. Los últimos diez días, que comienzan el primer día de Tishri, el Año Nuevo judío, son un tiempo de arrepentimiento *nacional* para la gente. Si cada persona se arrepiente, entonces toda la nación está preparada para enfrentarse a Dios en el Día de la Expiación (el 10 de Tishri) y recibir un veredicto claro de haber sido "perdonados". Los diez días que van de Tishri 1 a Tishri 10, son llamados los *Días Terribles*, comienzan con el Año Nuevo (Fiesta de las Trompetas) y concluyen con el Día de la Expiación. Por lo tanto, el cuadragésimo día de *Teshuvah* concluye con el Día de la Expiación, cuando Dios ha sellado las decisiones para su pueblo para el año por venir.

Se cree que durante esos diez días, las puertas del cielo se abren para escuchar las peticiones y las oraciones del pueblo. Se enseña que hay tres grupos que son examinados por el Señor: los totalmente justos, los totalmente injustos, y los que no son ni justos ni injustos sino que están viviendo en algún punto entre ambos. Con base en las oraciones de arrepentimiento (y de perdón hacia otros), la misericordia de Dios de manifiesta el Día de la Expiación y los pecados son remitidos.[5]

Algunos cristianos señalan, con toda razón, que no debemos esperar una *temporada* especial para arrepentirnos del pecado. Esto es correcto, y el creyente no debería irse a la cama hasta que corrija su error o se arrepienta de alguna falta (Efesios 4:27). Sin embargo, las iglesias a menudo necesitan apartar un tiempo en el que todo el cuerpo se reúna para un periodo de reflexión, arrepentimiento y limpieza, remover viejas actitudes e iniciar de nuevo. *Teshuvah* establece un tiempo apartado en el calendario de Dios para acercarse más a Él, perdonar a los demás y buscar su favor. Los judíos observantes de la Torá también creen que la persona debería arrepentirse si peca. No obstante, creen que de Elul 1 a Tishri 10, el perdón es *aceptado con mayor facilidad* ya que Dios una vez perdonó a toda la nación de Israel *al mismo tiempo* en la época de Moisés. Por lo tanto, se considera que Elul es el mes de la compasión celestial.

LA NECESIDAD DE PERIODOS DE ARREPENTIMIENTO

El tema central de la redención es el perdón de Dios siendo otorgado por medio de su misericordia hacia el pecador arrepentido. Los cristianos deberían estar completamente al tanto del énfasis que le da el Nuevo Testamento a perdonar a otros las ofensas y los pecados cometidos en nuestra contra. La Torá revela que se otorgan bendiciones abundantes a los que han sido perdonados de sus pecados y que están dispuestos a seguir un estilo de vida recto por medio de seguir el Código espiritual y moral de la Torá. Se prometen bendiciones sobre sus hijos, sus cultivos y sus ganados, y la derrota de sus enemigos era garantizada (Deuteronomio 28:1–14). El Nuevo Testamento es claro en que las bendiciones de Dios para el creyente individual están condicionadas a nuestra disposición a seguir las enseñanzas del Nuevo Pacto y a estar dispuestos a perdonar a otros como Cristo nos perdonó (Mateo 6:12-15). Nuestras bendiciones incluyen perdón de pecados, oración respondida, ensanchamiento financiero y la impartición espiritual de justicia, paz y gozo (Romanos 14:17). Cristo lo dijo de esta manera:

> Mas buscad primeramente el reino de Dios y su justicia, y todas estas cosas os serán añadidas.
>
> —MATEO 6:33

La justicia no se puede ganar, sino que es imputada por fe en el pacto redentor provisto por Cristo. Hay mucho más detrás de la riqueza que solamente cuentas de banco; y mucho más detrás de la prosperidad poseer varias casas.

EL DESCUBRIMIENTO FINAL DE SALOMÓN

El descubrimiento final de Salomón antes de su muerte puede ser una sorpresa para muchos. Después de edificar el templo más fabuloso, posiblemente de la historia, acumular riqueza y experimentar fama y prosperidad, Salomón llegó al final de su vida con una declaración sorprendente: "Todo es vanidad". Se dio cuenta que toda su riqueza se la dejaría a su hijo, y que ni siquiera Salomón sabía qué tipo de carácter exhibiría (Eclesiastés 2:19). Podríamos resumir la actitud de Salomón diciendo: "Disfruta cada momento de tu vida, porque no te podrás llevar ninguna posesión contigo". Dios tiene un pacto de bendición para los que siguen sus preceptos. No obstante, no olvide que hay muchas cosas que son más importantes que acumular tierras, oro y plata. Las cuales son:

■ Asegurarse de que toda su familia entre en un pacto redentor por medio del Mesías.

■ Que usted y su familia disfruten de buena salud y que vivan vidas plenas y largas.

■ Saber que sus nietos (su simiente futura) están siendo criados en amor y amonestación del Señor en el nuevo pacto.

■ Tener paz al dormir cada noche y gozarse con el tipo de trabajo que realice.

■ Hacer amigos que lo amen por quien es usted y no por lo que tiene o lo que pede hacer por ellos.

■ Aprender a caminar en perdón, y morir en paz sabiendo a dónde va antes de llegar.

Si ha sido redimido por el Mesías, tiene hijos saludables, puede pagar sus cuentas y duerme por la noche, tiene amigos que lo amen y disfruta su trabajo, *entonces usted es exitoso en la vida*. Usted es verdaderamente próspero.

■ ■ ■ ✡ ■ ■ ■

LO QUE *Dios* SABÍA

Como parte de la bendición del pacto y como motivación para seguir las leyes de Dios, el Todopoderoso estableció un pacto de riqueza con la nación hebrea. Esto les brindó seguridad financiera personal y nacional, y les demostró a las naciones paganas de alrededor las bendiciones abundantes, el cuidado y amor que el Dios hebreo tenía por su pueblo.

LO QUE LOS *judíos* DEVOTOS SABEN

La Torá y la literatura sapiencial están llenos de sabiduría práctica y sólida, instrucción y consejo para la vida diaria y para tomar las decisiones correctas. Los judíos devotos siguen continuamente leyendo y estudiando estas normas y principios, y enseñándoselas a sus hijos.

LO QUE LOS *cristianos* DEBERÍAN SABER

Juan escribió: "Amado, yo deseo que tú seas prosperado en todas las cosas, y que tengas salud, así como prospera tu alma" (3 Juan 1:2). Al caminar en madurez y rectitud y poner primero el Reino de Dios, sus necesidades personales serán suplidas (Mateo 6:31-33). La prosperidad es una rama del árbol del pacto. Los creyentes deberían estudiar la sabiduría sapiencial de Proverbios y aplicar sus principios, lo cual producirá fruto en el árbol. Siempre recuerde: El dinero solamente es una herramienta para lograr sueños y visiones, y para ser utilizado como un recurso por su familia. Cuando sea bendecido, nunca olvide que fue Dios quien le dio el poder de "hacer las riquezas".

Capítulo 11

LA INFLUENCIA DE LAS PROFECÍAS BÍBLICAS HEBREAS EN LOS LÍDERES DEL MUNDO

CÓDIGO 11:
Las Escrituras hebreas revelan eventos futuros mundiales sorprendentes.

> Sea bendito el nombre de Dios de siglos en siglos,
> porque suyos son el poder y la sabiduría.
> El muda los tiempos y las edades;
> quita reyes, y pone reyes;
> da la sabiduría a los sabios,
> y la ciencia a los entendidos.
>
> —DANIEL 2:20–21

VARIOS LÍDERES MUNDIALES HAN TOMADO DECISIONES importantes como respuesta a lo que han leído en las antiguas profecías bíblicas. La profecía es cuando Dios escribe de antemano los encabezados utilizando inspiración, sueños, visiones o visitaciones divinas para revelar eventos futuros varios años antes de que ocurran. La profecía es lo que hace que la Biblia sea distinta de otros oráculos sagrados del mundo de la religión. Por ejemplo, ¿qué haría usted si leyera su nombre en la Biblia y allí estuviera revelado su destino mucho antes de su nacimiento?

NOMBRADO DOSCIENTOS AÑOS
ANTES DE SU NACIMIENTO

Hace veintisiete siglos, en tiempos del rey Ezequias, el profeta Isaías predijo que el ejército babilonio invadiría Judea, marcharía a Jerusalén, destruiría el templo y saquearía sus invaluables tesoros. Más tarde, Jeremías predijo que los judíos permanecerían cautivos en Babilonia durante setenta años antes de regresar a Israel (Jeremías 25:11). Ciento cuarenta y cuatro años antes del arribo de los babilonios, Isaías predijo que un hombre llamado Ciro se levantaría en el poder para liberar a los judíos de Babilonia y permitirles regresar a Israel. Isaías predijo:

> Que dice de Ciro: Es mi pastor,
> y cumplirá todo lo que yo quiero,
> al decir a Jerusalén: Serás edificada;
> y al templo: Serás fundado.
>
> Así dice Jehová a su ungido,
> a Ciro, al cual tomé yo por su mano derecha,
> para sujetar naciones delante de él
> y desatar lomos de reyes;
> para abrir delante de él puertas,
> y las puertas no se cerrarán.
>
> —ISAÍAS 44:28-45:1

Cuando Isaías lo escribió, Ciro no había nacido todavía. Años más tarde, Nabucodonosor rey de Babilonia invadió a Israel, conquistando Judea. Durante setenta años los babilonios esclavizaron a los judíos, hasta que los invasores persas cortaron el agua, cavaron por debajo del muro de la ciudad, y derrocaron a los babilonios en una noche. Dos líderes, Darío el Medo, y Ciro, el Persa, gobernaron desde el trono de Babilonia.

La historia judía revela que después de la invasión persa, el profeta hebreo Daniel abrió el rollo del profeta Isaías y le mostró a Ciro la profecía de hace 140 años que predecía su nombre y la misión ordenada previamente por Dios. Josefo registró la reacción de Ciro cuando leyó su propio nombre en el rollo hebreo:

> Por lo tanto, Ciro dijo: Como el Dios Todopoderoso me ha señalado como rey de toda la tierra habitada, creo que es el mismo Dios que la nación de los israelitas adora; porque en verdad predijo mi nombre por los profetas, y que debería construir una casa en Jerusalén en el país de Judea.[1]

Esta sorprendente profecía motivó a Ciro a llevar a cabo la misión. Permitió que los judíos regresaran a Israel a reconstruir su templo y restaurar los vasos sagrados que Nabucodonosor había saqueado setenta años antes. ¡Las profecías de Isaías, un profeta hebreo, transformaron el curso de la historia de Israel!

EL SUEÑO DEL GENERAL SALVÓ JERUSALÉN

Un segundo ejemplo tiene que ver con un general griego. Después de doscientos años de gobierno Persa, los griegos derrocaron a los Persas y capturaron Babilonia. El nuevo líder global era Alejandro el Grande, rey militar del Imperio Griego. Sus ejércitos marcharon de Egipto hasta India. Después de conquistar Siria y Tiro, le envió una carta a Jadúa, el sumo sacerdote judío en Jerusalén, para pedir provisiones. El sacerdote respondió que él apoyaría a Darío el rey meda mientras viviera. Alejandro estaba furioso y terminó marchando a Jerusalén para matar el sumo sacerdote. Temeroso, Jadúa hizo llamado a la oración y a ofrecer sacrificios. En un sueño, Jadúa vio que todos salían a recibir a Alejandro vestidos de blanco, y que él iba a la cabeza de la comitiva llevando sus coloridas vestiduras sacerdotales.

Jadúa le ordenó a la gente que se vistiera de blanco, y él se encontraría con Alejandro y su ejército con su vestidura sacerdotal. Alejandro llegó, y se encontró con la inmensa procesión judía encabezada por el colorido sumo sacerdote. Alejandro saludó al sumo sacerdote como si fuera su superior cuando la comitiva de judíos lo rodearon. Cuando los soldados le cuestionaron por qué él, Alejandro el Grande, saludaba a un simple sacerdote judío como a un superior, respondió:

> "Vi a esta misma persona en un sueño, en esta misma ropa, cuando estaba en Macedonia, quien al yo estar meditando cómo podría obtener el dominio de Asia, me exhortaba a no entretenerme, sino que condujera mi ejército con confianza sobre el mar, porque Dios conduciría mi ejército y me daría el dominio sobre los Persas".[2]

Después, el sumo sacerdote abrió el rollo de Daniel y le mostró a Alejandro la sorprendente profecía de cientos de años de antigüedad que predecía su destino como el líder mundial a través de simbolismo profético:

> Y cuando se le mostró el libro de Daniel, donde se declaraba que uno de los griegos destruiría el Imperio Persa, suspuso que él mismo era la persona indicada.[3]

Alejandro entonces les perdonó los impuestos hasta el séptimo año, y le dio a los judíos de Media y de Persia la capacidad de hacer sus propias leyes.

La profecía bíblica evitó la muerte del sacerdote y otra posible destrucción de Jerusalén a manos de Alejandro. En dos ocasiones las decisiones de los líderes mundiales fueron influenciadas por las profecías bíblicas escritas cientos de años antes de ser cumplidas.

LA PROFECÍA DE DANIEL INSPIRA UNA REVUELTA

Ciro y Alejandro reaccionaron positivamente a los judíos porque los profetas hebreos predecían su destino y que se levantarían en poder. Otro ejemplo ocurrió cuando un líder impío, Antioco Epífanes invadió Jerusalén en 167 a. C. y detuvo los sacrificios y evitó la circuncisión judía, la adoración en día de reposo y que los judíos celebraran las fiestas. Daniel predijo que se levantaría tal persona y que tendría dominio durante cuarenta y dos meses. Inspirados por esta predicción, una familia judía, llamado los Macabeos peleó en contra de los griegos impíos. Después de años de luchas, el templo judío fue limpiado el vigésimo quinto día de Kislev, tres años después del día que fue profanado por Antioco. Josefo escribió:

> Y esta desolación sucedió de acuerdo con la profecía de Daniel, que fue dada cuatrocientos ocho años antes; porque él declaró que los Macedonios disolverían la adoración [durante un tiempo].[4]

¡La rebelión judía contra sus enemigos fue inspirada por su interpretación de una profecía de 408 años de antigüedad dada por un profeta hebreo!

A lo largo de la historia, los cristianos han leído los libros de Daniel y Apocalipsis, que revelan los eventos que sucederán antes o durante la revelación y regreso del Mesías. Esto incluye numerosas *señales* como el auge de un hombre llamado el Anticristo, un tiempo identificado como la *tribulación* y otros eventos profetizados. Desde el primer siglo, cristianos bien intencionados han tratado de interpretar estas señales y de aplicarlas a su generación. Varios padres de la iglesia enseñaron que Nerón era el anticristo. Después de diez persecuciones contra el cristianismo de parte de diez emperadores romanos, cambiaron la teología cerca del quinto siglo, y algunos padres comenzaron a enseñar que el Reino de Dios vendría a la tierra al final del gobierno de mil años de la iglesia romana. En 999 a. D. muchos cristianos europeos vendieron sus posesiones, se vistieron de batas blancas y peregrinaron a Tierra Santa para estar en el Monte de los Olivos en Jerusalén para esperar el regreso de Cristo. Cuando el Señor no se presentó, las Cruzadas restauraron la esperanza que pronto se desvaneció cuando los musulmanes conquistaron Jerusalén. Luego en el siglo XIX surgió un renovado interés en las enseñanzas proféticas.

Durante novecientos años los eruditos, los padres y los maestros parecían dejar de lado la clave más importante de la profecía bíblica y el regreso del Mesías-Rey. La clave era Israel. Ninguna profecía importante con respecto al regreso y dominio del Mesías sería cumplida hasta que primero Israel fuera una nación y Jerusalén estuviera en manos de los judíos. Numerosas predicciones de los profetas hebreos como Isaías, Ezequiel, Daniel y Zacarías lo revelan. La imagen se hizo más clara a finales del siglo.

1917 Y EL MILAGRO DE JERUSALÉN

En 1886, cierto Dr. Guiness comenzó a calcular varios marcos de tiempo utilizando números bíblicos del libro de Daniel e intercambiando su significado normal de días proféticos a años proféticos. Calculó que las referencias de tiempo de 1260 y 2520 no eran días sino años proféticos, y comenzó a calcular el tiempo de los gentiles mencionado en la profecía, que era una clave para el regreso del Mesías. Sus cálculos indicaron que el *tiempo de los gentiles* comenzaron con Mahoma en 622 a. D. y que concluirían en 1917 o cerca de la fecha. Predijo que 1917 sería el "ciclo de años más importante y de mayor impulso".[5] Estas predicciones se escribieron y se dieron a conocer en la comunidad cristiana a finales del siglo XIX.

Fue al final de la Primera Guerra Mundial en 1917 que un general británico cristiano, Edmund Allenby "el Toro", tomó Jerusalén, y con ello acabó con trece siglos de gobierno islámico, incluyendo cuatrocientos años de la ocupación turca (1517 a 1917). Los turcos dijeron que el agua del río Nilo tendría que fluir a Palestina antes de que perdieran Jerusalén. Por supuesto, esto sería imposible. No obstante, cuando los británicos comenzaron a colocar tubería para bombear agua desde Egipto para surtir de agua las tropas británicas, los suspicaces turcos se desalentaron.

Extrañamente, los musulmanes tenían una profecía atribuida al poeta del siglo X Ibn Khasri que decía: "El hombre que conquiste Jerusalén y la redima de los infieles de una vez por todas entrara a la Ciudad Santa humildemente a pie, y su nombre es el Profeta de Dios".[6]

John Hilton era un mecánico en las tropas de la Real Fuerza Aérea Británica. Después de asistir a la iglesia el domingo en la mañana durante junio de 1917, el ministro vio a Hilton en uniforme militar e hizo una predicción extraña. El ministro le informó a Hilton que había estado leyendo la Biblia en Isaías 31 y que creía que se utilizarían *aeroplanos* para entregar Jerusalén a los británicos. Meses más tarde, antes de la invasión de la ciudad vieja de Jerusalén, el general Allenby telegrafió a Londrés solicitando consejo, y la respuesta fue la misma escritura que el ministro había encontrado en Isaías 31:4-5:

> Porque Jehová me dijo a mí de esta manera: Como el león y el cachorro de león ruge sobre la presa, y si se reúne cuadrilla de pastores contra él, no lo espantarán sus voces, ni se acobardará por el tropel de ellos; así Jehová de los ejércitos descenderá a pelear sobre el monte de Sion, y sobre su collado. Como las aves que vuelan, así amparará Jehová de los ejércitos a Jerusalén, amparando, librando, preservando y salvando.

Después de recibir el telegrama, Allenby pidió que pasaran aviones volando bajo sobre Jerusalén dejando caer folletos de advertencia para los turcos. Cuando los turcos escucharon y leyeron el nombre "Allenby", que podía haber sido —y así fue— un error de lectura, como *Allah en Nebi*, traducido al árabe como *Allah* (Dios), *Nebi* (profeta), los turcos entregaron las llaves de la ciudad a Allenby, a quien los árabes cristianos llamaban "el profeta de Dios" el 9 de diciembre de 1917. Dos días después, Allenby y varios comandantes militares entraron por la Puerta de Jaffa a la ciudad a pie. La combinación del nombre de Allenby y tomar la ciudad a pie cumplieron con las predicciones del poeta islámico del siglo X. El métodos de Allenby de proteger a la ciudad de la destrucción fue inspirado por un profeta hebreo de la Biblia. La liberación de Jerusalén de cuatrocientos años de gobierno turco también sucedió durante una fiesta judía en el calendario judío: ¡el primer día de Jánuca![7]

En 1917, se levantó un nuevo "ismo" sobre la tierra como fruto de la Revolución Rusa. El oso del comunismo había salido de la hibernación y estaba suelto en la tierra. Durante setenta años, la doctrina comunista atea le lavó el cerebro a las masas y oprimió a los libre pensadores. Después de casi setenta años, otro ciclo profético comenzó que haría retroceder al oso de vuelta a su cueva; por lo menos durante un tiempo.

EL ÁGUILA, LA HOZ DE HIERRO Y EL PAPA

Tres hombres, Ronald Reagan (el águila), Mikhail Gorbachev (la hoz de hierro) y Karol Joseph Wojtyla (el papa Juan Pablo II), pasarán a la historia mundial por haber sido el trío que, trabajando en unidad, ayudó a traer los mayores cambios políticos de la historia moderna: el colapso y derrota del comunismo en la Unión Soviética y los países de Europa Oriental.

Ronald Reagan: el águila

La mayoría de los estadounidenses ignoran la profecía personal dada a Ronald Reagan cuando era gobernador de California, que predecía su destino futuro como presidente. Según el libro *Reagan, Inside Out* [Reagan, por dentro y por fuera] la historia comienza en California un hermoso día de octubre en 1970.[8] Herbert E. Ellingwood, el secretario de asuntos jurídicos del gobernador Reagan, había invitado a varias personas para visitar al gobernador. Entre ellos estaba la celebridad Pat Boone, el señor Harald Bredesen, y un ministro, George Otis. Boone era un amigo de mucho tiempo de los Reagan, y en ese momento el gobernador estaba buscando la reelección.

Según los presentes, las conversaciones incluyeron una plática sobre profecía bíblica y el mover del Espíritu Santo en los Postreros Días. Terminada la tertulia, Ellingwood condujo al grupo hacia la puerta principal, y se dispensaron los últimos adioses. Uno de los ministros habló y preguntó: "Gobernador, ¿le importaría si tomamos un momento para orar por usted y la señora Reagan?".

De inmediato, Reagan respondió: "Lo agradeceríamos bastante", y su rostro se puso un poco más serio. El grupo formó un círculo, tomándose de las manos mientras Reagan inclinaba su cabeza. De inmediato se oró pidiendo a Dios sus bendiciones. Repentinamente, en medio de la oración sucedió lo inesperado. George Otis recuerda lo que pasó:

> El Espíritu Santo vino sobre mí, y lo sabía. De hecho, estaba avergonzado. Mi brazo comenzó a vibrar, y mi mano, con la que estaba tomando la mano del gobernador Reagan comenzó a sacudirse. No sabía qué hacer. Simplemente, no quería que esto sucediera. Recuerdo que al hablar, estaba esforzándome, ya saben, tensionando mis músculos y concentrándome, y haciendo todo lo que podía para detener esos movimientos.[9]

En ese momento la oración de Otis cambió por completo de una oración básica de bendición a una palabra más constante y penetrante. Las palabras inspiradas por el Espíritu Santo comenzaron a salir de la boca de Otis, quien le habló directamente a Reagan llamándolo "mi hijo" y reconociendo su papel como líder en un estado que era del tamaño de muchas naciones en la tierra. Su "labor" fue descrita como "agradable". De pronto se dijeron las siguientes palabras: "Si caminas con rectitud delante de Mí, habitarás en el 1600 de la Avenida Pensilvania".[10] Todos sabían que esa es la dirección de la Casa Blanca, el hogar de los presidentes de los Estados Unidos.

Pasaron diez años, y en 1980, contra todas las probabilidades, el gobernador Reagan lanzó su candidatura a la presidencia. Los analistas políticos fueron críticos, diciendo que "estaba demasiado viejo como para tomar decisiones claras y que, de ser elegido, moriría durante su gobierno". Otros dijeron que era incompetente y que solamente era un actor. A pesar de las objeciones, Reagan ganó y fue reelegido para un segundo periodo. ¡No solamente vivió hasta los setenta y ocho, sino que pasó la edad de noventa! La palabra profética se cumplió.

Diez años antes de ser elegido presidente, Dios reveló su voluntad para Ronald Reagan. Reagan era un cristiano devoto que amaba la Biblia. Como estaba familiarizado con la profecía bíblica, algunas veces consultaba en privado a ministros clave para pedir su opinión sobre la manera en que ciertos eventos mundiales figurarían en los escenarios proféticos de la Escritura.

Mikhail Gorbachev: La hoz de hierro

En el lado opuesto del planeta, detrás de la cortina de hierro de la Unión Soviética, otra *situación* se estaba desarrollando en la misma fortaleza del comunismo, que fue predicha en dos ocasiones diferentes. Sesenta y dos años antes del auge del comunismo, un hombre llamado Hudson Taylor estaba ministrando. Taylor era un misionero británico en China. Se ha escrito con respecto a Taylor: "Durante cuarenta años el sol jamás salió sobre China, pero Hudson Taylor estaba de rodillas orando por la salvación de los chinos".[11]

En 1855, durante uno de sus viajes de regreso a Inglaterra, Taylor estaba predicando cuando de pronto se detuvo. Se quedó sin habla durante unos momentos con los ojos cerrados. Al reanudar su sermón explicó:

> Acabo de tener una visión. Vi en esta visión una gran guerra que involucrará a todo el mundo. Vi como esta guerra terminó, y luego comenzó de nuevo, en realidad siendo dos guerras. Después de esto vi mucho descontento y revueltas que afectarán a muchas naciones. En algunos lugares vi despertares espirituales. En Rusia, vi que vendrá un despertar espiritual general que lo envolverá todo, tan grande que nunca ha habido otro igual. Desde Rusia, vi como el despertar se transmitía a muchos países europeos. Luego vi un despertar total seguido de la venida de Cristo.[12]

Sesenta y dos años después de la visión de Hudson, la Revolución Rusa, dio a luz al comunismo. Este sistema antiDios creció como hiedra venenosa, asfixiando hasta la muerte la fe en Dios. Durante casi setenta años, la espada del comunismo ateo goteó con la sangre de los mártires cristianos y los que se resistían al comunismo. Nadie en Occidente alguna vez se imaginó la posibilidad de que la cortina de hierro se derretiría y que surgiría un periodo de libertad religiosa como vapor de agua caliente.

Ya que un verdadero comunista tiene que ser un ateo confeso, los cristianos occidentales pensaban que sería imposible que los cristianos soviéticos algún día pudieran verse libres de sus cadenas de opresión. No obstante, algunos creyentes clandestinos de la iglesia pentecostal estaban al tanto de la predicción inspirada dada en la década de 1930 revelando que en el futuro la libertad religiosa volvería. Esa palabra profética fue guardada por los líderes de la iglesia clandestina durante más de cincuenta años. Hace algunos años, al visitar Rusia, la vieja profecía le fue dicha directamente al reverendo Lovell Carey, ex director de misiones mundiales para la Iglesia de Dios de Cleveland, Tennessee.

Profecía de 1930 con respecto a "Mikhail"

Lovell estuvo en Rusia poco después de la caída del comunismo. Se reunió con uno de los obispos de la iglesia pentecostal clandestina, el obispo Fedatov. Según el obispo, en la década de 1930, una mujer cristiana dio una palabra profética inusual bajo la inspiración del Espíritu Santo. Dijo que en el futuro se levantaría una persona en la Unión Soviética cuyo nombre sería *Mikhail*, y que tendría una marca en su frente. La mujer predijo que durante su tiempo, vendría la libertad para adorar y un avivamiento. No obstante, esta libertad duraría un poco de tiempo; y luego la represión comenzaría.

Cincuenta años después, esta predicción se cumplió. ¡Mikhail Gorbachev se convirtió en el líder de la Unión Soviética! Palabras como *glasnost* llegaron a ser reconocidas mundialmente. Una parte menos conocida de la historia de Gorbachev revela el tiempo oportuno de la mano del Todopoderoso levantando hombres en liderazgo.

Madre cristiana influencia a Mikhail

Lavon Riley era un operador de viajes turísticos desde Texas. A finales de la década de 1980, el señor Riley planeó un viaje a Rusia, viajando con un avión cargado de cristianos. Debajo del avión venían miles de Biblias. A su llegada, fue difícil obtener el permiso para pasar las Biblias, pero después de una comparecencia detallada delante del personal de aduanas y un permiso especial, el ejército vino con camiones y entregó las Biblias directamente a las iglesias.

Lavon personalmente me dijo que durante este viaje, la KGB lo llamó a que pasara a sus oficinas. Un gran temor lo abrumó. En la KGB le comenzaron a decir que estaban al tanto de cada uno de sus pasos, y le mostraron un expediente de diez centímetros de ancho con los detalles al minuto de cada viaje que Lavon había hecho a Rusia. Resultó que la reunión no tenía la intención de arrestarlo o interrogarlo, sino de demostrarle que existía una *nueva Rusia* que permitiría una mayor libertad religiosa. ¡El tercer hombre debajo de Gorbachev le extendió un permiso a Lavon para que llevara a Rusia toda las Biblias que quisiera!

Fue en ese viaje que Lavon se enteró de que la madre de Mikhail Gorbachev era una cristiana ortodoxa. Había estado orando por Mikhail durante muchos años para que llegara a ser un líder en Rusia. También se enteró de que en los cumpleaños de Mikhail, su madre le hacía una torta especial, y que a veces lo decoraba con versículos bíblicos. Esto fue confirmado cuando Gorbachev apareció en el programa *Hour of Power* [La hora del poder] con Robert Schuller, el 22 de octubre de 2000, y habló acerca de las oraciones de su madre, y declaró que prácticamente toda su familia era cristiana.

Mientras que Mikhail se ha mantenido apegado a la Iglesia Ortodoxa Rusa, nadie puede negar que su *perestroika* creó una atmósfera de coexistencia que le abrió la puerta a la expresión religiosa sin represión. Aparentemente el propósito predestinado de Gorbachev era doble: traer libertad religiosa a la Unión Soviética (Rusia), y permitir que los judíos soviéticos regresaran a Israel. Esta acción fue el cumplimiento directo de profecías bíblicas antiguas con respecto al regreso de los judíos de la tierra del norte a Israel (Jeremías 31:8).

El papel *profético* de Karol Wojtyla: el papa

El 18 de mayo de 1920, nació Karol Joseph Wojtyla en Wadowice, Polonia. Durante la ocupación nazi de Polonia, Karol seguía sus estudios trabajando como cantero para tener un permiso de trabajo, y por lo tanto, evitar ser deportado o aprisionado. Se unió a la UNIA, un grupo clandestino democrático cristiano. Organizaciones judías como B'nai B'rith y otros testificaron que ayudaba a los judíos a encontrar refugio de los nazis. En 1942 comenzó a estudiar para el sacerdocio y fue ordenado sacerdote el 1 de noviembre de 1946. Para 1967 fue elevado a cardenal y el 16 de octubre de 1978 a los cincuenta y ocho años, Wojtyla fue elegido papa y escogió el título de Juan Pablo II.

DOS INTENTOS DE ASESINATO

Lo extraño fue que tanto Reagan como el papa sobrevivieron a intentos de asesinato sobre su vida ¡el mismo año! El 13 de mayo de 1981, el papa estaba saludando a la multitud en la Plaza de San Pedro, en el Vaticano. Al inclinarse a besar una estatua de María, un terrorista turco le disparó, hiriendo al papa en el abdomen. Cayó en los brazos de su secretario, con sangre fluyendo de su herida. A pesar de perder casi tres litros de sangre, Juan Pablo II sobrevivió. El papa se dio cuenta de que fue herido el día del sexagésimo cuarto aniversario de la famosa aparición mariana conocida como Nuestra Señora de Fátima, una supuesta aparición de la Virgen María a tres niños en Fátima, Portugal, el 13 de mayo de 1917 (el mismo año de la Revolución Comunista). A causa de esta extraña coincidencia, el papa le adjudicó el crédito a "Nuestra Señora de Fátima" (la Virgen María) por haber librado su vida y dedicó el tiempo restante de su papado a su "corazón inmaculado".

Fue también en 1981 que el presidente Reagan al estar hablando durante una comida en el Hotel Hilton de Washington, D. C. Al salir por la puerta lateral, y saludar a los reporteros, un joven llamado John Hinckley le disparó seis veces al presidente. Una sola bala rebotó en la puerta de la limusina y entró en el pecho de Reagan a solo dos centímetros de su corazón. Reagan le dijo a varios agentes del Servicio Secreto que le adjudicaba el crédito a Dios por proteger su vida.

Estos dos intentos de asesinato ayudaron a que se desarrollara una relación especial entre el presidente y el papa. En junio de 1982, el presidente Reagan voló al Vaticano a tener una reunión personal con el papa Juan Pablo II. Años más tarde, su conversación se hizo pública. Ambos hombres hablaron sobre los atentados que sufrieron y estuvieron de acuerdo en que Dios había librado sus vidas por un propósito especial y específico. Ambos hombres hablaron sobre el terrible flagelo del comunismo y la manera en que el régimen opresivo había destruido las libertad personal y la fe en Dios de millones de personas que deseaban la libertad. En ese momento, ambos hombres acordaron trabajar juntos para ayudar a difundir la libertad entre las naciones comunistas.

Reagan hizo más que solamente hablar acerca de libertad. Tres semanas después de la reunión, firmó una Directiva de Seguridad Nacional secreta para comprar el equipo necesario (copiadoras, faxes y otro equipo electrónico) y enviarlo a Polonia para ayudar al Movimiento Solidaridad en Polonia. Este grupo organizó protestas que fueron transmitidas vía satélite alrededor del mundo y conglomeró un gran cúmulo de seguidores entre los obreros polacos.

El plan funcionó. Así como el comunismo capturó la mente del común de la gente durante la revolución de 1917, fueron los obreros comunes de Polonia quienes tomaron las llaves de la libertad y se quitaron los grilletes. El impacto de su levantamiento pronto se propagó a Rumania, Bulgaria y Alemania, donde el mundo observó impactado cuando el infame muro de Berlín fue desmantelado ¡por el pueblo alemán! Antes de que Reagan terminara su periodo, el muro de Berlín se había derrumbado, la Unión Soviética se había desmembrado y la gélida Guerra Fría se había derretido. Según un reporte en la revista *TIME* del 24 de febrero de 1992, la coalición forjada entre Reagan y el Vaticano constaba de una estrategia de cinco partes "que estaban dirigidas a producir el colapso de la economía soviética, desgastar los vínculos que unían a la URSS con sus estados clientes del Pacto de Varsovia y forzar una reforma dentro del imperio soviético".[13] Tanto Reagan como Gorbachev admitieron el papel vital que desempeñó el papa en el colapso del comunismo en Europa Oriental.

Pocos no católicos comprenden una de las motivaciones invisibles detrás de la decisión del papa de involucrarse directamente con la liberación de los países del bloque comunista oriental, especialmente la Unión Soviética. Su inspiración espiritual giraba en torno a una profecía que fue dada por medio de una supuesta aparición de la Virgen María en 1917.

La profecía de Fátima

Juan Pablo II le adjudicó el crédito de haber librado su vida a la Virgen María. Un año después de su experiencia cercana a la muerte, el papa viajó a un famoso santuario católico en Fátima, Portugal, y presentó una de las balas usadas en el ataque para que fuera colocada en la corona de la estatua de "Nuestra Señora de Fátima" como señal de gratitud por haberle salvado la vida. El papa se consagró a María y se entregó a su mensaje, especialmente el mensaje de Fátima. Su lema personal era *Totus tuus sum Maria*, que significa: "María, soy todo tuyo". Al mismo tiempo, el 13 de mayo de 1982, el papa oró delante de la estatua de Nuestra Señora de Fátima, y le consagró el mundo, con base en la promesa de 1917 que decía: "Si mis deseos son cumplidos [...] mi corazón inmaculado triunfará, Rusia se convertirá, y habrá paz". El papa, junto con los católicos europeos más tradicionales, estaba bastante al tanto de las profecías dadas en Fátima, Portugal, en 1917 con respecto a la futura caída del comunismo. Como el papa salvó la vida en el aniversario de la aparición de Fátima, el papa se sintió impulsado a ayudar a cumplir con los "deseos de la virgen María", proclamados en Fátima, de que Rusia se convertiría.[14] Desde ese momento se convirtió en la meta del papa ver que cayera el comunismo en el bloque europeo oriental, incluyendo la Unión Soviética. El papa recibió ayuda del águila de EE. UU. (Reagan) y del líder que vivía bajo la hoz de hierro, Mikhail Gorbachev. Estos ejemplos revelan el poder de la profecía para inspirar decisiones con consecuencias globales.

LA PROFECÍA MOTIVA A LOS JUDÍOS

Desde la destrucción del templo en 70 a. D. los judíos estuvieron diecinueve siglos sin patria. Su situación futura había sido predicha por el profeta Oseas:

> Porque muchos días estarán los hijos de Israel sin rey, sin príncipe, sin sacrificio, sin estatua, sin efod y sin terafines. Después volverán los hijos de Israel, y buscarán a Jehová su Dios, y a David su rey; y temerán a Jehová y a su bondad en el fin de los días.
>
> —OSEAS 3:4–5

Hay varias profecías más relacionadas con eventos futuros en la nación de Israel, que incluyen los siguientes:

- Vendrá un tiempo de gran tribulación en el que los judíos estarán cerca de extinguirse- Daniel 12:1.

- Dios soplaría sobre los judíos y los levantaría de sus tumbas espirituales- Ezequiel 37:9-13.

- Israel nuevamente sería restaurado en un solo día como nación- Isaías 66:8.

- Jerusalén sería edificada antes de que el Mesías regresara- Salmos 102:16.

- Los judíos regresarían a Israel de las naciones donde fueron esparcidos- Jeremías 29:14.

- Una vez restaurado, Israel florecería y llenaría el mundo de fruto- Isaías 27:6.

- Las lluvias tardías volverían, haciendo que el desierto floreciera- Joel 2:23-24.

- El hebreo (pureza de labios) sería hablado nuevamente en Israel- Sofonías 3:9.

- Rodeado por sus enemigos, Israel sobreviviría- Zacarías 12:2-9.

Las profecías bíblicas que predicen el regreso de los judíos a Israel les sirvió de recordatorio continuo y motivación a los judíos y rabinos para mantener viva la visión *sionista* de una patria judía cuando no había patria. Los rabinos conocían la promesa: Dios "juntará los desterrados de Israel, y reunirá los esparcidos de Judá de los cuatro confines de la tierra" (Isaías 11:12), y buscaban a un líder que cumpliera con estas expectativas. Cuando el emperador francés Napoleón conquistó Polonia y Rusia, sus decisiones de derribar los muros de los guetos judíos y remover las leyes de injusticia en contra de los judíos, además de restaurar el consejo judío (Sanedrín), atrajo la atención de los judíos. Al marchar a Jerusalén, declaró sus intenciones de reestablecer la soberanía judía sobre la Tierra Santa. Muchos judíos estaban convencidos de que Napoleón estaba introduciendo una nueva era mesiánica. Algunos judíos jasídicos creían que el líder francés ayudaría a restaurar a Israel y a introducir la redención final. Por supuesto, Napoleón fue derrotado en Waterloo, y los judíos permanecieron en Europa sin la redención de su patria prometida. A finales del siglo XIX hubo un nuevo mover por la restauración de Israel como un estado judío.

En 1886, Theodor Herzl escribió un libro inspirador *The Jewish State* [El estado judío], que generó un gran interés sobre la cuestión de la patria judía.[15] Por medio de sus esfuerzos, se organizó el Primer Congreso Sionista en Basilea, Suiza, un año después. Por lo tanto, comenzó a echar raíces un *movimiento sionista* para la restauración de la patria judía en Palestina.

Cuando terminó la Primera Guerra Mundial, un químico judío, el Dr. Chaim Weizmann, había ayudado a los británicos a desarrollar un nuevo sistema para obtener acetona, un químico necesario para hacer municiones. Sin él, los británicos hubieran perdido la guerra. Después de la guerra, Weizmann obtuvo favor con el gobierno británico y convenció al secretario Británico del exterior, Arthur James Balfour, a que se pusiera en contacto con Lord Rothschild, un acaudalado financiero inglés, para ayudar al asentamiento judío con una declaración que decía:

> Estimado Lord Rothschild:
>
> Me complace mucho comunicarle de parte del gobierno de Su Majestad, la siguiente declaración de simpatía con las aspiraciones judías, las cuales han sido sometidas a votación y aprobadas por el gabinete.
>
> El gobierno de Su Majestad mira con agrado el establecimiento de Palestina como el hogar nacional del pueblo judío, y utilizará sus mejores esfuerzos para facilitar el logro de este objetivo, siendo entendido claramente que nada será hecho en perjuicio de los derechos religiosos y civiles de las comunidades no judías existentes en Palestina, o los derechos y estatus político del que disfruten los judíos en cualquier otro país.
>
> Estaría agradecido si usted hace esta declaración del conocimiento de la Federación Sionista.
>
> Su seguro servidor,
> Arthur James Balfour

Un mes después de esta declaración, Jerusalén cayó en manos británicas.[16] La restauración de un nuevo estado judío había comenzado. Poco sabían los judíos que su tiempo más difícil quedaba veintidós años delante de ellos en el futuro.

LAS PROFECÍAS DEL HOLOCAUSTO

En los últimos días de su vida Moisés le advirtió a Israel de un tiempo futuro en el que gran aflicción y tribulación abrumaría a Israel porque como nación se apartarían de los caminos de Dios y seguirían las maneras de las naciones impías idólatras. La gente fue puesta sobre aviso divino acerca de qué esperar durante estos tiempos oscuros. Moisés advirtió:

> Por cuanto no serviste a Jehová tu Dios con alegría y con gozo de corazón, por la abundancia de todas las cosas, servirás, por tanto, a tus enemigos que enviare Jehová contra ti, con hambre y con sed y con desnudez, y con falta de todas las cosas; y él pondrá yugo

> de hierro sobre tu cuello, hasta destruirte [...] Y quedaréis pocos
> en número, en lugar de haber sido como las estrellas del cielo en
> multitud, por cuanto no obedecisteis a la voz de Jehová tu Dios
> [...] Y tendrás tu vida como algo que pende delante de ti, y estarás
> temeroso de noche y de día, y no tendrás seguridad de tu vida. Por
> la mañana dirás: ¡Quién diera que fuese la tarde! y a la tarde dirás:
> ¡Quién diera que fuese la mañana! por el miedo de tu corazón con
> que estarás amedrentado, y por lo que verán tus ojos.
> —Deuteronomio 28:47–48, 62, 66–67

Hubo un periodo de siete años en la historia judía que cumplió con cada detalle de la advertencia de Moisés, y ese fue el Holocausto nazi. Durante el régimen de Hitler, perecieron seis millones de judíos. Otro profeta hebreo, Ezequiel, tuvo una visión llamada "el valle de los huesos secos" (Ezequiel 37). Ezequiel vio un gran campo con una multitud de huesos descoyuntados, separados y esparcidos en tumbas abiertas. Mientras Ezequiel veía asombrado, Dios sopló sobre los huesos, provocando que los huesos se sacudieran y se pegaran unos con otros. Pronto Ezequiel vio levantarse un gran ejército de la tumba y regresar a Israel (Ezequiel 37:21-24). Ya no estarían divididos entre las tribus del norte y las del sur, sino serían una sola nación. Ezequiel vio la resurrección nacional de Israel del cementerio de las naciones gentiles.

En la década de 1940 en medio de una posible aniquilación, la predicción de Moisés de gran tribulación y la profecía de Ezequiel de una resurrección nacional le dio a los sobrevivientes del Holocausto la esperanza de volver a su tierra original. En 1986, me reuní con un grupo de sobrevivientes del Holocausto en el Renaissance Hotel Ballroom. Estas mujeres ancianas me mostraron los brazos que estaban tatuados con un número. Durante nuestra conversación, les pregunté acerca de la profecía de Ezequiel, y sorprendentemente estuvieron de acuerdo en que el valle de los huesos secos era una predicción de cómo los judíos sobrevivirían el Holocausto y regresarían de la muerte para vivir y construir una nación. Una dijo que era la única predicción bíblica que les dio un atisbo de esperanza en un tiempo oscuro.

Después de que los judíos fueron dispersados en 70 a. D., y esparcidos entre las naciones gentiles, y quedaron sin hogar, Dios cumplió su pacto con Abraham y trajo a su simiente de vuelta a la tierra que le prometió a Abraham. En 1967, durante la Guerra de Seis Días, se recordó el pacto de David por la ciudad de Jerusalén cuando los judíos volvieron a unir el este y el oeste de Jerusalén bajo una sola cobertura judía. Por lo cual Jerusalén se convirtió en la capital unida de Israel. Este evento histórico me recuerda Salmos 102:16: "Por cuanto Jehová habrá edificado a Sion, y en su gloria será visto". Nuestra generación ha sido testigo del regreso de los judíos de los cuatro rincones de la tierra de vuelta a su tierra. El desierto que Isaías vio ahora esta floreciendo como una rosa y llenando al mundo de frutos. Las profecías antiguas profetizaron acerca de Israel, lo preservaron y produjeron su renacimiento; todo porque Dios no puede retractarse de lo que ha prometido. Sería bueno si todos los líderes mundiales le pusieran más atención a las palabras de los profetas hebreos.

■ ■ ■ ✡ ■ ■ ■

LO QUE *Dios* SABÍA

Dios puede probarle al mundo que su Palabra escrita encontrada en las Santas Escrituras es la única revelación verdadera divina sobre la tierra, porque contienen profecía. Un tercio de las profecías del Antiguo Testamento todavía no han sucedido, y hay 318 predicciones en el Nuevo Testamento con respecto al regreso de Cristo. Es la profecía lo que revela con precisión el futuro de las naciones, de Israel y de los creyentes en el nuevo pacto.

LO QUE LOS *judíos* DEVOTOS SABEN

Los judíos que han estudiado la Torá y los profetas están al tanto de las numerosas predicciones que vaticinaron los tiempos de tribulación de Israel. También enseñan el favor eterno de Dios sobre Israel si el pueblo se volvía a Dios y seguía sus mandamientos. Según la profecía, Israel no volverá a ser destruido como nación, y el pueblo judío perdurará hasta el reinado del Mesías.

LO QUE LOS *cristianos* DEBERÍAN SABER

Algunos cristianos tienen poco interés en estudiar la profecía bíblica, ya que perciben el tema como negativo y más bien deprimente. Sin embargo, cuando una parte tan grande de la Escritura es profética y con el hecho de que los creyentes un día vivirán y gobernarán desde Jerusalén, sería un error evitar comprender lo que dice la Biblia acerca del futuro, ¡ya que para allá vamos!

Capítulo 12

IMPARTA ANTES DE PARTIR

CÓDIGO 12:
Las bendiciones son generacionales:
deje un patrimonio y pase el legado
a la siguiente generación

> *Por la fe bendijo Isaac a Jacob y a Esaú respecto a*
> *cosas venideras. Por la fe Jacob, al morir, bendijo a*
> *cada uno de los hijos de José, y adoró apoyado sobre el*
> *extremo de su bordón.*
>
> —HEBREOS 11:20–21

ONATHAN EDWARDS SE CASÓ EN 1727. EDWARDS fue uno de los primeros predicadores de las colonias estadounidenses que fue famoso y respetado. Su clásico mensaje "Pecadores en manos de un Dios airado", era tan convincente que los irredentos que escuchaban su predicación gritaban de angustia y caían al suelo. No obstante muchos no saben que en su vida privada, Edwards era un hombre amoroso y compasivo que pasaba tiempo de calidad con su familia.

Edwards fue bendecido con once hijos. Cuando estaba en casa, Edwards tenía un sillón especial en el que solamente él se sentaba. En las noches, Edwards se sentaba con sus hijos durante una hora diaria. Los más chicos se sentaban en su regazo y los más grandes pasaban tiempo de calidad conversando con su papá. Edwards se tomó el tiempo de orar una bendición especial sobre cada hijo.

Para probar que las oraciones y bendiciones de Edwards eran eficaces, en 1900 A. E. Winship rastreó a mil cuatrocientos descendientes de Jonathan Edwards.[1] En la publicación de su estudio, Winship reveló que el matrimonio de Edwards produjo un linaje asombroso que incluía a 285 personas que habían estudiado la universidad y se habían titulado, además de:

- Trescientos predicadores.
- Trece autores famosos.
- Trece presidentes de universidades.
- Sesenta y cinco profesores universitarios.
- Cien abogados y el decano de una facultad de leyes.
- Trece jueces.
- Cincuenta y seis médicos y el decano de una facultad de medicina.
- Ochenta funcionarios públicos.
- Tres senadores de los Estados Unidos.
- Un vicepresidente de los Estados Unidos.
- Un contralor del Tesoro de los Estados Unidos.[2]

Las semillas espirituales de fe, esperanza y amor plantadas en el corazón de los niños Edwards florecieron en un árbol genealógico que produjo varias generaciones con fruto espiritual. ¿Será posible que las familias actuales puedan comenzar a plantar un árbol genealógico, cultivando una semilla generacional que se convierta en un legado de justicia? Las primeras cuatro generaciones de padres hebreos probaron que esto es posible.

Primera generación: plantar la semilla

Abraham no tenía hijos, pero comenzó una futura nación con un sueño y una semilla. Dios le dio la *promesa* de una nación, y él le dio a Dios la *persona* para formar la nación: un hijo semilla llamado Isaac. Abraham era un pionero espiritual abriendo el camino a nuevas tierras, cavando pozos, desarrollando manadas y acumulando oro y plata (Génesis 13:2). La caravana de Eleazar Se dirigió a Siria con diez camellos cargados de oro, plata y joyas como un obsequio de bodas a una mujer de destino jamás vista y desconocida (Génesis 24:10). El siervo confesó: "Y Jehová ha bendecido mucho a mi amo, y él se ha engrandecido; y le ha dado ovejas y vacas, plata y oro, siervos y siervas, camellos y asnos". Abraham plantó la semilla de la nación, e Isaac regó la semilla para comenzar un árbol genealógico.

SEGUNDA GENERACIÓN: REGAR EL ÁRBOL

Después de la muerte de Abraham, su hijo Isaac recibió no solamente la riqueza de Abraham sino también una medida adicional de la bendición del pacto. Abraham encontró hambre en la Tierra Prometida, lo cual forzó a su familia a mudarse a Egipto para encontrar provisiones (Génesis 12:10). Años más tarde, una gran hambre golpeó en los tiempos de Isaac. Sin embargo, la bendición del pacto sobre Isaac estaba a un nuevo nivel. En lugar de ir a Egipto por provisiones, Isaac volvió a abrir los pozos de Abraham y utilizó el agua para regar su semilla en tiempo de hambre, y recibió una cosecha a ciento por uno (Génesis 26:12). Isaac utilizó el agua de su padre para sobrevivir a la hambruna. También leemos: "El varón se enriqueció, y fue pros-perado, y se engrandeció hasta hacerse muy poderoso" (v. 13). Abraham se había *engrandecido* (Génesis 24:25), pero Isaac ¡se engrandeció hasta hacerse *muy* poderoso!

Las bendiciones de la segunda generación excedieron las bendiciones de la primera. Abraham era la raíz, Isaac el tronco y su hijo Jacob fue la primera rama del árbol genealógico. Las raíces del pacto eran profundas, y el árbol era inconmovible. El agua del Espíritu y la luz de la Palabra sostuvieron el crecimiento del árbol cuando la tercera generación comenzó a tomar forma.

TERCERA GENERACIÓN: HACER CRECER EL ÁRBOL

Cuando se acercaba el tiempo de la partida de Isaac, declaró una bendición especial sobre su hijo Jacob. Esaú el primogénito, estaba esperando recibir la bendición. En lugar de ello, Jacob se hizo pasar por Esaú, engañando a su padre para obtener la bendición de Esaú. La Biblia registra las palabras de la bendición de Isaac sobre Jacob:

> Dios, pues, te dé del rocío del cielo, y de las grosuras de la tierra, y abundancia de trigo y de mosto. Sírvante pueblos, y naciones se

inclinen a ti; sé señor de tus hermanos, y se inclinen ante ti los hijos de tu madre. Malditos los que te maldijeren, y benditos los que te bendijeren.

—GÉNESIS 27:28-29

Esaú se enojó mucho, y amenazó de muerte a Jacob, quién huyo de casa y se dirigió a Siria para vivir con Labán, el hermano de su madre. Entró a Siria sin nada, pero veinte años después regresó a la Tierra Prometida con una riqueza abundante, especialmente en manadas y rebaños de semovientes. Dios bendijo a Jacob en todo lo que hizo, y le dijo a Labán: "Porque poco tenías antes de mi venida, y ha crecido en gran número, y Jehová te ha bendecido con mi llegada; y ahora, ¿cuándo trabajaré también por mi propia casa?" (Génesis 30:30). Labán incluso reconoció que Dios había bendecido su granja porque a Jacob lo seguía una bendición especial de Dios (v. 27).

Después de veinte años de trabajo duro, Jacob tenía dos esposas, doce hijos y una cantidad inmensa de rebaños de animales cuando regresó a la Tierra Prometida a encontrarse con Esaú. Jacob no sabía si lo recibiría en paz o sería el fin y la muerte de su familia. Por razones de seguridad, Jacob dividió a su familia en dos grupos y cruzó el río Jordán, para encontrarse cara a cara con su hermano gemelo (Génesis 33).

Después de una reunión con lágrimas, Jacob le ofreció un regalo especial de animales escogidos de su abundante rebaño. Esaú respondió: "Suficiente tengo yo, hermano mío; sea para ti lo que es tuyo" (Génesis 33:9). Jacob le rogó a Esaú que aceptara el regalo y confesó: "Acéptame el regalo que te he traído [...] y tengo más de lo que necesito" (v. 11, NVI). El regalo incluía:

- Doscientas cabras.
- Veinte machos cabríos.
- Doscientas ovejas.
- Veinte carneros.
- Treinta camellos hembra y sus crías.
- Diez toros.
- Veinte asnas.
- Veinte asnos.

Jacob huyó de casa con nada más que la bendición de su padre. Después de veinte años, Jacob tenía una abundancia tal que estaba tratando de deshacerse de un poco de ella. Esaú por otro lado, estaba tan bendecido que no tenía espacio suficiente para recibir el regalo. ¿Qué fue lo que trajo tanta bendición en la vida de estos descendientes de Abraham? En el caso de Jacob, la respuesta es cuadruple:

- Jacob trabajó duro bajo todo tipo de circunstancias, incluyendo el frío y el calor (Génesis 31:40).

- Jacob fue fiel a sus responsabilidades, aun y cuando fue maltratado (Génesis 31:7).

- Jacob estaba enfocado en lo que quería (Raquel) y no permitió que nada lo detuviera de alcanzarlo.

- Jacob estaba bajo una bendición especial generacional de pacto a través de su padre Isaac (Génesis 27:27).

Estos mismos cuatro principios: trabajo duro, lealtad a la visión, determinación y caminar en una relación de pacto con Dios; puede desatar el favor de Dios en su vida. Jacob estaba obsesionado con su sueño: quería a Raquel como esposa, y su deseo se convirtió en la motivación de su trabajo. Quizá usted tenga una herencia piadosa, pero Dios no puede bendecir las manos de una persona perezosa que no es constante en la procuración de su sueño o visión o en cumplir con los propósitos de Dios. Las bendiciones que Dios puso sobre Jacob fueron reconocidas por aquellos con los que Jacob trabajaba. Labán se dio cuenta: "Jehová me ha bendecido por tu causa" (Génesis 30:27). Labán sabía que tenía poco cuando Jacob llegó, pero veinte años después Dios había bendecido el duro trabajo de Jacob, y ahora tanto Labán como Jacob estaban disfrutando los frutos del trabajo de Jacob.

Las esposas de Jacob, Lea y Raquel, confesaron que su padre se había gastado su herencia y que las había dejado sin nada (Génesis 31:15, NVI). Se dieron cuenta de que las bendiciones de Dios estaban con Jacob, y se alejaron de la casa de su padre para viajar hacia la Tierra Prometida, con poco interés en la herencia personal que sabían jamás recibirían. Las bendiciones de Jacob se habían multiplicado más allá del nivel de Abraham e Isaac. Ahora había doce ramas en el árbol genealógico, y se estaba comenzando a ver el fruto (prosperidad espiritual y material).

CUARTA GENERACIÓN: PROTEGER EL ÁRBOL

Setenta almas salieron de los lomos de Jacob (Éxodo 1:5). Estos setenta incluían a sus doce hijos, sus hijos y los hijos de sus hijos. Los doce hijos de Jacob con el tiempo fueron llamados *los hijos de Israel* (v. 1). Esta gran familia se convirtió en la nación de Israel. Durante una hambruna global, Jacob mudó a la familia a Egipto para proteger al *árbol genealógico*. Sabía que había tiempo para quedarse en un lugar y tiempo para moverse a otro. Los hijos de Jacob fueron la cuarta generación de Abraham. En cualquier negocio o familia, la cuarta generación es la más importante para que el legado continúe. Por ejemplo, Moisés fue la primera generación que salió de Egipto y Josué la segunda. Josué tenia ancianos que habían visto las grandes obras del Señor. Sin embargo, se levantó otra generación (cuarta generación) que "no conocía a Jehová, ni la obra que él había hecho por Israel" (Jueces 2:10). Esta (cuarta) generación se alejó en apostasía, lo cual dio como resultado que continuamente se tuvieran que levantar jueces y caudillos para romper su cautiverio y hacerlos volver a la Torá.

Los hijos de Jacob fueron llevados a Egipto para ser preservados y protegidos de la hambruna. El árbol genealógico judío comenzó con la simiente de Abraham, el agua de Isaac, la ramificación de Jacob, y, para el tiempo en que viajaron a Egipto, una nueva nación, Israel, estaba en la tierra. Al final de su larga estancia en Egipto, salieron con aproximadamente 1.5 millones de personas, y se llevaron con ellos el oro y la plata de los egipcios (Salmos 105:37).

Este fue el legado judío. Desde Éxodo 1 hasta Deuteronomio 34 la historia comienza y termina con Moisés, pero el Éxodo de Egipto todavía es recordado cada año en la Pascua. El nombre de Moisés es mencionado en alguna parte todos los días cuando se estudia la Torá, y las raíces del árbol genealógico se siguen expandiendo, ¡especialmente ahora que hay ramas cristianas injertadas en el árbol genealógico de Israel como lo menciona Pablo en Romanos 11!

Las raíces hebreas corren en lo profundo de la tierra de la Torá, y las ramas gentiles que han sido injertadas están siendo alimentadas por esas raíces. Pablo les recuerda a los gentiles: "Sabe que no sustentas tú a la raíz, sino la raíz a ti" (Romanos 11:18). Los cristianos comparten la misma herencia que el pueblo judío. Los judíos son la simiente natural de Abraham, y los cristianos son la simiente espiritual (Gálatas 3:29).

PLANES DE DIOS PARA LAS BENDICIONES GENERACIONALES

Cuando Dios hace un pacto con una persona o nación, Él es un planificador a largo plazo y piensa generacionalmente. Los pactos siempre llevan una promesa para la persona y su simiente (Génesis 9:9), que son la primera y la segunda generación. Luego se expande a los hijos de sus hijos (Salmos 128:6), que son la tercera generación, y después a los que están lejos (Hechos 2:39), lo cual habla de una bendición continua. Dios ve tan lejos en el futuro que David escribió:

> Se acordó para siempre de su pacto; de la palabra que mandó para mil generaciones, la cual concertó con Abraham, y de su juramento a Isaac. La estableció a Jacob por decreto, a Israel por pacto sempiterno.
>
> —SALMOS 105:8–10

David comprendió el pacto con Abraham y también recibió una promesa especial de pacto de parte de Dios. El Señor hizo un poderoso pacto con él para bendecir a sus descendientes de generación en generación.

La Escritura indica que David era un hombre conforme el corazón de Dios. Se convirtió en el segundo rey de Israel y capturó la fortaleza de Jebus (Jerusalén), convirtiéndola en la capital de Israel. David y sus hombres valientes también fueron responsables de destruir una raza de gigantes (1 Crónicas 20:4-8). Su amor y pasión por Dios trajo gran favor y maravillosas promesas para David y sus descendientes si seguían a Dios:

> Y será afirmada tu casa y tu reino para siempre delante de tu rostro, y tu trono será estable eternamente.
>
> —2 SAMUEL 7:16

Yo afirmaré el trono de tu reino sobre Israel para siempre, como hablé a David tu padre, diciendo: No faltará varón de tu descendencia en el trono de Israel.

—1 Reyes 9:5

Para siempre confirmaré tu descendencia, y edificaré tu trono por todas las generaciones.

—Salmos 89:4

En verdad juró Jehová a David,
y no se retractará de ello:
De tu descendencia pondré sobre tu trono.
Si tus hijos guardaren mi pacto,
y mi testimonio que yo les enseñaré,
sus hijos también se sentarán sobre tu trono para siempre.

—Salmos 132:11–12

El Señor prometió una dinastía davídica. David fue uno de los mejores hombres de Israel, pero llevaba una marca contra su nombre hilvanada por su adulterio con una mujer casada. Este pecado abrió la puerta para la rebelión entre los hijos de David. Adonías comenzó una disputa familiar (1 Reyes 2). Amnón violó a su media hermana (2 Samuel 13), y Absalón fue un *greñudo* que instigó una rebelión en contra de David (2 Samuel 13). La ventaja de David fue su humildad y disposición a arrepentirse cuando fue confrontado con su propia desobediencia. David conocía la fidelidad de Dios cuando escribió:

No olvidaré mi pacto,
ni mudaré lo que ha salido de mis labios.

—Salmos 89:34

Se acordó para siempre de su pacto;
de la palabra que mandó para mil generaciones.

—Salmos 105:8

PASANDO EL FAVOR DEL PACTO

Los efectos del pacto generacional pueden verse en los reyes que se sentaron en el trono de Israel. Ochenta y seis años después de la muerte de David, un descendiente llamado Abiam "no fue su corazón perfecto con Jehová su Dios, como el corazón de David su padre" (1 Reyes 15:3). Luego leemos estas palabras asombrosas:

> Mas por amor a David, Jehová su Dios le dio lámpara en Jerusalén, levantando a su hijo después de él, y sosteniendo a Jerusalén.
>
> —1 REYES 15:4

Dios podía haber arrancado el trono de debajo de este rey o removerlo mediante un levantamiento. Dios, no obstante, decidió mantener al rey en su puesto a causa de su promesa a su siervo David. La misma historia se repite en 2 Reyes 8, casi ciento cincuenta años después de la muerte de David. Un rey llamado Joram subió al trono. Su esposa era Atalía, la malvada hija del infame rey Acab. Joram "hizo lo malo ante los ojos de Jehová" (2 Reyes 8:18). No obstante, la misericordia de Dios prevaleció, ya que leemos:

> Con todo eso, Jehová no quiso destruir a Judá, por amor a David su siervo, porque había prometido darle lámpara a él y a sus hijos perpetuamente.
>
> —2 REYES 8:19

Para ese momento, el cuerpo de David ya se había convertido en polvo. No obstante, Dios no había olvidado su promesa a David. Preservó a la simiente de David, a Joram, no porque fuera un hombre justo, sino porque Dios no puede mentir, y fue fiel en guardar la palabra hablada a su siervo de David.

El poder del pacto davídico continuó durante trescientos trece años después de la muerte de David por medio de otro descendiente de David, el rey Ezequías. El profeta Isaías pronunció una repentina sentencia de muerte sobre el rey. Ezequías se humilló, volteado hacia el templo y oró a Dios pidiendo misericordia. El Señor envió una segunda palabra a través de Isaís diciendo que extendería la vida del rey quince años más (2 Reyes 20:5-6). El Señor también le reveló al rey:

> Así dice Jehová, el Dios de David tu padre: Yo he oído tu oración […] y te libraré a ti y a esta ciudad de mano del rey de Asiria; y ampararé esta ciudad por amor a mí mismo, y por amor a David mi siervo.
>
> —2 REYES 20:5–6

Más de trescientos años después de su entierro, Dios seguía hablando de David, así como continuamente hablaba de "mi siervo Moisés" y "Abraham, mi amigo". Los pactos de Dios siguen adelante de generación en generación, no porque su pueblo siempre obedezca su Palabra, y no porque siempre vivan de la manera correcta, sino porque cuando Él pronuncia un pacto eterno, es *eterno*. Dios le prometió la tierra a los judíos y le prometió Jerusalén a la simiente de David, también judíos.

Algunos cristianos pueden responder diciendo: "¿Cómo puedes enseñar que los judíos tienen un pacto con Dios, cuando muchos de ellos son ateos y agnósticos y algunos incluso tienen enemistad contra los cristianos?". Primero, algunos pactos son incondicionales y otros son condicionales. A los judíos se les prometió la tierra de Israel y Jerusalén, y estas promesas fueron selladas con Abraham y David, como ya hemos mencionado. Dios guardó su Palabra por causa de Abraham y David, no porque su pueblo escogido étnicamente estuviera caminando en completa obediencia (aunque Pablo escribió en Romanos 11 que hay un remanente que obedece el pacto).

De hecho, Israel fue sujeto a una rendición de cuentas mayor que las demás naciones a causa del conocimiento que tiene. Cuando entraron en el pacto, fueron benditos sobre todas las demás naciones. No obstante, cuando se involucraban en idolatría, olvidaban el día de reposo, hacían imágenes de talla y dejaban de lado el pacto, eran llevados cautivos a otras tribus y naciones. Pablo revela que en los tiempos por venir: "Todo Israel será salvo" (Romanos 11:26). Dios honra sus pactos *incondicionales* no porque el pueblo sea bueno, sino porque Él es bueno y fiel a su Palabra, así como lo fue con los descendientes de David.

Segundo, Dios no puede retractarse de su Palabra escrita o hablada. Cuando insistió en destruir a Israel por adorar el becerro de oro, Moisés le recordó a Dios su pacto con Abraham, Isaac y Jacob, y de pronto Dios cambió de opinión y preservó a los Israelitas (Éxdo 32). Dios cumple su pacto.

También hay una diferencia entre un pacto judío por la tierra de Israel, la ciudad de Jerusalén y las bendiciones agrícolas prometidas sobre la tierra y un pacto de redención que libera a una persona de sus pecados y le imparte vida eterna. Ese pacto fue ratificado por medio de Cristo y se debe entrar a él por fe en la misericordia judicial provista a través de la muerte y resurrección de Cristo. Si cualquiera sigue los principios morales, judiciales y éticos, así como la sabiduría de los Proverbios de Salomón, estos principios funcionarán y afectarán su vida.

¿ENTONCES POR QUÉ ESTOY EN UN DESASTRE Y NO ESTOY VIVIENDO EN BENDICIÓN?

Cuando entendemos la bendición que se encuentra en una relación de pacto con Dios, ¿por qué es que algunos creyentes al parecer caminan en paz, gozo, salud, prosperidad y tienen relaciones familiares exitosas y otros van... bueno, continuamente de un desastre a otro? Hay cuatro explicaciones comunes y sencillas que se pueden dar:

El ADN

Con el aumento en las pruebas de ADN y la tecnología genética, algunas personas creen que su "mala suerte en la vida" está vinculada de alguna manera con un conjunto de genes malos o alguna falla moral que fue codificada en ADN de un padre o abuelo. Por lo tanto, su razonamiento para el fracaso continuo es "un conjuntos de genes malos". Algunos que no están familiarizados con el concepto de redención por medio de Cristo no se han enterado de que ¡pueden recibir una "transfusión de sangre" por medio del nuevo pacto que puede borrar su pasado y traer nueva vida a su futuro!

Patrones equivocados

Los hábitos equivocados forman patrones equivocados, y los patrones equivocados pueden llevar al cautiverio. Si continuamente se desvela y se levanta tarde, empezará a volverse lento y flojo, comenzará a llegar tarde al trabajo, tarde a la escuela y finalmente será despedido o reprobará la materia. Es probable que pase los fines de semana perdiendo el tiempo y el dinero en cosas que no lo benefician a largo plazo. Probablemente haya formado algunos malos hábitos que necesita romper.

Mentalidad equivocada

El razonamiento defectuoso lleva a decisiones torcidas. En la Biblia, Moisés envió doce espías a revisar la Tierra Prometida durante cuarenta días. Diez volvieron e informaron acerca de las ciudades amuralladas y los gigantes, pero dos hombres habían probado las uvas y dijeron: "Podemos poseer la tierra". Todo Israel creyó el informe negativo de los diez que dijeron: "No podemos", en lugar del reporte de los que dijeron: "Podemos". ¡Como resultado, Israel deambuló durante cuarenta años en el desierto a causa de su incredulidad!

Relaciones inapropiadas

¿Cómo hubiera sido su vida si usted (como hombre) hubiera tenido a Dalila como su estilista o a Betzabé como su entrenadora personal en el gimnasio? ¿Qué si hubiera seguido a la esposa de Lot cuando se detuvo a mirar hacia atrás? ¿Y si Judas hubiera sido su contador privado, y faraón fuera su jefe? Podría decir que estos se encuentran clasificados como "amigos que evitar".

Las relaciones inapropiadas apagarán su luz y lo echarán al lodo.

Todos quieren una explicación de lo que no entienden y usualmente la obtienen de los que les encanta explicar lo que *ellos mismos* no comprenden. Hay numerosas razones por las que los cristianos luchan y enfrentan oposición y tiempos difíciles. Algunas veces vienen con el paquete. Las buenas noticias son que el acto de redención llamado *regeneración* (Tito 3:5), por medio de Cristo es sobrenatural y puede cambiar las debilidades de carácter en la persona. Seguir la Palabra de Dios lo ayudará a desarrollar nuevos patrones y nuevas amistades (relaciones) y, por supuesto, hará que deje de pensar de manera equivocada por medio de renovar su mente en la Palabra y a través del Espíritu Santo (Romanos 12:2). El favor de Dios es liberado hacia usted mediante la obediencia a Dios.

COMPRENDA EL FAVOR PERSONAL DE PARTE DE DIOS

La palabra hebrea para favor es *chen*, que es la misma palabra para *gracia*. En el Nuevo Testamento, las palabras favor y gracia son la misma palabra y están definidos como "lo que causa deleite o consideración favorable hacia sí".

Desde una perspectiva práctica, hay una diferencia en la función de gracia y favor. La gracia es un mérito inmerecido, pero el favor se puede obtener a través de actos de bondad. Por ejemplo, la gracia de Cristo no se puede ganar, sino que es gratis para el que lo solicite. No obstante, el favor es una multiplicación de gracia sobre una persona.

Porque tú, oh Jehová, bendecirás al justo;
como con un escudo lo rodearás de tu favor.

—Salmos 5:12

Porque el que me halle, hallará la vida,
y alcanzará el favor de Jehová.

—Proverbios 8:35

El buen entendimiento da gracia;
mas el camino de los transgresores es duro.

—Proverbios 13:15

Los necios hacen mofa de sus propias faltas,
pero los íntegros cuentan con el favor de Dios.

—Proverbios 14:9, nvi

Quien halla esposa halla la felicidad:
muestras de su favor le ha dado el Señor.

—Proverbios 18:22, nvi

La gracia es gratis e inmerecida, pero cuando podemos lograrlo a través de nuestras acciones y obediencia, obtenemos el favor único de Dios, y Él se agrada de nuestra obediencia.

Imparta antes de partir

La capacidad de impartirle a otro es tan antigua como Jacob bendiciendo a sus hijos. Cuando Abraham pensó que iba a morir, comenzó a pensar en su hijo Isaac. Cuando Isaac sintió que iba a morir, estuvo pensando acerca de sus hijos Esaú y Jacob. Cuando Jacob estaba a punto de morir, llamó a sus hijos y comenzó a bendecirlos. Cuando Moisés supo que estaba a punto de partir, aseguró el futuro de Israel por medio de imponerle manos a Josué y transferirle la unción. El profeta Elías le impartió a Eliseo el manto antes de partir al cielo. Pablo comenzó a preparar a Timoteo e incluso Cristo le habló a sus discípulos levantando las manos para bendecirlos antes de ascender al cielo.

Algunos fallaron en transferir la bendición, por ejemplo: Josué nunca nombró a un sucesor antes de morir, y dos generaciones más tarde, Israel entró en apostasía. Eliseo recibió una doble porción de Elías, pero él nunca le transfirió la unción a otro profeta. Eliseo murió y se llevó el poder que tenía a la tumba.

La razón para criar a sus hijos en verdad y rectitud es para poder dejar una herencia, un legado espiritual que puede ser heredado.

Construyendo legados

Hay muchas cosas que le puede impartir a sus descendientes antes de partir, además de dejarles posesiones materiales en un testamento.

1. Un *patrimonio cultural*: no es material, sino que es como las tradiciones que se pasan de una generación a otra.

2. Un *legado*: dejar un buen nombre, incluyendo corporaciones, equipos y bienes utilizados continuamente.

3. Una *dinastía*: una sucesión de gobernantes, o un grupo que mantiene el poder de una misma línea familiar.

Siendo la cuarta generación de ministros, soy parte de un patrimonio ministerial. A medida que Dios sigue bendiciendo nuestro ministerio, podemos crear un legado qué pasar a la siguiente generación. Cuando los estadounidenses hablan de la famosa familia Kennedy, piensan en Joe, JFK, Bobby y Ted. Este clan fue etiquetado como una dinastía política. Si otro Bush (como Jeb) fuera electo presidente, la familia sería considerada la *dinastía Bush*. Las dinastías pueden quedar interrumpidas cuando un líder en la línea muere en desprestigio o destruye públicamente su integridad, poniendo en desgracia el nombre de la familia.

Los legados se construyen cuando el nombre de una marca como Coca-Cola continúa su éxito de generación en generación. Las colecciones de objetos de Coca-Cola son altamente valoradas como cualquier otra colección de objetos pertenecientes a una marca reconocida en el mundo. ¡Todo está en el *nombre*!

Varios equipos deportivos han sido etiquetados como *Equipo de los EE. UU.* o una *dinastía estadounidense*. Un equipo que ha formado una dinastía son los Patriotas de Nueva Inglaterra. El equipo de 2004 se convirtió en el segundo equipo en la historia de la NFL en ganar tres campeonatos en un periodo de cuatro años. La temporada 2007 fue considerada por los hinchas del fútbol americano como la mejor temporada de cualquier equipo en la historia de la NFL desde que la temporada se extendió de catorce juegos a dieciséis partidos en 1978. Los

Patriotas se llevaron a casa dieciocho victorias al hilo y establecieron o empataron dieciséis récords de la NFL.[3] Una victoria en el campeonato de 2007 los hubiera lanzado a un nivel que ningún equipo de la NFL hubiera experimentado jamás

Asistí a dos de los juegos de campeonato de los Patriotas en Phoenix, creyendo que se dirigían a una cuarta victoria histórica. El juego se convirtió en el juego más emocionante de la historia del fútbol americano profesional. En los últimos minutos, el equipo en desventaja, los Gigantes de Nueva York, tomaron el liderazgo dejando perplejos a los hinchas de los Patriotas. Los Patriotas sellaron su temporada con dieciocho sorprendentes victorias y solamente una derrota.

Después de la fiesta posterior al juego, hablé brevemente con Robert y Myra Kraft, los propietarios del equipo. Recuerdo haber felicitado al señor Kraft por una gran temporada y alentarlo para el futuro, ya que estaba seguro de que nuevamente terminarían en uno de los primeros lugares. Dijo algo sumamente profundo que nunca olvidaré. Dijo: "La gente no estará hablando acerca de la temporada invicta en la que rompimos tantas marcas, sino que siempre recordarán la derrota en el campeonato". Más tarde sus comentarios me recordaron una declaración que un compañero ministro hizo hace muchos años: "La gente siempre recordará dos cosas acerca de usted: su entrada y su salida; su primera impresión y la última, su principio y su final".

Los nombres son el cordón umbilical que le da vida a un legado o a una dinastía. Mire los siguientes nombres y piense en la primera impresión que viene a su mente.

- ■ Abraham Lincoln
- ■ Adolf Hitler
- ■ Marilyn Monroe
- ■ John F. Kennedy
- ■ Ronald Reagan
- ■ Bill Clinton

Déjeme ver si mis primeras impresiones de alguna manera compaginan con las suyas.

- ■ Abraham Lincoln: un gran legado como el presidente que abolió la esclavitud durante la guerra civil.

- Adolf Hitler; un dictador malvado, causante de la Segunda Guerra mundial, e instigador del Holocausto judío.
- Marilyn Monroe: Actriz famosa cuya vida terminó antes de tiempo.
- John F. Kennedy: la crisis de los misiles cubanos y un presidente popular asesinado en Dallas, Texas.
- Ronald Reagan: un gran presidente que promovió la caída del comunismo y el muro de Berlín.
- Bill Clinton: un presidente cuyas decisiones morales imprudentes destruyeron su legado.

Por eso es que Salomón escribió en Proverbios 22:1: "De más estima es el buen nombre que las muchas riquezas, y la buena fama más que la plata y el oro". La gente siempre conecta su nombre con sus acciones y sus acciones con su nombre.

La destrucción de su potencial

En 1946 una revista bautista imprimió un artículo sobre jóvenes que podrían producir un impacto en su generación. Mencionaban a Bron Clifford y Chuck Templeton, ambos comenzando los veintitantos y ambos atrayendo multitudes de ocho a diez mil personas a sus reuniones. El nombre de otro joven ministro llamado Billy Graham fue omitido de la lista. Diez años más tarde, Clifford murió de cirrosis hepática, y Templeton dejó el ministerio por un trabajo como comentarista deportivo. Los dos hombres que se esperaba producirían el mayor impacto para el Reino de Dios se salieron del radar. El ignorado tercer ministro bautista, Billy Graham, se convirtió en una leyenda mundial. Billy probó que lo que importa no es lo rápido que uno sale al comenzar la carrera, sino la manera en que termina.[4] Incluso las tortugas llegaron al arca de Noé por su persistencia y entrega.

¿Cuáles son los mayores regalos que le puede dejar a su famila?

Hace algunos años conocí a una pareja en sus sesentas que con el tiempo se mudaron a nuestra comunidad para estar cerca de nuestro ministerio. El marido anterior de la mujer, que había fallecido, era bastante rico, y a lo largo de los años ella había acumulado varios millones de dólares en joyería. Era propietaria de tiendas de artículos de colección y era coleccionista de muñecas de edición limitada y objetos de arte. Sus colecciones eran tan grandes que llenaban el ático, varias habitaciones y el garaje; todo lleno de caros artículos de colección. Por otro lado, ella era una fuerte guerrera en oración que amaba la Palabra de Dios. Una mañana quedé conmocionado al escuchar que había fallecido.

Semanas más tarde se llevó a cabo una subasta patrimonial en nuestra ciudad. Tomó dos días para que dos casas de subastas removieran todos los artículos de su propiedad haciendo viajes continuos. Los seguidores de las subastas de nuestra ciudad dijeron que nunca en la historia de Cleveland habían visto tantos objetos disponibles de una casa particular en una sola subasta. Durante la subasta, su hijo se me acercó y me dijo: "Mi mamá se desmayaría de ver esos artículos de edición limitada siendo subastados a tan bajo precio". Le recordé que su mamá estaba con el Señor (2 Corintios 5:8; 12:1-4), y que donde estaba no extrañaría nada de lo que había dejado atrás, y comprartí con él la siguiente historia.

Hace algunos años, esta misma mujer me entregó un cheque para comprar una nueva cámara de televisión para que la llevara a Israel y grabara programas de televisión. Se han grabado cientos de programas, videos y especiales sobre temas bíblicos y proféticos con la cámara que ella donó. Una cantidad innumerable de personas alrededor del mundo han sido instruidos en la verdad espiritual que ha transformado su vida, y muchos han entregado su vida a Cristo a través de estos videos. Al compartir esta historia con su hijo, me regocijé de que aunque dejó sus posesiones terrenales, cada vez que usemos la cámara digital su memoria continúa, y ella sigue construyendo su recompensa celestial (1 Corintios 3:8, 14).

Proverbios 13:22 dice: "El bueno dejará herederos a los hijos de sus hijos". A menudo la gente deja una gran riqueza financiera para sus hijos que viven vidas desordenadas y desperdician su herencia, así como Salomón escribió en Proverbios 20:21: "La herencia de fácil comienzo no tendrá un final feliz" (NVI). Mientras que los niños preferirían tener efectivo adicional, un nuevo coche o más cosas, hay mayores herencias que dejar que posesiones materiales.

Cómo dejar su legado

Deje un legado espiritual. Cuando parta, deje tan buen nombre en la comunidad que sus hijos estén orgullosos del nombre que llevan. Los que dejan un legado se habla bien de ellos, muchas veces incluso años después de haber muerto. Un legado espiritual es su historia vista a través de su historia, la historia de su caminar con el Señor y las bendiciones que ha experimentado en la vida. Escucho a la gente contar historias de hombres y mujeres de fe a los que nunca han conocido, cuyos nombres han seguido vivos mucho después de que ellos se han ido. Haga que sus huellas sean lo suficientemente grandes para que otro las siga, y asegúrese de que vayan en línea recta, que no viren a la derecha o a la izquierda.

Deje historia que pueda ser pasada de generación en generación. Cuando salimos de vacaciones, mi esposa dice: "Estamos generando recuerdos". Las historias que mi padre dijo ayer son las historias que les contaré a mis hijos mañana. Cada noche antes de ir a la cama, mi hijita se acuesta a mi lado y me dice: "Papá, cuéntame una historia". En lugar de "caperucita", le cuento historias de experiencias personales y bendiciones de Dios que he visto.

Deje multitud de imágenes

Cuando una casa se quema, el artículo principal que la gente extraña más son las fotografías, que no pueden ser reemplazadas. Manténgalas en una caja fuerte o en un archivero contra incendios. Sáquelas durante las fiestas importantes cuando la familia se encuentra reunida. Mire la manera en que todos han cambiado, y cuente una anécdota acerca de los lugares que recuerda. Siempre llévese una cámara de video a las fiestas y eventos importantes. Esto le proveerá a las generaciones futuras imágenes visuales de los miembros de la familia que quizá nunca conocieron.

Deje un legado financiero

Hay personas de grandes recursos que podrían dejar legados perdurables por medio de construir institutos bíblicos, escuelas tutelares, orfanatos o centros de rehabilitación de drogas, o proveer para los pobres y menesterosos o ayudar a un ministerio o iglesia. Estos son los legados que llevan recompensas continuadas porque cambian vidas por generaciones mucho después de que el donador ha partido de esta vida.

De esta manera, la gente sigue incrementando sus *cuentas celestiales* a medida que su obra continúa.

Deje un buen nombre

Un buen nombre se forja en vida por medio de tratar a la gente con respeto, de ser honesto y directo en sus empresas y de mantener un carácter moral. Hay ocasiones en que los humanos fallan en un o más de estos aspectos, y el nombre famil*iar queda arrastrado en el lodo. Cuando esto sucede, toma tiempo restaurar la credibilidad.*

Hace algunos años mi madre me dio una placa que tengo en la oficina y que dice:

STONE

Lo obtuviste de tu padre, era todo lo que tenía para darte,
Así que es tuyo para usarlo y atesorarlo mientras vivas.
Si pierdes el reloj que te obsequió, siempre lo puedes reemplazar.
Pero una marca negra en tu nombre, hijo, nunca puede ser
    borrada.
Estaba limpio el día que lo tomaste, y era un nombre digno que
    llevar.
Cuando él lo recibió de su padre, no tenía deshonor alguno.
Así que asegúrate de guardarlo sabiamente hasta el final,
Estarás contento de que el nombre esté limpio cuando se lo
    entregues a tu hijo.

Este simple poema es un recordatorio y una motivación para mí de que, por la gracia de Dios, debo mantener la integridad; de manera que cuando se mencione mi nombre, la gente sepa que un verdadero hombre de Dios ha pasado por en medio de ellos. Un buen nombre perdura más allá de los días de su vida, y un mal nombre también será recordado por mucho tiempo.

DEJE UN LEGADO ESPIRITUAL

Me encanta escuchar a la gente hablar sobre sus padres, sus abuelos y antepasados y la manera en que su vida de oración era fuerte y su caminar con Dios tan recto que oraban y los enfermos sanaban, venía comida a una mesa vacía y arrebataban las almas del peligro de una muerte prematura. ¡Estos son verdaderos legados! Moisés casi pierde su legado cuando golpeó la roca y se le prohibió entrar a la Tierra Prometida. David llevó una marca oscura sobre su nombre por su aventura con Betzabé, aunque se arrepintió y murió como un guerrero victorioso. Si Cristo no hubiera intercedido, Pedro hubiera arruinado su futuro al maldecir y negar al Salvador. Sansón rompió su voto de nazareo, pero hizo un regreso final al término de su vida y fue mencionado en el Salón de la Fe en Hebreos 11. Todavía leemos las hazañas de estos hombres porque dejaron *legados* espirituales para generaciones futuras. Comience un legado por medio de:

- Leerles la Palabra de Dios a sus hijos y nietos y dejarlos ver que usted estudia la Palabra de Dios.

- Guiar a la familia en oraciones de bendición, protección y favor, y oraciones en el día de reposo, por los alimentos y demás.

- Permitirle a su familia que vean, a través de su ejemplo, la manera correcta de respetar y tratar a otros.

- Ser un ejemplo por medio de guardar su conversación, nunca criticar o ser cruel.

- Mostrar el amor de Cristo a través de alimentar a los pobres, cuidar de los menesterosos y hacer que su familia participe en el servicio.

- Poner el ejemplo mediante llevar a la familia a una casa de adoración y participar en la obra del Reino.

Usted sabe que una persona ha producido un impacto cuando la familia todavía lo extraña años después de que ha muerto. Esa persona dejó un legado, evidenciado porque los demás repiten sus testimonios y las historias de la vida de esa persona generaciones después de su muerte.

EL LEGADO JUDÍO

Mark Twain, en una cita de 1899 de la revista *Harper* lo resumió mejor cuando dijo:

> Si las estadísticas son correctas, los judíos constituyen apenas el uno por ciento de la raza humana. Lo cual, sugiere un débil

puñado nebuloso de polvo perdido en el resplandor de la Vía Láctea. Lo adecuado sería que el judío apenas fuera escuchado, pero es escuchado, y siempre lo ha sido. Es tan prominente sobre el planeta como cualquier otro pueblo, y su importancia comercial es exuberantemente fuera de proporción en comparación con lo pequeño de su tamaño. Sus contribuciones a las listas mundiales de grandes hombres en la literatura, las ciencias, el arte, la música, las finanzas, la medicina y el aprendizaje abstruso también quedan fuera de proporción con la debilidad de su número. Ha sostenido una maravillosa lucha en el mundo, en todas las edades; y lo ha hecho con las manos atadas a la espalda. Podría envanecerse, y se le excusaría por ello. Los egipcios, los babilonios y los persas se levantaron, llenaron el planeta de sonido y esplendor, y luego se desvanecieron en una ilusión y dejaron de ser; los griegos y los romanos los siguieron, e hicieron un vasto ruido, y se fueron; otros pueblos se han levantado y han mantenido su antorcha en alto por un tiempo, pero se les ha consumido, y ahora se encuentran sentados en la penumbra o han desaparecido. El judío los vio a todos, los venció a todos, y ahora es lo que siempre fue, sin mostrar decadencia alguna, ni achaques de la edad, sin debilidad en sus partes, ni alentamiento de sus energías, sin que se le embote su mente alerta y agresiva. Todas las cosas son mortales excepto el judío; todas las demás fuerzas pasan, pero él permanece. ¿Cuál es el secreto de su inmortalidad?[5]

Twain hizo la pregunta: "¿Cuál es el secreto?".

He preguntado: "¿Cuál es el código de los judíos?". Es claro que Dios a solas seleccionó a Abraham para una nueva nación y le reveló el código del cielo a un pueblo terrenal. Los pactos fueron sellados con sangre, y de la simiente de Abraham salió otra nación de destino, que los apóstoles judíos identifican como la iglesia, nacida de un pacto de sangre ratificado y sellado por medio de los propios sufrimientos de Cristo. La iglesia debe entender al judío, y los judíos deben entender que los verdaderos cristianos aman a Israel y a los judíos. Formamos parte del mismo árbol.

Apéndice

SIGNIFICADOS DE TÉRMINOS Y PALABRAS JUDÍAS IMPORTANTES

Abraham: el patriarca y padre de los hebreos quien vivió de 1700 a 2000 a. C.

Judíos askenazi: descendientes de comunidades judías medievales de la tierra a ambos lados del Rin en Alemania.

Bar (o Bat) mitzvá: palabra hebrea para referirse a una ceremonia judía para un niño o una niña que cumple trece años.

bar: palabra hebrea que significa "hijo de".

bat: palabra hebrea que significa "hija de".

Brit milah: término hebreo para el ritual judío de circuncidar a un niño varón al octavo día de nacido.

Brit: palabra hebrea para "pacto", la relación y acuerdo entre Dios y su pueblo.

Tierra de Canaán: el antiguo nombre del territorio que ahora ocupa Israel antes de que los descendientes de Abraham la poseyeran y la nombraran Israel.

Cantor: del latín, que significa: "uno que canta"; un cantor o cantante de la liturgia de la sinagoga.

Chumash: palabra que describe los cinco libros de Moisés (Torá) en forma de libro y no de rollo.

Días Terribles: diez días que van de la Fiesta de las Trompetas al Día de la Expiación.

Dreidel: la perinola de cuatro lados que se utiliza para jugar en Jánuca.

Gadol: palabra hebrea que significa "grande o excelente"; a menudo utilizada para referirse a un erudito en la Torá de cierta eminencia.

Gemara: aplicado al Talmud Babilónico y la obra de generaciones para completar la Misná y producir el Talmud.

Gentiles: término utilizado para referirse a los que no son judíos, también llamados goy.

Hadasa: el nombre judío de Ester, mencionada en el libro de Ester.

Haftora: una selección del libro de los profetas (*Nevi'im*) que se recita después de la porción de la Torá en día de reposo o en fiestas.

Hashem: palabra que significa "El Nombre".

Israel: nombre dado a Jacob, que más tarde identificó a los hijos de Jacob y que le fue dado a la tierra donde vivían: Israel.

Judío: tradicionalmente una persona de linaje judío o que se adhiere al judaísmo.

Judaísmo: la religión de los judíos devotos que siguen la filosofía y tradiciones de la Torá, con raíces culturales en Israel.

Kaddish: una oración judía clásica que se recita al final de cada sección importante de cada servicio litúrgico.

Kevah: un tiempo asignado, palabras asignadas u oraciones.

Kipá: una cubierta judía para la cabeza utilizada durante la adoración, al estudiar la Torá o en otros momentos.

Cohen: un sacerdote israelita de la tribu de Leví que ministraba en el tabernáculo y en el templo en Jerusalén.

Kosher: significa "apropiado, o correcto ritualmente"; se refiere a las leyes dietéticas judías basadas en la Torá.

Luchot: significa "tablas" o "tablillas", y se refiere a los Diez Mandamientos.

Matzah: pan judío sin levadura utilizado durante la Pascua.

Menorá: el candelabro de oro de siete brazos utilizado en el templo; el candelabro de nueve brazos llamado januquiá es utilizado en Jánuca.

Midrash: los comentarios judíos escritos para interpretar las Escrituras hebreas en una manera exhaustiva.

Mishpat: ley de la Torá que puede ser racionalizada.

Notas

Introducción

1. Como lo menciona Harry MacArthur, DD, "Why You Can't Rub Out the Jew!" [Porqué no pueden deshacerse de los judíos] *Voice of Calvary*, reimpreso en *The Biblical Evangelist*, http://www.messiah3.org/cantruboutjew.htm (consultado el 30 de octubre de 2008).

2. SimpletoRemember.com, "Jewish Quotes" [Citas judías], http://www.simpletoremember.com/vitals/quotes.htm (consultado el 3 de septiembre de 2008).

3. Ebo Quansah, "A Heart for Israel! Revealed: Why US Loves Israel" [¡Un corazón para Israel! Revelado: Por qué EE. UU. ama a Israel] *Ghanaian Times*, 1 de octubre de 2008, http://www.newtimesonline.com/content/view/17945/268/ (consultado el 31 de octubre de 2008).

4. Jinfo.org, "Jewish Nobel Peace Prize Winners" [Los judíos ganadores del Premio Nobel de la Paz] http://www.jinfo.org/Nobels_Peace.html (consultado el 31 de octubre de 2008).

5. David M. Kohl and Barbara J. Newton, "Questions Generation X Is Asking About Finance and Investments" [Las preguntas de la Generación X acerca de finanzas e inversiones], *Farm Business Management Update*, Virginia Cooperative Extension, diciembre de 1999, referenciado en noviembre de 1999 en un artículo del diario *USA Today*, http://www.ext.vt.edu/news/periodicals/fmu/1999-12/genX.html (consultado el 31 de octubre de 2008).

6. Dr. Gerhard Falk, "Jewish-American Literature" [Literatura judeo-americana], Jbuff.com, http://www.jbuff.com/c021501.htm (consultado el 31 de octubre de 2008).

7. John Leo, "A Big Mess on Campus" [Un gran desorden en el campus] *U.S. News & World Report*, 19 de mayo de 2002, http://www.usnews.com/usnews/opinion/articles/020527/archive_020870_2.htm (consultado el 31 de octubre de 2008).

8. "Intelligence of Jews and of Jewish Israelis" [La inteligencia de los judíos y de los judíos israelíes] http://sq.4mg.com/IQ-Jews.htm (consultado el 31 de octubre de 2008).

9. Steve Sailer, "IQ and Disease: The Curious Case of the Ashkenazi Jews" [El IQ y la enfermedad: El curioso caso de los judíos askenazi] VDARE.com, http://www.vdare.com/Sailer/050605_iq.htm (consultado el 31 de octubre de 2008).

10. Steven Silbiger, *The Jewish Phenomenon: Seven Keys to Enduring Wealth of a People* [El fenómeno judío: Siete claves para hacer perdurar la riqueza de un pueblo] (Atlanta, GA: Longstreet Press, 2000), citado en "Money, Class, and Power", http://www.jewishtribalreview.org/21money.htm (consultado el 31 de octubre de 2008).

11. El Antiguo Testamento es llamado Tánaj [Tanak]. Este nombre es un acrónimo formado con las tres divisiones de la escritura hebrea: la Torá (Los primeros cinco libros de Moisés - de Génesis a Deuteronomio), los Nevi'im (Los profetas), y los Ketuvim (Los escritos), o TaNaK.

Capítulo 1
Vivir siguiendo el *Reglamento del Cielo*

1. Flavio Josefo, *Antigüedades de los judíos*, Libro 1, Capítulo 2, sección 3, http://bible.crosswalk.com/History/BC/FlaviusJosephus/?book=Ant_1&Chapter=2 (consultado Octubre 31, 2008).

2. Dios le cambió el nombre a Jacob por Israel. Siguiendo este cambio, sus hijos ya no fueron identificados más como los hijos de Jacob, sino como los hijos de Israel (Génesis 32:32) un término encontrado 630 veces en la versión King James 1611 de la Biblia.

3. Tour Egypt, "Egypt Mythology" [La mitología egipcia] http://interoz.com/egypt/gods1.htm (consultado el 4 de Septiembre de 2008).

4. The AishDas Society, "Pamphlet 9—The Letters of the Torah" [Las letras de la Torá] *Torat Emet*, http://www.aishdas.org/toratemet/en_pamphlet9.html (consultado el 4 de septiembre de 2008).

5. Para mayor información acerca de los estudios genéticos de la tribu de Leví véase el reporte hecho por el Rabbi Yaakov Kleiman, "The DNA Chain of Tradition" [El ADN de la cadena de la tradición], Jewish Genes & Genealogy, http://www.cohen-levi.org/ (consultado el 4 de septiembre de 2008).

6. David Goldstein, *Jacob's Legacy* [El legado de Jacob] (New Haven, CT: Yale University Press, 2008).

7. El Talmud es un comentario de los argumentos judíos acerca de la ley oral concerniente a la ley, ética, costumbres e historia de los judíos. Pretende dar claridad a algunas partes de la Torá que son confusas. Existe el Talmud de Jerusalén y el Talmud Babilónico.

8. Las tres fiestas de otoño son la Fiesta de las Trompetas, el Día de la Expiación y la Fiesta de los tabernáculos. Muchos maestros proféticos creen que la Fiesta de las Trompetas es una imagen de la reunión de la Iglesia (1 Tesalonicenses 4:16-17, Efesios 1:9-10), el Día de la Expiación es una imagen de la Gran Tribulación (Mateo 24:21), y la fiesta de los Tabernáculos es una imagen del Milenio (reinado de mil años del Mesías) (Apocalipsis 20:4).

Capítulo 2
El secreto se encuentra en el pacto

1. W. E. Vines, *W.E. Vines Expository Dictionary of Old and New Testament Word* [Diccionario expositivo del Antiguo y Nuevo Testamento de W.E. Vines] (Nashville, TN: Thomas Nelson, 1997).

2. Ibid., 52–53.

3. La palabra *sello* viene del latin *signum*, que significa "señal". Los antiguos sellos de los añillos eran hechos de ágata, cornelina y onix. El anillo era usado en el dedo meñique. Los documentos eran enrollados como pergaminos (o doblados), y con una pequeña tira de piel alrededor de ellos. Se vertía cera caliente directamente sobre él y se imprimía el sello del anillo sobre el documento. A lo largo de los años, muchos sellos han sido encontrados en Medio Oriente a través de excavaciones arqueológicas.

4. Rabbi Shira Milgrom, "Covenanting" [Celebración de pactos], Weekly Torah Commentaries, MyJewishLearning.com, http://www.myjewishlearning.com/texts/Weekly_Torah_Commentary/lekhlkha_uahc5762.htm (consultado el 4 de septiembre de 2008).

5. H. Clay Trumbull, *The Blood Covenant* [El pacto de sangre] (Kirkwood, MO: Impact Books, 1975), 6, 10.

6. Ibid., 16–17.

7. Ibid., 37–38.

8. Ibid., 317.

9. Abraham tenía cien años de edad cuando nació Isaac y Sara tenía noventa años. Por lo tanto Abraham tenía setenta y cinco años cuando salió de Canáan (Génesis 12:4), y Sara por ser diez años menor que él seguramente tenía sesenta y cinco años. Isaac nació aproximadamente veinticinco años después de que Abraham recibió la promesa (Génesis17:17).

10. Wikipedia.org, "Bar and Bat Mitzvah," http://en.wikipedia.org/wki/Bar_mitzvah (consultado el 4 de Septiembre, 200).

11. Massoume Price, "Rituals of Circumcision" [Rituales de circunsición], Iran Chamber Society, http://www.iranchamber.com/culture/articles/rituals_of_circumcision.php (consultado el 4 de noviembre de 2008).

12. *British Journal of Cancer* 19 [Revista Británica de Cancerología 19], No. 2 (junio de 1965): 217-226.

13. H. L. Wilmington, *Wilmington's Guide to the Bible* [La guía de Wilmington a la Biblia] (Wheaton, IL: Tyndale House, 1981), 817.

14. Ismael nació cuando Abraham tenía ochenta y seis años de edad (Génesis 16:16). Isaac nació cuando Abraham tenía cien años de edad (Génesis 21:5) y Sara noventa años de edad (Génesis 17:17). Ismael tenía trece años de edad cuando fue circuncidado por Abraham (Génesis17:25). Isaac nació un año más tarde (Génesis 17:21). Después de que Isaac fue destetado, Abraham hizo una gran fiesta durante la cual Ismael se burló de Isaac (Génesis 21:8-9). Isaac seguramente tenía dos años, cuando Ismael de quince o dieciséis fue echado de la casa de Abraham.

15. Las cuatro referencias son Éxodo 19:5; Deuteronomio 14:2; 26:18; y Salmos 135:4.

CAPÍTULO 3
SECRETOS DEL ALFABETO Y LAS PALABRAS HEBREAS

1. John Parkhurst, *A Hebrew Lexicon* [Léxico hebreo] (London: William Baynes & Paternoster Row, 1728 [Julian Calendar]), viii, prefacio, tercer párrafo.

2. Josefo, *Antigüedades de los judíos*, libro 1, capítulo 1, sección 4, http://bible.crosswalk.com/History/BC/FlaviusJosephus/?book=Ant_1&chapter=1 (consultado el 7 de noviembre de 2008).

3. Ibid.

4. Origen, *Against Celsus* [En contra de Celso], libro 5, capítulo 30, http://www.ccel.org/ccel/schaff/anf04.vi.ix.v.xxx.html (consultado el 7 de noviembre de 2008).

5. Ibid., capítulo 31, http://www.ccel.org/ccel/schaff/anf04.vi.ix.v.xxxi.html (consultado el 7 de noviembre de 2008).

6. Todo el Antiguo testamento fue escrito en hebreo, con la excepción de algunas porciones de Daniel y Esdras las cuales fueron escritas en arameo (Daniel 2:4-7:28).

7. Marvin R. Wilson, *Our Father Abraham: Jewish Roots of the Christian Faith* [Nuestro padre Abraham: las raíces judías de la fe cristiana] (Grand Rapids, MI: Wm B. Eerdmans Publishing, 1989), 128.

8. Ibid., 130–131.

9. Ibid., 136.

10. AncientScripts.com, "Hebrew" [Hebreo], http://www.ancientscripts.com/hebrew.html (consultado 4 de septiembre de 2008).

11. Hebrew4Christians.com, "Birkat Kohanim—The Priestly Blessing", [Birkat Kohanim - La oración sacerdotal] http://www.hebrew4christians.com/Blessings/Synagogue_Blessings/Priestly_Blessing/priestly_blessing.html (consultado de 4 septiembre de 2008).

12. Ofel (2 Chron. 27:3, NVI), el monte de Sion (Salmos 48:2), y el monte Moriah (2 Crónicas. 3:1) son tres colinas que se unen entre sí formando una pendiente de sur a norte en donde la antigua ciudad de Jerusalén y sus muros fueron asentados. El monte Moriah es el punto más alto en donde el primero y segundo templo judío fueron establecidos.

13. Navigating the Bible II [Navegando por la Biblia II], "Torah," http://bible.ort.org/books/torahd5.asp (consultado el 8 de septiembre de 2008).

14. Avram Yehoshua, "The Alef-Tav" [El Alef-Tau], http://www.seedofabraham.net/jat.htm (consultado el 10 de noviembre de 2008).

15. Rabbi Benjamin Blech, *The Secret of Hebrew Words* [El secreto de las palabras hebreas] (Nothvale, NJ: Jason Aronson, Inc., 1991).

16. Rabbi Mendy Hecht, "How Is a Torah Made?" [Cómo se elabora un rollo de la Torá] AskMoses.com, http://www.askmoses.com/article/698,2200336/How-is-a-Torah-Made.html (consultado el 4 de septiembre de 2008).

17. Blech, *The Secrets of Hebrew Words* [El secreto de las palabras hebreas], prefacio, ix.

18. Ibid., 174.

19. HisSheep.org, "Cosmic Signs and Last Days Prophecy" [Señales cósmicas y la profecía de los últimos días] http://www.hissheep.org/special/prophecy/cosmic_signs_and_last_days_prophecy.html (consultado el 10 de noviembre de 2008).

20. GreatSite.com, "English Bible History" [Historia inglesa de la Biblia] http://greatsite.com/timeline-english-bible-history/index.html (consultado el 10 de noviembre 2008).

21. Rabbi Louis Jacobs, "The Tetragrammaton" [El tetragramatón] MyJewishLearning.com, http://www.myjewishlearning.com/ideas_belief/god/Overview_About_God/God_Speaking_Gillman/God_Names_CohnSherbok/Tetragrammaton_.htm (consultado el 5 de septiembre de 2008).

22. Misná, *Sotah* 6:6; *Tamid* 7:2; y *Yoma* 6:2.

23. Finnis Jennings Dake, *Dake's Annotated Reference Bible* [Biblia anotada de Dake] (Lawrenceville, GA: Dake Bible Sales, 1976), s.v. Génesis, 52.

CAPÍTULO 4
LAS FIESTAS SOLEMNES, LOS DÍAS DE REPOSO Y
LAS CELEBRACIONES FAMILIARES ESPECIALES

1. Paul J. Achtemeier, ed., *Harper Collins Bible Dictionary* [Diccionario Bíblico Harper Collins] (New York: HarperOne, 1996), 901.

2. *The Talmud* [El Talmud], Sanhedrin 21b.

3. Josefo, *Antigüedades de los judíos*, libro 12, capítulo 7, sección 7, http://bible.crosswalk.com/History/BC/FlaviusJosephus/?book=Ant_12&chapter=10&s= (consultado el 11 de noviembre de 2008).

4. AskMoses.com, "What Do the Hebrew Letters on a Dreidel Mean?" [El significado de las letras hebreas en el dreidel] http://www.askmoses.com/en/article/99,41308/What-do-the-Hebrew-letters-on-a-Dreidel-mean.html (consultado el 11 de noviembre de 2008).

5. Gideon Weitzman, *In Those Days, at This Time* [En aquellos tiempos, en esta época] (Jerusalem: Grow Publications).

6. Según el libro *Numbers in Scripture* [Números en la Escritura] de E. W. Bullinger, "El ritmo del pulso humano va de acuerdo al principio de los siete días —afirma el Dr. Stratton— el pulso late a cierto ritmo durante seis días en los cuales [el corazón] late más rápido por la mañana que por la tarde, mientras que al séptimo día el ritmo disminuye" [E. W. Bullinger, *Numbers in Scripture: Its Supernatural Design and Spiritual Significance* [Números en la Escritura: su diseño sobrenatural y el significado espiritual] (Grand Rapids, MI: Kregel Publications, 1967).]

7. La oración hecha sobre las velas es: "Bendito eres tú, Eterno Dios nuestro, presencia gobernadora del universo, quien nos haces santos con los mandamientos y nos das el mandato de encender las velas el día de reposo".

8. ReligionFacts.com, "Shabbat: The Sabbath", [Shabbat: el día de reposo] http://www.religionfacts.com/judaism/holidays/shabbat.htm (consultado el 5 de septiembre de 2008).

9. Hay 24 horas en 1 día, 7 días en una semana, en total hay 168 horas en una semana. Con solo 2 horas a la semana de adoración y estudio, quedan 166 horas.

CAPÍTULO 5
LOS SIGNIFICADOS Y PROPÓSITOS DE
LOS CICLOS DE VIDA JUDÍOS

1. Simcha Kling, *The People and Its Land* [La gente y su tierra] (Nueva York: USY Publishing, 1988), 31.

2. James Strong, *Strong's Exhaustive Concordance of the Bible* [Nueva concordancia exhaustiva Strong] (Peabody, MA: Hendrickson Publishers, updated versión 2007), s.v. "nuwd," OT:5110.

3. NYU.edu, "How Much Time Do Kids Spend With Dad?" [¿Cuánto tiempo pasan los niños con su papá?] *USA Today* (Magazine), agosto de 2000, http://www.nyu.edu/fas/cassr/yeung/spendwithdad.pdf (consultado el 5 de septiembre de 2008).

4. Alfred Edersheim, *Sketches of Jewish Social Life* [Bosquejos de la vida social judía] (Henderson, NE: Henderson Publishers, 1994), 99–100.

5. Ibid., 100–101.

6. *Israel Today Magazine*, April 2003, no. 51, 12.

7. Ejemplos de juguetes judíos que se encontraron en páginas web como www .oytoys.com/.

8. Shaunti Feldhann and Lisa A. Rice, *For Parents Only* [Solamente para padres] (Sisters, OR: Multnomah Books, 2007), 24.

9. Blech, *The Secrets of Hebrew Words*, 153.

10. *Israel Today Magazine*, Octubre de 2003, no. 57, 12.

11. David Popenoe, "Life Without Father" [La vida sin padre] *Mensight*, TheMensCenter.com, fragmento del libro *Life Without Father* de David Popenoe, (n.p.: Free Press, 1996), revisado en http://mensightmagazine.com/Articles/ Popenoe/nofathers.htm (consultado el 25 de septiembre de 2008).

12. Wikipedia.org, "World War I Casualties" [Bajas de la Primera Guerra Mundial] http://en.wikipedia.org/wiki/World_War_I_casualties (consultado el 11 de noviembre de 2008).

13. Wikipedia.org, "Hitler Youth" [Las Juventudes Hitlerianas] http:// en.wikipedia.org/wiki/Hitler_Youth (consultado el 5 de septiembre de 2008).

14. Ibid.

15. W. E. Vine, *Vine's Dictionary of Bible Words* [Diccionario Vine de palabras bíblicas] (Nashville, TN: Thomas Nelson, 1997), 200.

16. *Israel Today Magazine*, February 2005, no. 73, 12.

17. *Israel Today Magazine*, April 2005, no. 75, 12.

18. *Israel Today Magazine*, February 2003, no. 49, 12.

19. Wilson, *Our Father Abraham*.

20. Theador H. Gaster, *Customs and Folkways of Jewish Life* [Costumbres y tradiciones de la vida judía] (Nueva York: William Sloane Associates Publishers, 1955), 14.

21. William Barclay, *Educational Ideals in the Ancient World* [Ideales educativos del mundo antiguo] (Grand Rapids, MI: Baker Book House, 1977), 12–13.

22. Marvin R. Wilson, *Our Father Abraham, Jewish Roots of the Christian Faith*, 308.

23. Kamran Sedighian and Andishe Sedighian, "Use of Background Music in Electronic Learning Environments" [El uso de música de fondo en ambientes de aprendizaje por medios electrónicos], Universidad de Columbia Británica, Canada, http://www.cs.ubc.ca/labs/egems/kamran7.doc (consultado el 8 de septiembre de 2008).

24. Peggy Peck, "ASH: Daily Doses of Bach and Breathing Lower Blood Pressure" [ASH: Dosis diarias de Bach y respiraciones disminuyen la presión arterial] MedPageToday.com, 23 de mayo, 2008, http://www.medpagetoday.com/ MeetingCoverage/ASH/9597 (consultado el 8 de septiembre de 2008).

25. Francis Rauscher et al., "Music and Spatial Task Performance" [La música y el desempeño de las habilidades espaciales] *Nature* 365, no. 611 (14 de octubre de 1993), revisado en http://www.uwosh.edu/departments/psychology/rauscher/ Nature93.pdf (consultado el 8 de septiembre de 2008).

Capítulo 6
Los nombres son proféticos y pueden revelar el destino de un niño

1. El significado de los nombres fue obtenido de: Behindthename.com [Detrás del nombre], http://www.behindthename.com (consultado el 8 de septiembre de 2008).

2. En hebreo la palabra *chabod* es traducida como "gloria" como en "gloria de Dios". Se refiere a la gloria tangible de Dios, así como cuando la nube de la presencia de Dios llenaba el templo y los sacerdotes no podían ministrar por el peso de la gloria de Dios. La letra I antes de la palabra *chabod* o *I-chabod* en la Biblia en inglés significa "no" gloria. El arca que fue tomada en la batalla y la Gloria de Dios se fue de Israel.

Capítulo 7
Secretos bíblicos para la mujer que quiere tener un hijo

1. Rajeev Agarwal, "Stress and Pollution Are Major Cause of Infertility Among Urban Couples" [El estrés y la contaminación son las mayores causas de infertilidad en las parejas que viven en las ciudades] Bio-Medicine.org, http://www.bio-medicine .org/medicine-news/Stress-and-Pollution-are-Major-Cause-of-Infertility-Among -Urban-Couples-12395-1/ (consultado Septiembre 8, 2008).

2. Landrum Shettles and David Rorvik, *How to Choose the Sex of Your Baby: The Method Best Supported by Scientific Evidence* [Cómo escoger el sexo de su bebé: el mejor método respaldado por evidencias científicas] (St. Charles, MO: Main Street Books, 1996).

3. Aunque no ha sido confirmada por una fuente confiable, esta antigua tabla de género china ahora se encuentra en el Instituto de Ciencias de Beijing. Consulte el calendario chino de nacimientos en http://www.chinesebirthcalendar.org/ (consultado el 12 de noviembre de 2008).

4. Para información adicional sobre infertilidad puede consultar: www .lovetoknow.com.

Capítulo 8
Lecciones de la Mezuzá para marcar su casa para Dios

1. La información acerca de las tradiciones judías sobre el tefilín fueron adaptadas de: "Getting Ready for the Bar-Mitzvah—The Tefillin (Phylacteries)" [Preparándose para el Bar-Mitzvá—Tefilín (filacterías)] http://www.mazornet .com/jewishcl/Celebrations/mitzvah/Orthodox/Tefillin.htm (consultado el 10 de septiembre de 2008).

Capítulo 9
Secretos de salud sorprendentes de
la dieta kosher de Tierra Santa

1. Para mayor información acerca de los requerimientos del kosher judío, consulte "How Do I Know It's Kosher? An OU Kosher Primer" [¿Cómo saber si es Kosher? Un manual de la OU Kosher], Orthodox Union, http://www.ou.org/kosher/primer.html (consultado el 10 de septiembre de 2008).

2. La mayor parte de la información de este capítulo con respecto a la comida de la Tierra Santa ha sido adaptada del sitio web de George Mataljan: The World's Healthiest Foods [La comida más saludable del mundo] y puede ser consultado en http://www.whfoods.com/.

3. George Mataljan, "Whole Wheat" [Trigo integral], The World's Healthiest Foods, http://www.whfoods.com/genpage.php?tname=foodspice&dbid=66#summary (consultado el 10 de septiembre de 2008).

4. George Mataljan, "Barley" [Cebada], The World's Healthiest Foods, http://www.whfoods.com/genpage.php?tname=foodspice&dbid=127#foodspicename (consultado el 10 de septiembre de 2008).

5. George Mataljan, "Grapes" [Uvas], The World's Healthiest Foods, http://www.whfoods.com/genpage.php?tname=foodspice&dbid=40#foodspicename (consultado el 10 de septiembre de 2008).

6. George Mataljan, "Figs" [Higos], The World's Healthiest Foods, http://www.whfoods.com/genpage.php?tname=foodspice&dbid=24#foodspicename (consultado el 10 de septiembre de 2008).

7. Joe and Teresa Graedon, "Pomegranates Have Many Health Benefits" [Las granadas tienen muchos beneficios para su salud], People's Pharmacy, HealthCentral.com, 7 de noviembre, 2005, http://www.healthcentral.com/peoplespharmacy/408/61202_2.html (consultado el 10 de septiembre de 2008).

8. Wordpress.com, "The Healthiest Oil" [El aceite más saludable], 6 de noviembre, 2007, http://foodishealth.wordpress.com/2007/11/06/olive-oil/ (consultado el 13 de noviembre de 2008).

9. Julie Ann, "The Many Health Benefits of Honey" [Las cualidades benéficas para la salud de la miel], LifeScript Connect Network, 27 de julio, 2007, http://www.lifescript.com/channels/healthy_living/Life_Tips/the_many_health_benefits_of_honey.asp?page=1&trans=1 (consultado el 10 de septiembre de 2008).

10. HealingDaily.com, "Olive Oil's Health Benefits" [Los beneficios de salud del aceite de oliva], http://www.healingdaily.com/detoxification-diet/olive-oil.htm (consultado el 10 de septiembre de 2008).

11. Judaism 101, "Kashrut: Jewish Dietary Laws" [Introducción al judaísmo, "Kashrut: las leyes dietéticas judías"], http://www.jewfaq.org/kashrut.htm#Fats (consultado el 10 de septiembre de 2008).

12. Annie B. Bond, "Vinegar Kills Bacteria, Mold, and Germs" [El vinagre mata las bacterias, el moho y los gérmenes], Healthy & Green Living, 5 mayo, 1999, http://www.care2.com/greenliving/vinegar-kills-bacteria-mold-germs.html (consultado el 10 de septiembre de 2008).

13. S. I. McMillen, *None of These Diseases* [Ninguna de estas enfermedades], (Grand Rapids, MI: Fleming H. Revell Co., 1993), 11.

14. Wilmington, *Wilmington's Guide to the Bible*, 816–817.

Capítulo 10
Los principios espirituales de la riqueza y la prosperidad

1. Esta historia me fue relatada por Gideon Shor guía de turistas israelí y amigo mío.

2. Ibid.

3. Richard Kelly Hoskins, *War Cycles—Peace Cycles* [Ciclos de guerra; ciclos de paz], (Lynchburg, VA: Virginia Publishing Company, 2000).

4. *The Midrash*, Tehillim 47:6.

5. La información sobre Teshuvah proviene del detallado libro del autos sobre las etapas del Teshuvah: Perry Stone, *The Forty Days of Teshuvah* [Los cuarenta días del Teshuvah] (Cleveland, TN: Voice of Evangelism, 2006).

Capítulo 11
La influencia de las profecías bíblicas hebreas en los líderes del mundo

1. Josefo, *Antigüedades de los judíos*, libro 11, capítulo 1, sección 1, http://bible .crosswalk.com/History/BC/FlaviusJosephus/?book=Ant_11&Chapter=3&s= (consultado el 14 de noviembre de 2008).

2. Ibid., libro 11, Capítulo 8, sección 5, http://bible.crosswalk.com/History/BC/ FlaviusJosephus/?book=Ant_12&Chapter=2&s= (consultado el 14 de noviembre de 2008).

3. Ibid.

4. Ibid., libro 12, capítulo 7, sección 6, http://bible.crosswalk.com/History/BC/ FlaviusJosephus/?book=Ant_12&Chapter=10 (consultado el 14 de noviembre de 2008).

5. Dr. and Mrs. H. Grattan Guinness, *Light for the Last Days* [Luz para los postreros días] (n.p.: 1886), como fue referido en "The Long Promised Regathering of Israel, Part II", *The Herald*, vol. 5, no. 11, 1 de junio, 1922, http://www.heraldmag.org/ archives/1922_6.htm#_Toc517748597 (consultado el 17 de noviembre de 2008).

6. Henry James Forman, *The Story of Prophecy* [La historia de la profecía], (Nueva York: Tudor Publishing Co., 1940), 95.

7. Esta historia fue narrada al autor por los guías judíos durante una visita a Israel. Se puede encontrar más información en Isracast.com, "Dec. 1917—General Allenby Enters Jerusalem" [Diciembre de 1917: El general Allenby entra a Jerusalén] http://www.isracast.com/article.aspx?ID=763&t=Dec.-1917---General-Allenby -Enters-Jerusalem (consultado Noviembre 17, 2008).

8. Bob Slosser, *Reagan, Inside Out* [Reagan de adentro hacia afuera], (Nueva York: W Pub Group, 1984).

9. Ibid., es citado en Bob Slosser, "The Prophecy" [La profecía], CBN.com, http://www.cbn.com/spirituallife/BibleStudyAndTheology/discipleship/Slosser_ReaganProphecy.aspx (consultado el 17 de noviembre de 2008).

10. Ibid.

11. Dr. and Mrs. Howard Taylor, *Hudson Taylor's Spiritual Secret* [El secreto espiritual de Hudson Taylor], (Chicago, IL: Moody Press, 1983).

12. En 1855, durante uno de sus viajes de regreso a Inglaterra, Taylor estaba predicando cuando de pronto se detuvo. Se quedó sin habla durante unos momentos con los ojos cerrados. Cuando comenzó a hablar de nuevo, explicó que había visto una visión. Esta visión fue tomada de un artículo publicado en Finlandia en 1945 titulado "Spiritual Revival" [Avivamiento espiritual]. Hay varios sitios web que contienen porciones de esta visión, incluyendo la de Bill Somers, "Judgments in the Earth" [Juicios sobre la tierra] Apéndice G, http://www.etpv.org/bills_page/judgment.html (consultado el 16 de septiembre de 2008).

13. Carl Bernstein, "The Holy Alliance" [La Santa alianza], *TIME*, 24 de febrero, 1992, http://www.time.com/time/magazine/article/0,9171,974931-2,00.html (consultado el 16 de septiembre de 2008).

14. Slosser, *Reagan, Inside Out*.

15. Theodor Herzl, *The Jewish State [Der Judenstaat]* [El estado judío], (Alemania: Herzl Press, 1970).

16. Israel Ministry of Public Affairs, "The Balfour Declaration" [La declaración de Balfour], 2 de noviembre, 1917, http://www.mfa.gov.il/MFA/Peace%20Process/Guide%20to%20the%20Peace%20Process/The%20Balfour%20Declaration (consultado el 15 de septiembre de 2008).

CAPÍTULO 12
IMPARTA ANTES DE PARTIR

1. A. E. Winship, *Jukes-Edwards: A Study in Education and Heredity* [Jukes-Eduards: Un estudio sobre educación y herencia], (Nueva York: Hard Press, 2006). Disponible también en Google book, http://books.google.com/books?id=gKMXAA AAYAAJ&printsec=frontcover&dq=Jukes-Edwards:+A+Study+in+Education+and +Heredity#PPA1,M1 (consultado el 15 de septiembre de 2008).

2. Ibid.

3. "New England Patriots Winning Streaks" [Las rachas ganadoras de los Patriots de Nueva Inglaterra], http://www.allthingsbillbelichick.com/thestreak.htm (consultado el 16 de septiembre de 2008).

4. Steve Farrar, *Finishing Strong* [Terminando fuerte], (Sisters, OR: Multnomah, 2000).

5. Mark Twain, "Concerning the Jews..."[Acerca de los judíos], *Harper's Magazine*, septiembre de 1899, revisado en Ohr Somayach, http://ohr.edu/judaism/concern/concerna.htm (consultado el 16 de septiembre de 2008).

Alet = silent אֲ³ אֲ² TODA GRACIN
        דֶּ¹ BAT   ALI   YO

        ABA = fADRER

אֲ דֶּ אֲ

שָׁלוֹם SHALOM (PAZ)

יְרוּשָׁלַיִם YErushalem

תּוֹרָה Torah

אַהֲבָה Ahavah (Love)

בַּיִת   (CASA)